JN009151

文書事務の手引

［改訂版］

山 形 県

はしがき

　近年、文書管理に関する重要度が高まる中、より一層の適正性の確保が求められるなど、文書を取り巻く環境が大きく変化しており、文書事務の在り方も変わりつつあります。

　このような中、本県では、平成31年3月に「山形県公文書等の管理に関する条例」を制定しました。

　公文書は、健全な民主主義の根幹を支える県民共有の知的資源として、県民が主体的に利用し得るものです。

　このため、条例の目的において、公文書等の適正な管理、歴史公文書の適切な保存及び利用等を図ることで、県政が適正かつ効率的に運営されるようにするとともに、県の諸活動を現在及び将来の県民に説明する責務が全うされるようにすることとしています。

　これら条例制定の趣旨を踏まえながら、この度、平成28年6月に発行した「文書事務の手引」を見直し、条例において新たに規定された「公文書の整理、保存」や「特定歴史公文書の保存、利用」等についても加筆するなど最新の内容に改訂いたしました。

　これを契機に、職員一人一人が、改めて文書の重要性について認識し、本書が適切な文書事務に向けて幅広く活用され、県行政の適正かつ効率的な運営のために役立つことを願います。

令和2年11月

山形県総務部学事文書課長

―目　　次―

第 1 編

文 書 事 務

第1章　文　書

第1　文書の定義と特性

1　はじめに

　県の事務は、文書を中心にして進められているといっても過言ではありません。

　文書は、人の考えを文字などにより目に見える形で表現し、相手方に誤りなく的確に伝達し、記録として永く保存するのに最も適しています。

　また、県の事務は、組織において行われます。県が統一性のある組織体としての事務処理を適正で確実に行うのに、文書は極めて大きな役割を果たしています。

2　文書の定義

　文書とは、一般には口頭に対する書面の意味で用いられます。

　文書の定義として、よく引用されるのが明治43年の大審院の判例です。

　これによると、「文書とは、文字又はこれに代わるべき符号を用い、永続すべき状態においてある物体の上に記載したる意思表示をいう」とされています。

　この判例は、刑法上の文書についての概念を定義したものですが、今日でも文書の一般的な定義として広く用いられています。この定義に基づいて文書の要件を表すと次のようになります。

　(1)　文字又はこれに代わる符号で記載されていること。

　(2)　永続すべき状態においてある物体の上に表示されていること。

　(3)　特定人の具体的な意思又は概念を表したものであること。

3　文書の特性

　文書には、次のような特性があります。

⑴　伝達性

　　広範囲に、継続的に表示内容を伝えることができます。

⑵　客観性

　　表示内容は、客観的に伝達され、受け取る側の主観によって左右されることなく、全ての人が同じように受け取ることができます。

⑶　保存性

　　表示内容を長期にわたり保存することができます。

⑷　確実性

　　表示内容を確実に誤りなく伝えることができます。

第2　公文書の定義と重要性

1　公文書管理条例における定義

⑴　公文書の定義

　　県には、毎日多くの文書が送付されてきます。また、私たちは、県の事務を処理する上で多くの文書を作成しています。一般に、行政機関で取り扱う文書は公文書と呼ばれています。

　　山形県公文書等の管理に関する条例（平成31年3月県条例第14号）では、公文書とは「職員が職務上作成し、又は取得した文書であって、県の職員が組織的に用いるものとして、県が保有しているもの」と定義しています。ただし、次のものは除かれます。

ア　官報、県公報、白書、新聞、雑誌、書籍その他不特定多数の者に販売することを目的として発行されるもの

イ　特定歴史公文書（公文書センターへ移管された歴史公文書。84ページ参照。）

ウ　山形県立図書館等で、一般の利用に供することを目的として特別の管理がされているもの

　　職員が作成した文書だけでなく、取得した文書、例えば県民から提出された申請書、届出書、陳情書、審査請求書等で、組織的に用いるものとし

て保有している場合は、公文書に含まれます。

　　同条例では、文書には図画及び写真その他情報が記録された記録媒体（フィルム及び電磁的記録媒体）を含むと規定されています。

　　電磁的記録媒体とは、電子的方式、磁気的方式その他人の知覚によっては認識することができない方式で情報が記録された物をいい、光ディスク（ＣＤ、ＤＶＤ等）やビデオテープなどが該当します。

⑵　公文書（組織共用文書）の趣旨及び解釈

　　公文書の定義にある「組織的に用いるもの」については、山形県情報公開条例及び山形県個人情報保護条例の趣旨及び解釈において、「①文書の作成又は取得の状況、②当該文書の利用の状況、③保存又は廃棄の状況等を総合的に考慮して実質的な判断を行うことになる。」とされており、決裁権者の決裁前の段階の文書や決裁を要しない文書であっても組織で共用しているもの（組織共用文書）に該当する場合があります。

⑶　電子公文書の定義

　　電子文書とは、電磁的記録のうち、電子計算機による情報処理の用に供されるものをいい、電子文書である公文書を電子公文書といいます。

2　公文書の重要性

　　条例第1条には、公文書は、県の様々な活動や歴史的事実を記録したものであり、健全な民主主義の根幹を支える県民共有の知的資源として、県民が主体的に利用できるものであると明記されています。

　　県政が適正かつ効率的に運営され、また県の様々な活動を現在や将来の県民に説明する責務が全うされるようにするためにも、公文書を適正に管理し、また歴史公文書の適切な保存や利用等を図っていかなければなりません。

　　そのような公文書の重要性を踏まえ、公文書を取り扱う場合には、収受、作成、回議・合議、施行、保存、廃棄といったあらゆる場面において、適正を心掛けることが必要です。

3　文書作成の義務

　　条例第4条では、文書作成の義務について規定されています。公文書が県

の様々な活動や歴史的事実を県民へ説明するための重要な手段であることから、職員は、経緯も含めた意思決定に至る過程や事務事業の実績を合理的に跡付け、検証することができるように、処理に係る事案が軽微なものである場合を除き、文書を作成しなければなりません。

4　公文書の分類

県で取り扱う公文書は、文書事務の取扱手続又は文書の性質により、それぞれ次のように分類されます。

(1)　文書事務取扱手続上の分類

　ア　受領文書

　　到達した文書について、文書主管課又は主務課が一定の手続を経て受け取った文書

　イ　配布文書

　　受領文書について、文書主管課が一定の手続により主務課又は名あて者へ配布した文書

　ウ　収受文書

　　文書主管課が配布した文書又は直接送達を受けた文書について、主務課において一定の手続により受け取った文書

　エ　起案文書

　　県の意思を決定し、これを具体化するために、事案の処理についての原案を記載した文書

　オ　回覧文書

　　収受文書のうち、処理の手続を必要としない文書又は上司の指示を受ける必要がある文書で関係者に回覧する文書

　カ　回（合）議文書

　　起案文書で、起案者の直属系統の上司や関係部課長等の査閲を受ける文書

　キ　決裁文書（原議）

　　県の意思を決定する権限を有する者の決裁を受けた起案文書

　ク　施行文書

　　　決裁文書に基づき、一定の手続（浄書、校合、公印の押印等）を経て
　　作成され、施行した文書

　ケ　電子文書

　　　電磁的記録のうち、電子計算機による情報処理の用に供される文書

　コ　総合行政ネットワーク文書

　　　総合行政ネットワークの電子文書交換システムにより交換される電子
　　文書

　サ　完結文書

　　　決裁文書で、一定の手続により施行され、事案の処理が完結した文書

　シ　未完結文書

　　　起案文書で、まだ決裁に至らず、又は決裁文書でまだ施行されず、事
　　案の処理が完結していない文書

　ス　保存文書

　　　完結文書のうち、主務課又は文書主管課において、一定期間（30年、
　　10年、5年、3年、1年又は1年未満。以下「保存期間」という。）収
　　納している文書

　セ　保管文書

　　　保存文書のうち、処理の完結した日からその日の属する年度の翌年度
　　の末日までの期間（以下「保管期間」という。）主務課において収納し
　　ている文書

　ソ　廃棄文書

　　　保存期間が満了したため、一定の手続により廃棄する保存文書

(2)　文書の性質による分類

　ア　例規文書

　　(ｱ)　法規文書

　　　　地方自治法（昭和22年法律第67号）第14条及び第15条の規定により
　　　制定される条例及び規則

　　(ｲ)　令達文書

　　　　県がその所管する機関若しくは職員に対して命令を発する場合又は

外部の特定の個人若しくは団体に対して行政処分等を行う場合に用いる文書

(ｳ)　公示文書

県が一定の事項を広く県民に周知させるために発する文書

イ　一般文書

法規、令達及び公示に関する文書を除く全ての文書

(ｱ)　往復文書

行政機関相互間又は行政機関と住民との間で取り交わされる文書

(ｲ)　部内文書

県の機関内部における事務処理に用いられる文書

(ｳ)　その他の一般文書

往復文書、部内文書に属さない一般文書

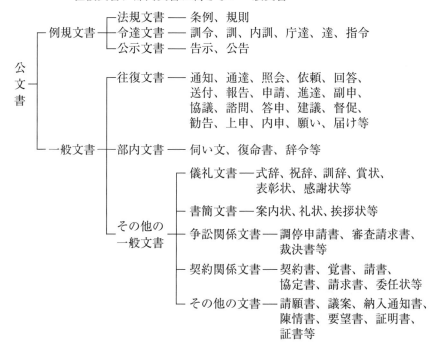

第2章　文書事務

第1　文書事務の重要性と意義

1　文書事務の重要性

　県の事務の処理は、原則として、公文書によって行うことと定められています（山形県公文書管理規程（令和2年3月県訓令第2号。以下「規程」という。）第10条）。事務の処理が公文書によって行われる理由として次のことが挙げられます。

(1)　県の事務は、県民や関係者の権利、義務などに影響を及ぼすものが多いので、その処理を慎重に行い、誰にでも正しく、同じように理解される必要があります。そのためには、公文書によって処理することが最も確実です。

(2)　県の事務処理は、組織によって行われており、各職員が割り当てられた事務を処理するに当たっては、関係者の同意や、決裁権者の承認を得る必要があります。そのためには、公文書によって処理することが最も正確です。

(3)　公文書によらない意思の決定や事実の判断は、時間の経過とともに変化して、行政の一貫性を損なうおそれがあります。このようなことは、行政の継続性と安定性を保つという観点から好ましくありません。意思表示の内容が、変わることなく客観的に伝達されるためには、公文書によって処理することが最も適当です。

2　事務処理の原則

(1)　公文書による事務の処理は、迅速に行わなければならない。

　　事務処理の遅れは、単に県の内部の問題にとどまらず、場合によっては重大な社会問題を引き起こすおそれがあります。このため、公文書による事務処理はできるだけ迅速に行い、処理の流れが停滞しないよう心掛けな

ければなりません。

(2)　公文書による事務の処理は、適正に行わなければならない。

　　公文書は、県の意思を表す手段であるため、その事務処理の手続自体が適正に行われることが常に要求されます。事務処理の各段階で複数による確認を行う等により、正確かつ適正な事務執行を確保しなければなりません。

3　文書事務の意義

　　文書事務とは、文書に関する全ての事務を総称したものをいいます。

　　文書事務を、その流れに従って大別すると次のように分けることができます。

(1)　文書の受領、配布及び収受に関する事務

　　県に到達した文書を受領し、主務課に配布し、主務課において収受する事務

(2)　文書の作成に関する事務

　　文書の起案から回議、合議を経て決裁に至るまでの一連の事務

(3)　文書の施行に関する事務

　　決裁された文書を浄書し、校合し、公印の押印（電子署名付与）をして相手方に送付し、又は県公報に登載する等の一連の事務

(4)　文書の整理及び保存に関する事務

　　完結した文書を整理し、保存する事務

(5)　文書の移管又は廃棄に関する事務

　　保存期間が満了した文書を、歴史資料として重要な文書として公文書センターに移管したり、又は廃棄する事務

4　公文書の取扱いの原則

(1)　常に丁寧に取り扱うこと。

　　県が取り扱う公文書は、行政の事務処理の指針として、県民の権利義務に影響を及ぼすものが多く、更に、処理が済んだ公文書であっても一定期間保存をして行政上活用する必要があります。このため、汚損したり破損したりすることのないよう丁寧に取り扱わなければなりません。

(2)　受渡しを確実に行うこと。

　　公文書は、その使命を果たすために、受領、配布、収受、起案、回議・合議、決裁、浄書、発送と多くの過程と多くの職員を経て処理されます。

　　公文書は、その受渡しを確実に行い、それぞれの過程で文書事務に携わる全ての職員が、それぞれの立場で責任と自覚を持って取り扱わなければなりません。

(3)　簡明で分かりやすいものであること。

　　公文書は、誰が読んでも容易に正しく理解できるよう、簡明で分かりやすく書かなければなりません。そのためには、曖昧な表現や言い回しを避け、相手に伝えたい内容をできるだけ具体的に示す必要があります。

(4)　処理状況を常に明らかにしておくこと。

　　それぞれの公文書がどのような経過で処理されたか、また、現に処理中の文書はどのような処理状況であるか担当者以外でも分かるようにしておかなければなりません。

　　特に、処理の完結していない公文書については、担当者が不在になるときには事務引継を行うなど、処理状況を常に明らかにして、事務処理が停滞しないよう十分に注意します。

(5)　組織の縦・横の関係を密にすること。

　　公文書の処理に当たっては、直属系統の上司の指示や承認を受ける必要があることから、その決裁に至るまでの過程（縦の関係）を緊密にしなければならないことは当然ですが、事案によっては、他の部や他の課との関係（横の関係）が重要となる場合もあります。この場合、事前の打合せや合議などの方法により、横の連絡を密にして組織としての意思統一を図ることが大切です。

(6)　秘密文書の取扱いは慎重に行うこと。

　　公にしていない内容などを含む秘密文書は、特に細密な注意を払って取り扱い、席を離れる場合には机上に放置しないなど、部外の者の目に触れることがないよう十分な配慮が必要です。

第2　文書事務に関する例規等

　県では、文書事務が適正に行われるために、次のような例規等を定めています。職員は、これらに基づき、的確に文書事務を処理しなければなりません。

・山形県公文書等の管理に関する条例（平成31年3月県条例第14号）
・山形県公文書等の管理に関する条例施行規則（令和2年3月県規則第21号）
・山形県公文書管理規程（令和2年3月県訓令第2号）
・山形県公文規程（昭和41年8月県訓令第45号）
・山形県公告式条例（昭和25年8月県条例第32号）
・山形県物件受領手続規程（昭和60年3月県訓令第3号）
・山形県公印規程（昭和35年4月県訓令第12号）
・山形県公報発行規則（昭和37年2月県規則第6号）
・知事の権限に属する事務の委任に関する規則（昭和41年9月県規則第70号）
・山形県事務代決及び専決事務に関する規程（昭和28年12月県訓令第49号）
・山形県業務管理規程（平成20年8月県訓令第28号）
・山形県行政手続条例（平成8年3月県条例第9号）
・山形県情報公開条例（平成9年12月県条例第58号）
・山形県個人情報保護条例（平成12年10月県条例第62号）
・特定個人情報の保護の特例に関する条例（平成27年7月県条例第40号）

第3　公文書の管理体制

　県の公文書の管理に関する事務は、組織として体系的に取り組まなければ、適正かつ円滑に行うことはできません。そこで、県では次のような管理体制の下で公文書管理事務を行っています。

　⑴　総括文書管理者
　　　公文書の適正な管理のため、公文書の管理に関する事務を総括します。
　　　総務部次長が充てられます。

⑵　副総括文書管理者

　　総括文書管理者を補佐します。総務部学事文書課長が充てられます。

⑶　文書管理者

　　各課又は各出先機関における所掌事務に関する文書事務の責任者です。
本庁の課長、総合支庁の課長、出先機関の長が充てられます。

⑷　文書取扱主任者

　　文書管理者を補佐するとともに、文書取扱担当者の指揮監督や起案文書
の審査等を行います。

　　本庁では課長補佐又は課長補佐に準ずる職にある者を充て、2人以上置
く場合は課長が指名します。総合支庁では課長又は課長が指名する者を充
て、出先機関では出先機関の長が指名します。

⑸　文書取扱副主任者

　　文書取扱主任者の事務を補助します。

　　本庁では庶務係長を充て、庶務係長がいない課は課長が指名します。総
合支庁では課長が指名し、出先機関では出先機関の長が指名します。

⑹　文書取扱担当者

　　文書取扱主任者の指示を受けて、文書の収受、発送の手続、公文書の整
理と保存の事務を行います。

　　本庁では課長が指名します。総合支庁では課長が指名し、出先機関では
出先機関の長が指名します。

第3章　文書の受領、配布、収受

　文書による行政機関への意思表示は、文書がその行政機関へ到達することによって効力が発生するとされています（民法（明治29年法律第89号）第97条第1項）。ここにいう「到達」とは、社会通念上相手方が意思表示等を確認できる状態に達することをいいます。このため、県にいつ文書が送達されたかを明らかにすることが重要になります。

　県には、毎日様々な種類の文書が大量に送達されますが、文書一つ一つの送達時点を明確にし、かつ、誤りなく担当者の元へ届けるには、順序立てた手続が必要になります。一般的に、庁外から送達された文書は、受領、配布、収受の手続を経て担当者に渡されます。

第1　文書主管課における文書事務

　文書主管課とは、本庁では学事文書課、総合支庁では総務企画部総務課、出先機関では文書事務を所管する課や係をいいます。

　文書主管課は、送達された文書を受領して各課の文書取扱担当者に配布したり、各課の文書を取りまとめて封入や包装をして発送する事務を行います。

第2　文書の受領

1　意　義
　文書の受領とは、郵送などによって県に送達された文書を文書主管課で受け取ることをいいます。
2　方　法
　文書の受領は、文書の選別、開封、受付を経て行われます。
(1)　選　別
　　ア　文書の選別に当たっては、次の点に注意して行います。

(ｱ)　配達誤りの文書ではないか。

(ｲ)　私人宛ての文書（私文書）ではないか。

(ｳ)　親展文書ではないか。

(ｴ)　特別の取扱いを必要とする文書ではないか。

(ｵ)　開封を禁じている文書（入札書、秘密扱いの文書など）ではないか。

イ　郵便料金の不足等や誤配達された場合の取扱い

郵便料金の不足又は未納の郵便物は、発信者が行政機関であるとき又は公務に関し特に必要と認められる場合に限り、不足又は未納の料金を支払って受領することができます。

また、誤配達された文書は受領せずに返送の処理をします。

(2)　開　封

文書の選別に当たり、封皮のみでは担当課が判明しないものについては、開封することにより判断します。

文書を破損しないよう丁寧に開封し、開封した封皮を添えて配布します。

なお、親展文書は、開封せずに主務課又は名あて者に配布します。

(3)　受　付

選別された文書のうち、書留、配達証明、内容証明、特別送達等の書留の取扱いによる文書は、受渡しの正確な記録が求められます。

それらの文書を受領する場合は、封皮に下図の受付日付印（規程別記様式第1号）を押印し、書留文書送達簿（規程別記様式第2号）に所要事項を記入します。主務課で配布を受ける際には、文書取扱担当者が書留文書送達簿に受領印を押印します。

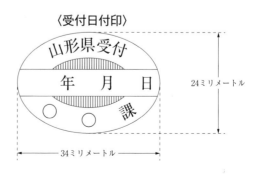

〈受付日付印〉

山形県受付　年　月　日　課

24ミリメートル

34ミリメートル

第3　文書の配布

1　意　義

　文書の配布とは、文書主管課で受領した文書を主務課に配ることをいいます。

2　方　法

　文書主管課は、送達を受けた文書の封皮により当該文書の主務課を確認し、直ちに主務課の文書取扱担当者に配布します。

3　誤って配布された文書の取扱い

　各課の文書取扱担当者は、文書主管課から配布を受けた文書が課の所掌する事務に属さない場合や、誤って文書の配布を受けた場合は、正しい主務課が明らかであれば主務課へ回付し、不明であれば文書主管課へ返付をします。

第4　文書の収受

1　意　義

　文書の収受とは、文書主管課から配布された文書や使送された文書、配送業者等から直接送達を受けた文書を主務課において受け取ることをいいます。

2　方　法

　文書の収受は文書取扱担当者が行いますが、文書を開封する前に、誤って配布されたものではないか、親展文書ではないか確認します。

　配布された文書は、文書取扱主任者が収受の手続をとる必要がないと認める文書を除き、以下の手続により収受します。

(1)　一般文書

　文書を開封し、文書の余白に受付日付印を押印します。ただし、親展文書は、文書を開封せずに名あて者へ直接渡します。

(2)　ファクシミリや電子メールで受信した文書

　ファクシミリや電子メールで受信した文書は、主務課で直接送達を受け

た文書となります。

　文書取扱主任者は受信した文書を事務担当者に配布し、配布を受けた事務担当者は、ファクシミリの文書の場合は余白に受付日付印を押印し、また電子メールの場合は速やかに用紙に出力して余白に受付日付印を押印し、起案や回覧等の処理を行います。

　なお、ファクシミリを用いて文書を送信又は受信したときは、文書取扱主任者は、ファクシミリから出力された送受信の記録を6か月間保存しなければなりません。

〈送達を受けた文書の流れ〉

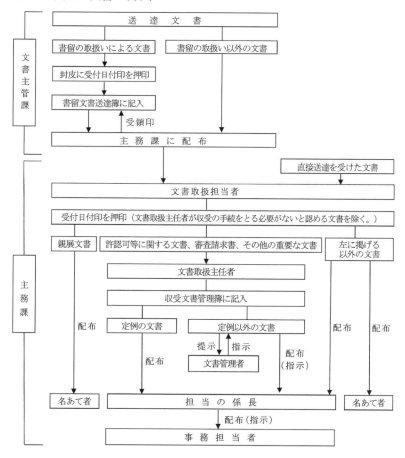

第4章　文書の処理

　文書の処理とは、配布を受けた文書の内容に従い、又は行政機関の発意に基づいて、文書によって行政機関の意思を決定し、これを具体化するために行われる全ての手続のことです。

　すなわち、文書の起案から回議・合議を経て決裁に至るまでのそれぞれの段階における実務的な手続や取扱いを文書の処理といいます。

第1　収受した文書の処理

1　配布までの手続

　行政の多様化、複雑化に伴い、取り扱う文書量は年々膨大となり、文書も多種多様となっています。これらの文書の処理が事務の担当者任せになったのでは、適正な処理を行うことはできません。

　このため、収受した文書は、文書管理者を中心とする公文書管理体制の下で、それぞれの手続を経て事務担当者へ配布され、事務の処理が進められることになります。

(1)　文書管理者

　　文書管理者は、文書取扱主任者から提示された文書について、処理方針等必要な事項を指示します。また、特に重要又は異例なものについては、直ちに知事、副知事、部長又は次長に報告して、その指示を受けます。

(2)　文書取扱主任者

　　文書取扱主任者は、文書取扱担当者から配布された文書について収受文書管理簿（規程別記様式第3号）に所要事項を記入して、定例に属する文書を除き文書管理者に提示し、処理についての指示を受けて、担当の係長又はこれに準じる者（以下「担当係長」という。）に配布します。定例に属する文書は、直接担当係長に配布します。

(3)　文書取扱担当者

　　文書取扱担当者は、配布を受けた文書の余白に受付日付印を押印します（文書取扱主任者が収受の手続をとる必要がないと認める文書を除く。）。

　　許認可等に関する文書、審査請求書その他の重要な文書については文書取扱主任者に配布し、それ以外の文書は担当係長又は名あて者に配布します。

(4)　担当係長

　　配布を受けた文書を、処理期限や合議の有無等起案に必要な事項を示して事務担当者に配布します。文書取扱主任者から処理方針等の指示を受けた場合は事務担当者にそれを伝えます。

2　文書の処理の原則

(1)　即日処理の原則

　　文書は、配布を受けたその日に、又は文書管理者から起案についての指示を受けた日に処理することが原則です。

(2)　法令適合の原則

　　行政機関の自らの考え方を表明する場合や収受した文書を処理する必要がある場合に作成する文書は、そのほとんどが、法令の定めにより一定の形式を備え、かつ、内容について一定の要件が整っており、しかも、権限のある者において処理されることが要求されます。

　　このため、文書の処理に当たっては、全て法令に従って適正に処理されなければなりません。

(3)　責任処理の原則

　　文書は、文書管理者が中心となり、文書取扱主任者、文書取扱担当者、担当係長、事務担当者等文書の処理に関係のある者が一体となり、責任を持って処理しなければなりません。

(4)　情勢適応の原則

　　文書は、客観的に情勢を見通し、総合的な判断をした上で処理しなければなりません。

　　そのためには、事務担当者が独りよがりの判断をしないよう文書管理者の指示を受ける必要があります。

3　文書の処理の促進

　　文書は速やかに処理しなければなりません。文書の処理が遅れることは、県の事務が停滞するばかりではなく、場合によっては県民に不利益を被らせ、行政に対する信頼を失うことにもつながります。

　　文書のうち、特に許認可等に関する文書や審査請求書は、県民の権利義務に直接影響を与えるものですから、迅速な処理が要求されます。

　　行政手続法（平成5年法律第88号）及び山形県行政手続条例は、法律及び法律に基づく命令（告示を含む。）並びに県の条例及び規則等に根拠を有する許認可等について、処理に通常要すべき標準的な期間（標準処理期間）を定めるよう努めるとともに、これを公にすることとしています。

第2　起　案

1　意　義

　　起案とは、県の意思を決定するために、その意思を具体化するための案文を作ることをいいます。

　　起案は、収受文書に基づいて行われる場合と、県自らの発意に基づいて行われる場合とがあります。

　　起案の事務を担当する者を起案者といい、起案者が作った案文を起案文書といいます。

　　起案文書は、その性質、内容によっては、決裁権者が自ら作成する場合もありますが、通常、それぞれの事務分掌に定められた担当者が作成します。

　　起案文書は、回議（合議）の過程において、その内容が不適当なため廃案となることもありますが、そうでない限りは、加筆され、又は削除されるなどの修正が加えられて内容が固まっていき、決裁権者の決裁を得ることによって、成案として確定します。

　　このようにして、県の意思が決定されるのです。

2　起案の心構え

　　起案は、県の意思決定の始点となり、ここから最終的な意思決定に向けて

手続が進められていきます。

　起案者によって起案された内容が回議（合議）の過程で修正されるのはよくあることですが、飽くまでも作成された処理案を基礎として県の意思が形成されます。それだけに、起案は文書事務の中で最も基本的で重要な事務であり、起案者は、次のような点に注意することが必要です。

(1)　責任意識を持つこと。

　起案者は、回議（合議）の過程で誰かが修正してくれるだろうという安易な気持ちで起案するのではなく、県の意思決定の責任者であるという意識を持って起案しなければなりません。

　また、起案文書は、回議（合議）を受ける者や決裁権者が容易に理解でき、判断を誤ることのないよう正確かつ簡潔に作成することが必要です。

(2)　発信者の立場に立つこと。

　施行される文書についての責任は、そこに表示された発信者に帰属し、施行の相手方も発信者の意思表示として受け取るので、起案は発信者の立場に立って作成することが必要です。

(3)　受信者の立場に立つこと。

　相手方がその内容を正しく理解できるように、分かりやすい文章、用字、用語で正しく簡明に作成することが必要です。

3　起案の準備

　起案をするときは、起案の目的を明確にし、文書の構想を練り、それに必要な内容と形式を検討します。

(1)　関係資料の収集、整理

　起案文書を作成する前に、既に発せられた文書、慣行、県民の関心や動向など必要な資料を十分に収集して、対象となる事項を客観的に、また、正確に把握しなければなりません。

(2)　構想の策定

　起案の構想を練る場合においては、まず起案の目的が何であるかを明確にする必要があります。そのためには、起案の原因となった収受文書の内容や県の発意を十分に理解しなければなりません。その上で、関連する法

令をよく調べて、何を、どのように、どういう順序で作成するか、構想を
練ります。構想は、5W2Hの原則（91ページ参照）を利用するとまとま
りやすくなり、相手方に伝達しようとする内容が正確に表現できます。

(3) 内容面における検討

　　起案の内容を検討するときは、次のような観点から行います。

ア　法律的な観点

(ア) 許可、認可、承認などの事項について法的根拠は何か。また、その
法的要件を満たしているか。

(イ) 議会の議決事項ではないか。また、議決事項である場合は議決を経
ているか。

(ウ) 条件、期限などを付す必要はないか。

(エ) 時効との関係はどうか。

(オ) 法令、通達、行政実例などに反していないか。

(カ) 法定の経由機関を経由しているか。

イ　行政的な観点

(ア) 公益に反していないか。

(イ) 裁量は適当であるか。

(ウ) 世論に対する影響はどうか。

(エ) 前例や慣例との関係はどうか。また、これらに捕らわれ過ぎていな
いか。

(オ) 処理が時宜を得ているか。

(カ) 経過措置を必要としないか。

(キ) 必要事項が漏れていないか。

ウ　財政的な観点

(ア) 予算措置を必要としないか。

(イ) 将来にわたる債務を負うことにならないか。

(ウ) 経費の収入、支出の手続は適当であるか。

(4) 形式面における検討

　　形式、手続面においては、次の点に注意します。

　ア　事務の所管は正しいか。

　イ　合議を必要とする関係部課（室）はないか。

　ウ　決裁区分に誤りはないか。

　エ　発信者名及び宛名に誤りはないか。

　オ　山形県公文規程等に定められた文書の書式に準じているか。

　カ　書式、用字、用語は正しく使用されているか。

　キ　法令に定められた形式的要件が満たされているか。

┌─一口メモ─────────────────────────┐
　文書の作成は、Ａ４判１枚にまとめるのがベスト（ワンベスト）です。１枚で伝えきれない場合でも、せめて２枚まで（ツーベター）に重要な要素を厳選してまとめるようにしましょう。
└──────────────────────────────┘

4　起案の方法

　起案は、原則として起案用紙を用いて行います。それ以外に、定例的な事案又は軽易な事案については、効率的な事務処理をするために、起案用紙を用いない簡易な方法が認められています。

(1)　起案用紙（規程別記様式第４号）による処理

　重要な事案を処理する場合、内容が複雑な事案を処理する場合又は内容が異例な事案を処理する場合は、必ず起案用紙による処理を行わなければなりません。

(2)　例文伺用紙（規程別記様式第５号）による処理

　定例的な告示や公告等、定例的な内容について起案する場合は、あらかじめ学事文書課長が承認し登録されたものに限り、例文伺用紙を用いて処理することができます。この場合、学事文書課長への合議が不要となります。

(3)　文書の余白による処理

　軽易な文書については、収受文書の余白に処理案を設けるなど適宜の方法で処理することができます。

　この場合、決裁後に電子メールで施行する場合は、「電子メール施行」、山形県庁イントラ情報システム（以下「県庁イントラ」という。）のイン

　フォメーションへの掲示により施行する場合は「電子掲示板施行」と、上部余白に朱書きしておきます。

〈軽易な文書の起案（例１）〉

			課　長	課長補佐	主　査	主　事	担当者
伺い	（案）により回答していかがですか。		印	印	印	印	印

※表右上に「電子メール施行」

〈軽易な文書の起案（例２）〉

○○主事出席としていかがですか。

　課長 印　　課長補佐 印　　担当 印　印　印

　　　　　　　　　　　　　　　　　○　○第○　○　○号

　　　　　　　　　　　　　　　　　令 和○ 年○ 月○ 日

　　各○○○○長　殿

　　　　　　　　　　　　　　　　　○○部○○課長

　　　　　　　○○○○会議の開催について（通知）

　このことについて、下記のとおり開催しますので、担当職員の出席について御配慮くださるようお願いします。

　　　　　　　　　　　記

5　起案用紙の記載要領

（規程別記様式第4号）　　　表

記号番号	① ○○第○○号	文書分類記号⑥○　・　○　・　○		保存期間	⑦ ○年
収　　受	② ○年○月○日	公文書ファイル名⑧ ○　○　○　○　○			
起　　案	③ ○年○月○日	起案者	所属名 ⑨　　　　　　○ ○ ○ ○ 課		
			職　名　　○ ○		
			氏　名　　　　　　○ ○ ○ ○ ㊞		
決　　裁	④ ○年○月○日		（電話　○○○○　）		
		文書取扱主任者	業務総括者	業務管理者	公印管理者
施　　行	⑤ ○年○月○日	⑩	⑪	⑫	⑬

施行上の取扱い　⑭　例規　　公報登載　　外部公表　　電子メール

題　名⑮　　○○○○○の後援名義の使用承認について

⑯　　知事　　　　　　　副知事
　　　〃　　　　　　　　　〃
　（　・　・　）　　　（　・　・　）
　　　○○部長　　　　　次長　　　　　○○○課長　　　　○○○課長補佐
　（　・　・　）　（　・　・　）　（　・　・　）

（合議）⑰

（伺い）⑱　　このことについて、○○○○○より別添のとおり申請があり、内容を
　　　　　審査したところ、適正と認められますので、別紙（案）により承認して
　　　　　よろしいか伺います。

山形県起案用紙（甲）

備考1　裏面の様式は、山形県起案用紙（乙）と同様とする。
　　　2　業務総括者及び業務管理者とは、山形県業務管理規程第3条に規定する業務総括者及び業務管理者をいう。

裏

山形県起案用紙（乙）

①	記号番号欄	記号は規程別表第2に定められた記号を記入し、番号は会計年度による一連番号を記入します。 　起案しようとする文書が訓、達、指令の場合は、記号の前にその種類を記入します。番号を省略する場合は、記号の後に号外と記入します（50ページ参照）。 　ただし、起案しようとする文書が条例、規則、訓令、告示又は公告の場合は、この欄は記入しません。
②	収受年月日欄	収受した文書に基づいて起案する場合に、その収受年月日（収受文書に押印された受付日付印の日付）を記入します。
③	起案年月日欄	起案者が起案した年月日を記入します。
④	決裁年月日欄	決裁権者が決裁した年月日を記入します。ただし、他の部課に合議するものは、合議が終了した年月日を決裁年月日とします。
⑤	施行年月日欄	県公報に登載する文書については県公報の発行年月日を、その他の文書については発送や交付により施行した年月日を記入します。
⑥	文書分類記号欄	文書の内容により、文書分類表に基づき該当する文書分類記号を記入します。
⑦	保存期間欄	文書の内容により、文書分類表に基づき該当する保存期間（30年、10年、5年、3年、1年、1年未満のいずれか）を記入します。 　法令等で保存期間が定められている文書は、その法令等で定められた保存期間を記入します。

⑧　公文書ファイル名欄	処理の完結後に起案文書をまとめる公文書ファイルの名称を記入します。
⑨　起案者欄	起案者の所属名、職名、氏名及び電話番号を記入し、認印を押印します。
⑩　文書取扱主任者欄 ⑪　業務総括者欄 ⑫　業務管理者欄	各所属で定められた者が文書の内容を審査し、認印を押印します。
⑬　公印管理者欄	公印を押印する場合に、公印管理者の審査を受け、審査が完了したときに確認印をもらいます。
⑭　施行上の取扱い欄	例規、公報登載、外部公表、電子メールのうち、該当する事項を選択します。 　県庁イントラのインフォメーションへの掲示により施行する場合は、欄内の余白に「電子掲示板施行」と朱書きします。
⑮　題名欄	題名は、起案文の内容が一見して分かるよう簡潔で具体的に記載します。また、往復文書の場合は、題名の末尾に文書の種類（通知、照会、回答、報告等）を括弧書きにします。
⑯　決裁欄	決裁権者及び回議を受ける者の職名を記入します。 　決裁権者等は、決裁及び回議のときにそれぞれ認印を押印します。なお、課長級以上の職員は、原則査閲した日付を付記します（課長専決事項の文書を除く。）。
⑰　合議欄	他の部課に合議する場合に、その合議先を記入します。 　合議を受けた者は、合議のときにそれぞれ認印を押印します。
⑱　伺い欄	事案を処理するに当たって、その意思決定の内容を簡明に記載します。決裁権者等の判断を容易にするため、処理の理由、根拠法令、事実の調査結果等を記載する必要がある場合は、的確かつ簡潔に記載します。

※　起案用紙（規程別記様式第4号）は、原則として公文書管理システムで作成します。

6 例文伺用紙の記載要領

（規程別記様式第5号）　　　　　　　　　　　　　　⑲（承認第○○○号）

記号番号	① ○○第○○号	文書分類記号	⑥ ○ ・ ○ ・ ○	保存期間	⑦ ○年
収　　受	② ○年○月○日	公文書ファイル名	⑧ ○ ○ ○ ○ ○		

起案者

所属名	⑨　　　　　　　　　　　　　　　○ ○ ○ ○ 課
職　名	○ ○
氏　名	○ ○ ○ ○ ○ ㊞
	（電話 ○○○○ ）

収　　受	② ○年○月○日
起　　案	③ ○年○月○日
決　　裁	④ ○年○月○日
施　　行	⑤ ○年○月○日

文書取扱主任者	業務総括者	業務管理者	公印管理者
⑩	⑪	⑫	⑬

施行上の取扱い	⑭ （公報登載）　外部公表　電子メール

例　　文　　伺

題　名 ⑮　　○○○○○○○○○○の告示について

⑯　　○○○部長〃　　　　次長〃　　　○○○課長　　　○○○課長補佐

　　　　　　　〃　　　　　　　〃

　　（ ・ ・ ）　　（ ・ ・ ）　　（ ・ ・ ）

申請者又は宛　　名	⑰

摘要	⑱ 適用条文　○○○○○法第○条

備考1　「摘要」の欄には、適用条文その他必要な事項を記入すること。

　　2　業務総括者及び業務管理者とは、山形県業務管理規程第3条に規定する業務総括者
　　　及び業務管理者をいう。

①～⑬	起案用紙の記載要領を参照
⑭　　施行上の取扱い欄	公報登載、外部公表、電子メールのうち、該当する事項を選択します。

⑮～⑯	起案用紙の記載要領を参照
⑰　申請者又は宛名欄	申請者等の文書を収受して処理する場合は、その申請者名を記入します。また、県の発意に基づいて処理する場合は、その文書の宛先名を記入します。
⑱　摘要欄	適用条文、申請年月日等を記入します。

※　例文伺用紙（規程別記様式第5号）は、原則として公文書管理システムで作成します。

第3　回議と合議

1　意　義

　起案者によって起案された文書は、起案者の直属系統の上司や起案内容に関係のある他の部課長の承認を受け、決裁権者の決裁を受けることによって、最終的に県の意思として決定されます。

　回議とは、起案者の直属系統の上司の承認を得るために起案文書の査閲を受ける過程をいいます。

　また、合議とは、起案された内容が他の部課の所管する事務に関連がある場合に、その部課長の承認を得るために起案文書の査閲を受ける過程をいいます。合議は、複数の部課に関係がある事務について、意見の調整を図り適正かつ円滑に進めて行く上で必要な手続となります。

　いずれの場合も、査閲や決裁を行う者は、できるだけ迅速に取り扱い、滞りなく処理するよう努めます。

2　方　法

（1）回　議

　起案文書の査閲は、下位の職にある者から上位の職にある者の順に行います。

（2）合　議

ア　順　序

　起案文書の査閲は、次の順に行います（括弧内は専決権者が部長又は副知事の場合）。

（ア）同一部内の他の課に関係がある場合

（イ）　他の部課に関係がある場合

イ　取扱いの注意事項

（ア）　合議を経た案を改めようとする場合、決裁の趣旨が当初の案と異なった場合や廃案となった場合は、起案者は合議をした部課の長にその経過又は結果を報告しなければなりません。

（イ）　合議を受けた部課で、どのような内容で決裁がなされたかを知る必要がある場合は、起案文書の合議欄の該当部課長名の上部に「要再告」と朱書きすることにより、処理の結果を知ることができます。

〈「要再告」の記入例〉

（ウ）　合議が必要な事案について、事前に協議することにより合議を省略することができます。この場合、起案用紙に、協議を終えた旨、その日付、協議先である部課の職員の職名、氏名を明記する必要があります。

ウ　法令案の合議

次の内容について起案をした場合は、学事文書課長に合議します。

　　(ア)　法令の解釈に関するもの

　　(イ)　条例、規則、告示、公告（県公報への登載が必要なもの）及び訓令

　　　　に関するもの（ただし、学事文書課長の承認を受けた例文については

　　　　合議は必要ありません。）

　　(ウ)　審査請求及び訴訟に関するもので重要なもの

　　(エ)　契約に関するもので重要なもの

　　(オ)　その他重要、異例、新例に属するもの

(3)　持ち回り決裁等

　　起案文書のうち緊急に処理する必要があるもの、秘密を要するものその

　他特に重要なものについては、起案者又は起案の趣旨、内容等について熟

　知している者が起案文書を持ち回り、口頭で詳細に説明することによって

　回議（合議）を行い決裁を受けることができます。

　　また、緊急等やむを得ない事情により、りん議以外の方法で起案文書の

　決裁を受けて事務処理を行った場合は、その処理の経過について詳細に記

　録しておかなければなりません。

第4　決　裁

1　意　義

　　決裁とは、決裁権者が最終的に意思決定を行うことをいい、決裁権者が押

印することにより行います。

　　県における意思決定の権限は知事にあります。このため、決裁は原則的に

知事自らが行うことになりますが、全ての事案について知事自らが行うのは

不可能なことです。また、万が一知事に事故があったときなどには事務処理

が停滞することになります。

　　そこで、地方自治法上、知事の権限に属する一定の決裁権限を補助機関等

に委譲することが認められています。その方法として、代理、委任、専決及

び代決があります。

2　代理・委任

　代理と委任は、ともに代理者又は受任者（知事から権限の委任を受けた者をいう。以下同じ。）の名で事務を行います。

(1)　代　理

　代理とは、一定の事務について代理者が知事に代わって決裁をし、代理者である旨を明示した上で代理者の名でその事務を行うことをいいます。その結果、代理行為は知事の行為として法律上の効果を生じることになります。

　なお、この場合において代理される事務は、依然として知事の権限に属するものであり、この点で委任とは異なります。

　代理には、職務代理（法定代理）と臨時代理（任意代理）があります。

ア　職務代理（法定代理）

　知事に事故があるとき（長期かつ遠隔地の旅行、病気その他の理由により知事が職務を行うことが現実にできないとき）又は知事が欠けたとき（知事の辞職後、選挙により新知事が選出されるまでの間のように在職していないとき）は、副知事が知事の職務を代理します（地方自治法第152条）。

　この場合、職務代理者である副知事は、法律上当然に知事の職務を代理することになり、知事に代わって決裁するというよりはむしろ自己の権限として知事の立場で決裁することになります。

　なお、職務代理における代理者の表示は、右のようになります。

〈職務代理者の表示例〉

> 山形県知事職務代理者
> 山形県副知事　　〇〇　　〇〇

イ　臨時代理（任意代理）

　知事は、自己の権限に属する事務の一部を補助機関である職員に臨時に代理させることができます（地方自治法第153条第1項）。臨時代理は職務代理とは異なり、一定の原因の発生により当然に生ずるものではなく、知事自らの意思によりその権限の一部を代理させるものです。

　臨時代理者は、その権限を授与された事務の範囲内に限り、当該事務

を処理する権限を有し、また、自ら決裁することができます。

(2)　委　任

　　知事は、自己の権限に属する事務の一部を補助機関である職員又は他の行政機関に委任して処理させることができます（地方自治法第153条第1項、第2項）。受任者は、委任された事務の範囲内に限り、自己の権限として決裁することができます。

　　この場合、当該事務は受任者の職務権限となり、受任者が自己の名と責任において処理することとなり、委任をした知事は一般的な監督権を有するのみで、自ら処理する権限を失います。

　　なお、県では、「知事の権限に属する事務の委任に関する規則」により、必要事項を定めています。

3　専決・代決

　専決と代決は、本来知事が決裁すべき事項を、補助機関である職員が知事に代わって決裁することをいいます。ただし、外部に対する意思表示は、本来の決裁権者である知事の名において行われ、その責任も知事に帰属します。この意味において、専決及び代決は内部委任ともいわれます。

　なお、県では、「山形県事務代決及び専決事務に関する規程」により、専決事務の範囲及び代決の順序等を規定し、事務の円滑な施行を図るとともに、その責任範囲を明らかにしています。

(1)　専　決

　　知事の権限に属する事務の一部を、所定の職員が定められた責任の範囲内において、常時知事に代わって決裁することをいいます。

(2)　代　決

　　知事又は専決権限のある者が事故や出張等で不在により決裁できない場合、あらかじめ定められた者が決裁権者に代わって決裁することをいいます。

第5　文書の審査

1　意　義

　文書は、回議（合議）し、決裁され、施行されると、県の意思として他の行政機関や県民に法的影響などを及ぼすことになります。そのため、その内容はもちろん、形式、表現などについても適切なものでなければなりません。

　そこで、規程により、文書取扱主任者が起案文書の審査を行うこととされています。

2　審査の内容

(1)　起案は所定の用紙により行われているか。

(2)　起案用紙の記載事項に誤りや漏れはないか。

(3)　公文書の施行方法は適切か。

(4)　決裁区分は適当か。また、合議は適当か。

(5)　公文書の性質に応じた書式及び文体であるか。また、様式が法令等で定められていないか。

(6)　公文書の発信者名及び受信者名は適切であるか。

(7)　用字、用語は正しく使用されているか。

(8)　分かりやすくかつ簡明な表現を用いているか。

(9)　例文は適切に用いられているか。

(10)　公印省略のできる文書ではないか。

(11)　起案者の意図するところが正確に表現されているか。

(12)　法令等の解釈に誤りはないか。

(13)　予算措置はなされているか。

(14)　関係書類は漏れなく添付されているか。

(15)　ファクシミリ、電子メール、電子掲示板で施行しようとする公文書の場合、それらにより施行できる場合の要件（59ページ参照）を満たしているか。

第5章　公文書の施行

　県の意思は、決裁によりその内容が確定しますが、外部に表示する必要があるものは、決裁するだけでは対外的な効力は生じません。

　このため、決裁された公文書は、記号及び番号の付与、浄書、校合、公印の押印、発送又は県公報登載という一連の手続を経て効力を発生させる必要があります。これらの最終的な手続を公文書の施行といいます。

第1　決裁後の処理

　起案文書が決裁されたときは、起案者は、次の処理をします。

1　起案用紙又は例文伺用紙の決裁年月日欄に決裁の日付を記入します。

2　公文書に番号を付けて施行する場合は、公文書番号の採番の手続を経て、起案用紙又は例文伺用紙の記号番号欄に記入します。

3　決裁文書の浄書及び校合をします。

4　公印の押印を必要とする公文書は、公印管理者の審査を受けて、公印の押印（電子公文書の場合は電子署名）を行って、発送により施行するものは発送の手続を、県公報に登載して施行するものは登載の手続をします。

5　発送（交付）又は県公報登載の日付を施行年月日として、起案用紙又は例文伺用紙に記入します。

第2　記号・番号の付与

1　意　義

　施行する公文書には、記号及び番号を付けなければなりません。その目的は、公文書の種類及び発信所属名を記号化し、施行年月日順に一連番号を付けることにより、公文書を体系的に整理し、起案文書と施行文書との整合性を図ることにあります。

　ただし、辞令、表彰状、契約書、報告書、書簡文書等慣例により記号及び番号を必要としないものや電子決裁システムを使用した公文書等については、この限りではありません。

2　付与の方法

　記号及び番号は、公文書の種類に応じて次のように区別されます。

(1)　条例、規則、告示、訓令

$$\text{山形県} + \left\{ \begin{array}{l} \text{条例} \\ \text{規則} \\ \text{告示} \\ \text{訓令} \end{array} \right\} + \left[\begin{array}{l} \text{法令番号簿（学事文書課管理）} \\ \text{による一連番号} \\ \text{（暦年による付与）} \end{array} \right]$$

> 例：山形県条例第○○号

(2)　訓、達、指令

$$\left\{ \begin{array}{l} \text{訓} \\ \text{達} \\ \text{指令} \end{array} \right\} + \left[\begin{array}{l} \text{規程別表第2に} \\ \text{よる記号} \end{array} \right] + \left[\begin{array}{l} \text{公文書番号簿（主務課管理）} \\ \text{による一連番号} \\ \text{（会計年度による付与）} \end{array} \right]$$

> 例：訓学文第○○号

(3)　一般の往復文書

$$\left[\begin{array}{l} \text{規程別表第2に} \\ \text{よる記号} \end{array} \right] + \left[\begin{array}{l} \text{公文書番号簿（主務課管理）} \\ \text{による一連番号} \\ \text{（会計年度による付与）} \end{array} \right]$$

> 例：学文第○○号

(4)　番号を省略する往復文書（内容が軽易なもの）

$$\left[\begin{array}{l} \text{規程別表第2に} \\ \text{よる記号} \end{array} \right] + \boxed{\text{号外}}$$

> 例：学文号外

> ─ロメモ─
>
> 　案文が二つ以上ある場合でも、原則として一つの起案には一つの公文書番号を使用します。ただし、令達文書（訓、達、指令）については、原則として公文書ごとに異なる公文書番号を付けます。
>
> 　発信者を連名で施行する場合は、同等の職にある者の連名を建制順に表記し、主務課の番号のみを付けます。ただし、異なる組織（国の機関や県の補助機関等）と連名で施行する場合は各々の番号を付けます。

第3　公文書の浄書

1　意　義

　浄書とは、決裁文書の内容を清書して公文書を仕上げることをいい、主務課で行います。

2　注意事項

(1)　浄書するに当たっては、その方法、枚数、期限などを必ず確認します。

(2)　浄書は、決裁文書に忠実に、また、誤字脱字がないよう正確に行います。

(3)　浄書担当者の自己判断によって修正を加えることはできません。

第4　校　合

1　意　義

　浄書した公文書が決裁文書の内容と一致しているかを照らし合わせ、浄書による誤りの有無を確認することを校合といいます。また、印刷で浄書した場合の校合は、一般に校正といいます。

2　注意事項

　校合は、公文書の施行における最終的な事務手続であり、これにより公文書が完成するため、浄書後直ちに行い、誤った公文書を施行することのないよう慎重に行うことが必要です。

第5　公　印

1　意　義

　　公印とは、行政機関が公務上作成した公文書に使用する印章又は印影をいい、これを押印することによって、施行される公文書が真正に行政機関としての意思を表示するものであることを認証し、発信者としての責任を負うことを明らかにする目的があります。

　　公印のない公文書は、相手方が真正なものと認める限りにおいては、公文書としての効力を妨げられるものではありませんが、もし、相手方が真正を疑う場合は、発信者である行政機関がその真正を立証しなければ、公文書としての効力を主張することはできません。

　　逆に、公印のある公文書は、たとえ内容が発信者の真実の意思を表していない場合であっても、相手方はそれを真正なものとして効果を主張することができます。

2　公印の種類と管理

　　公印の取扱いについては、山形県公印規程（以下「公印規程」という。）に定められています。

　　公印には、「山形県印」のように庁名を表す庁印と、「山形県知事印」、「山形県総務部長印」のように職名を表す職印の2種類があります。

　　また、公印規程により、それぞれの公印に公印管理者が定められています。公印は、公文書の真実性及び公信力を与える重要な機能を持つものですから、厳重に管理し、慎重に取り扱う必要があります。

3　公印の新調・廃止の手続

　　公印管理者は、公印を新調し、又は廃止しようとするときは、公印規程に基づき次の手続をします。

(1)　公印を新調する場合

　　公印登録依頼書（公印規程別記様式第2号）と新調しようとする公印の公印票を学事文書課長に提出します。

(2)　公印を廃止する場合

　　公印登録抹消依頼書（公印規程別記様式第2号）と廃止した公印を学事文書課長に提出します。

　　また、公印のうち、山形県印、山形県知事印、山形県知事職務代理者印を新調又は廃止しようとするときは、(1)又は(2)の手続をする前に、公印新調（廃止）承認申請書（公印規程別記様式第1号）を学事文書課長経由で知事に提出し、その承認を得なければなりません。

　　学事文書課長は、公印登録（抹消）依頼書の提出があったときは、公印簿への登録又は公印簿からの登録抹消をし、その旨を公印管理者に通知します。

　　なお、公印は、公印簿に登録された後でなければ使用することはできません。

4　公印の押印

(1)　公印管理者による審査

　　公印を押印しようとするときは、押印しようとする公文書に決裁文書を添えて公印管理者に提示し、その審査を受けます。

　　公印管理者は、以下の点について審査した結果、適当であると認めたときは、決裁文書に公印使用の確認印（右図）を押します。

〈確認印〉

公印
文
学事文書課の審査用

公印
管理
左記以外用

ア　決裁権者の決裁を受けたものか（代決等の処置は適当か。）。また、必要な合議を行っているか。

イ　文書取扱主任者の審査を受けているか。

ウ　決裁文書と施行文書が一致しているか。

エ　公文書の記号及び番号が正しく記入してあるか。

オ　公文書の性質に応じた書式及び文体であるか。また、様式が法令等で定められていないか。

カ　宛名及び敬称は適当であるか。

キ　用字、用語は正しく使用されているか。

ク　分かりやすく簡明な表現を用いているか。

(2)　押印の方法

　公印を押印するときは、発信者名の最後の文字に3分の1程度かけて、朱肉を用いて鮮明に押印します。発信者名は、押印したときに公印の後に1字分空くようにあらかじめ配字します。

(3)　割　印

　割印は、公文書の枚数が2枚以上にわたる場合に、その公文書が一連のものであることを証明し、差替えなどの不正を防止するために押印するものです。行政処分、契約、登記、証明その他の権利義務に関する公文書に必要です。

　割印は、公文書に押印した公印と同一の公印をそのとじ目や継ぎ目の全てに押印します。

〈割印の具体例〉

袋とじでない場合　　　　　　　　袋とじの場合（表面及び裏面のとじ目に押印）

(4)　訂正印

　訂正印は、施行文書の誤りを訂正した場合に、その訂正が真正に行われたことを証明し、不正を防止するために押印するものであり、行政処分、契約、登記、証明その他権利義務に関する公文書に用います。

　訂正の方法は、その公文書の余白に「○字加入」、「○字削除」又は「○字訂正」（加除同一字数の場合）と記入し、その部分にかけて当初の施行文書に押印した公印と同一の公印を押印します（契約書の訂正については、163ページ参照）。

　また、訂正のあることを予想してあらかじめ押印する捨印は、それを利

用して随意に施行文書の内容を変更することを防ぐため、押印することはできません。

5　公印の押印の省略

施行文書には、公印を押印することが原則ですが、特に押印する必要があるものを除き、次のような公文書については公印の押印を省略します。

(1)　書簡文書等押印しないことが通例とされる公文書

(2)　往復文書（法令上の効力を有するもの等その内容が特に重要なものを除く。）

(3)　(1)及び(2)に掲げる公文書のほか、学事文書課長が特に公印の押印を省略することを適当と認めた公文書

公文書の種類による公印省略については、下表のとおりです。

公印の押印を省略する場合は、必要に応じて、公文書の発信者名の下に「(公印省略)」と表示します。

〈公文書の種類による公印省略〉

公文書の種類			公印省略 ※
令達文書（訓、達、指令など）			×
往復文書	諮問、答申、建議、勧告など		×
	通達、進達、報告、依頼、照会、回答、送付、通知など	法令上の効力を有するもの	×
		法令上の効力を有しないもの	○
書簡文書等			○
その他の公文書（儀礼文書、訴訟関係文書、契約関係文書など）			×

※　×：公印省略しない。　　○：原則として公印省略する。

6　公印の事前押印と印影の印刷

施行する公文書に公印を押印しようとする場合には、既に起案文書の決裁

が終わり、施行の相手方及び施行期日が特定していなければなりませんが、この例外的な方法として、公印の事前押印と印影の印刷が認められています。

(1)　公印の事前押印

　賞状などで、交付をする相手が未確定の段階で、事務処理の都合上あらかじめ押印する必要がある場合は、公印管理者の承認を得て、事前に公印を押印することができます。

(2)　公印の印影印刷

　公印は、朱肉を用いて押印するのが原則ですが、施行部数の特に多い公文書については、公印の押印に代えて印影の印刷をすることができます。ただし、原紙に公印を押印したものを印刷やカラーコピーで複写することは認めていません。

　公印の印影を印刷しようとするときは、公印印影印刷承認申請書（公印規程別記様式第4号）を学事文書課長に提出し、承認を受けなければなりません。

　なお、印刷した後は、速やかに印刷に使用した印影の原版やフィルムなどを公印管理者に引き継がなければなりません。

　また、印影の印刷をした印刷物は、保管者を定めて厳重に保管し、公印印刷物を不正に使用されることがないよう適正な管理を行わなければなりません。

7　電子署名

　公文書を電子公文書として施行する場合は、電子署名を行います。ただし、公印の押印が省略できる施行文書については、電子署名も省略することができます。

第6　発　送

1　意　義

　発送とは、施行文書を相手方に送達する手続をいいます。

　発送は、郵送、使送による方法のほか、ファクシミリ、電子メール等による方法も用いられています。

2　方　法

（1）　郵　送

　文書の郵送は、次の方法により、文書主管課が行います。

ア　本　庁

　（ア）　個別発送

　　a　発送文書は、封筒に入れるか、梱包して計量します。

　　b　発送文書の封皮には、宛先の郵便番号、住所、氏名等を明確に記入します。

　　c　本庁において、後納郵便で発送する場合は、後納郵便差出票を作成して発送文書に添付の上、発送日の午後3時から午後3時30分までの間に文書集配室に持参します。

　　d　速達、特定記録、簡易書留、書留、配達証明等の取扱いで郵送する場合は、その種別を封皮に朱書きします。

　　e　特定記録、簡易書留、書留、配達証明を利用する場合は、日本郵便株式会社指定の「書留・特定記録郵便物等差出票及び受領証」（2枚複写）に記入して添付します。

　　f　一度に大量（100通程度）の文書を発送する場合は、事前に文書集配室に連絡をします。

　（イ）　合封発送

　　学事文書課では、各総合支庁、県の出先機関、東京事務所、県内各市町村、各都道府県、国の機関（山形市内のみ）の文書棚を設置し、文書の集中発送を行っています。

　　郵便料金の節減と発送手続の簡素化のため、これらの機関宛てに郵送する文書は、文書棚を利用して一括して封入し、発送します。

　　合封発送における注意事項は、次のとおりです。

　　a　普通郵便扱いの公文書（秘密文書を除く。）に限ります。

　　b　重量削減のため、可能な限り封筒には入れず、梱包もしません。

（封筒に入れて持ち込む場合も、封はしません。）

c　重さが500グラム以内、大きさがＡ４判までのもの（折り畳んでＡ４判以内のものも可）が対象です。

d　ダブルクリップ、クリアファイル、マチ付封筒は使用できません。

e　発送日については、次のとおりです。発送日の正午までに宛先の文書棚に入れておきます。

〈合封発送の発送日（本庁）〉

宛　　　先	発　送　日
総合支庁	火曜日※・金曜日
県の出先機関・東京事務所	火曜日・木曜日※
市町村（県内）	水曜日・金曜日※
都道府県	偶数月の最終月曜日※
国の機関（山形市内のみ）	偶数月の最終月曜日※

※が閉庁日の場合は、原則、翌開庁日に発送。ただし、閉庁日が連続する場合は調整して発送。

イ　総合支庁・出先機関

総合支庁や出先機関では、それぞれの文書主管課で発送しますが、組織体制、文書量等の実情に合わせて運用します。

┌─一口メモ─
│　料金後納郵便マークのついた郵便物を直接ポストへ入れてしまった場合は、切手を貼らない郵便物と同様の扱いになり、差出人に戻されます。
└

(2)　使　送

事務の担当者等が施行文書を宛先に直接届けることをいいます。

郵便料金の節減のため、会議出席等の場合は、他の文書も郵送に代えて持参するようにします。

⑶　ファクシミリ及び電子メール

　施行文書をファクシミリや電子メールで送信して発送することができます。この場合、次に掲げる事項のいずれにも該当しなければなりません。

ア　公印の押印を省略できるもの

イ　権利義務に関係のないもの

ウ　金銭に関係のないもの

エ　秘密を保持する必要のないもの

　また、県の機関以外に対して発する公文書については、相手方がその送信方法の利用について承諾している場合に限り送信することができます。送受信された文書は、その内容が直接の関係者以外の者の目に触れるおそれがあるため、取扱いの不備や誤送信による事故等のないよう、慎重な対応が必要です。なお、この場合、後日郵送等により改めて公文書を発送し直す必要はありません。

　ファクシミリを用いて文書を送信又は受信したときは、文書取扱主任者は、ファクシミリから出力された送受信の記録を6か月間保存しなければなりません。

⑷　電子掲示板

　⑶アからエまでのいずれにも該当する公文書で、各職員に周知するためのものは、県庁イントラのインフォメーションへの掲示により施行することができます。

┌─ 一口メモ ─────────────────────────
　電子メール及び電子掲示板で施行する場合の注意事項

【電子メール】

1　件名は、「(公文・公文書の種類・処理期限) 題名【所属名】」と表示します。

┌ ─ ┐
　例　「(公文・照会・1/15期限) ○○○実施状況について【○○○課】」
└ ─ ┘

2　県の機関に送信する場合は、所属メールアドレス宛てに送信します。

3　送信には担当職員の職員メールアドレスを使用します。

4　次の公文書を送信する場合には、一斉送信用アドレスを使用することができます。ただし、安易に一斉送信用アドレスを用いて、必要のない所属

へメールを送信しないように注意します。
(1)　規則、要綱、要領、取扱通知等の例規文書
(2)　業務執行に関わる内容で、各所属に緊急に周知する必要がある公文書
　　　上記(1)及び(2)の場合、メールにはこれらの公文書のファイルは添付せず、県庁イントラ上に掲載して、メール本文には概要と県庁イントラ上の掲載場所を記載します。

> 掲載場所の例
> 　(1)の場合 → 文書管理／全庁共有／各種共有情報／○○○課
> 　(2)の場合 → インフォメーション／緊急連絡

(3)　受信先に回答等の対応を求める公文書
　　　照会文で、回答を電子メールで求める場合は、回答用の様式を編集可能な形式の別ファイルで添付し、様式のみで回答できるようにします。
※　上記(1)から(3)までのいずれにも該当しないものを各職員に周知する場合は、メールは利用せず、県庁イントラを利用します。
5　メール本文には、内容の要点などの概要を記載して、受信者が理解しやすいようにします。また、所属内での具体的な転送先（担当者）がある場合は、メール本文の冒頭に明記します。
6　添付ファイルの数はなるべく少なくまとめ、容量はできるだけ1MB（メガバイト）以内にします。

【電子掲示板】
1　タイトルは、同種のものは同じスタイルにします。また、括弧書きで所属名を表示します。

> 例　訃報の場合は、「訃報（×××課　対象職員名)」
> 　　その他の場合は、「タイトル（×××課)」

2　本文は可能な限り簡略化し、ファイルの添付は最小限に抑えます。
3　掲示する期間は、目的を達したときに削除されるよう適切に設定します。
4　電子メールで概要と県庁イントラ上の掲載場所をお知らせします。

第7　県公報登載

1　意　義

　県公報は、条例、規則等を公布し、その他重要な事項を広く公示するために県が発行しているもので、政府が発行する官報に相当するものです。

条例、規則等は、山形県公告式条例及び山形県公報発行規則（以下「発行規則」という。）に基づき、県公報に登載して公布することとされています。

2　県公報登載事項

次に掲げるものを県公報に登載します。

(1)　県条例

(2)　県規則

(3)　県訓令

(4)　県告示

(5)　県議会、県教育委員会、県公安委員会、県選挙管理委員会、県監査委員、県人事委員会、県労働委員会、山形海区漁業調整委員会、県内水面漁場管理委員会、県収用委員会、県企業局、県病院事業局等の定める規則、規程その他の事項で公表が必要なもの

(6)　公告

(7)　その他知事が適当と認める事項

3　発　行

(1)　定　期

毎週火曜日（休日に当たるときはその翌日の水曜日）及び金曜日に発行します。ただし、次の場合は発行を休止します。

ア　火曜日及びその翌日が休日に当たるとき。

イ　金曜日が休日に当たるとき。

ウ　県公報に登載すべき事項がないとき。

エ　12月29日から翌年の1月3日までの期間

(2)　号　外

登載事項が緊急を要するものであるときその他特別の理由により定期に発行する県公報に登載することができないときに、随時発行します。

4　登載の手続

(1)　次のものを学事文書課に提出します。

ア　県公報登載依頼票（発行規則別記様式第1号）

本庁にあっては担当者印を押印した原本を1部、本庁以外にあっては

所属長印を押印した原本及びその写しを各1部

イ　登載原稿

本庁にあっては登載する事項に関する決裁文書（原議）、紙原稿1部及び登載原稿の電子データ、本庁以外にあっては紙原稿2部

紙原稿については、片面印刷とします。

なお、登載原稿が10ページ以上ある場合は、締切日時より早めの入稿が必要となります。

(2)　定期発行の原稿の締切日時

発　行　日	締　切　日　時
火　曜　日	前の週の水曜日の午前10時
金　曜　日	その週の月曜日の午前10時

ただし、発行日までの間に休日（祝日等の休日及び12月29日から翌年の1月3日までの日）があるときは、締切日が当該休日の日数分繰り上がります。

(3)　校　正

校正は、本庁の所属の分は依頼した所属で行い、本庁以外の所属の分は、原則として学事文書課で行います。ただし、企業局及び病院事業局の分は本庁の主管課で行います。

(4)　訂正（正誤の手続）

県公報に登載された事項に誤りがあったときは、速やかに県公報訂正依頼票（発行規則別記様式第2号）を学事文書課に提出し、訂正を依頼しなければなりません。

(5)　ホームページへの掲載

県公報は、平成15年度から県のホームページに掲載し、広く住民に公開しています。

第6章　公文書の整理、保存

第1　意　義

　完結した公文書は、県の事務遂行上の資料となり、また、意思決定をした証拠ともなります。このため、誰でもすぐに利用できるよう、公文書は必要な期間保存し、不用な公文書は移管したり廃棄したりすることで、適切に公文書の整理及び保存をすることが重要となります。

第2　公文書の整理

1　公文書の整理

(1)　公文書の分類、名称、保存期間の設定

　　作成又は取得した公文書は、その事務や事業の性質、内容等に応じて文書分類表に基づいて分類し、文書分類記号を設定します。

　　また、分かりやすい名称を付け、文書分類表に従い保存期間と保存期間の満了する日を設定します。

(2)　公文書ファイルの作成

　　相互に密接に関連する公文書を公文書ファイルにまとめます。この際、保存期間が同じものだけを一緒にまとめます。なお、単独で管理することが適当な場合は、公文書ファイルにまとめず、単独で管理することができます。

(3)　公文書ファイルの分類、名称、保存期間の設定

　　公文書ファイルを作成したら、その事務や事業の性質、内容等に応じて文書分類表に基づいて分類し、文書分類記号を設定し、分かりやすい名称を付けます。

　　まとめられている公文書の保存期間をその公文書ファイルの保存期間と

し、また保存期間の満了する日を設定します。

2　整理の方法

(1)　公文書ファイルの作成方法

　　処理の完結した公文書は、原則としてハトメ表紙を用いてつづりひもで順次つづり込み、公文書ファイルにまとめます。ただし、公文書の形状や性質によっては箱にまとめたり、単独で保管するなど、適切な方法で整理します。

　　公文書ファイルの厚さは、原則6センチメートル以内とし、それを超える場合は分冊します。また、厚さがそれ以内であれば、複数年度分を合冊しても差し支えありません（67ページ参照）。

(2)　公文書管理システムへの登録

　　保存期間が1年以上の公文書ファイルについては、公文書管理システム（以下「システム」という。）の「公文書ファイルの作成」で必要事項を登録します。

　　システムで入力する項目は次のとおりです。なお、原則として、作成した年度内にシステムに登録しなければなりません。

〈公文書管理システムにおける入力項目（公文書ファイルの作成）〉

①	公文書ファイル番号	入力不要です。登録完了後に各公文書ファイルに固有の識別番号が自動的に付与されます。
②	作成又は取得日の主務課	旧年度作成の公文書ファイルを登録する場合に入力します。公文書ファイル作成日※における主務課を入力します。現在と異なる場合のみ入力します。
③	主務課	主務課を選択します。
④	作成又は取得年度	公文書ファイル作成日※の属する年度を入力します。
⑤	文書分類記号	文書分類表に従い、文書分類記号を選択します。
⑥	公文書ファイル名	公文書ファイルの名称を入力します。公

		開されるため、個人名等の公開に適さない語句は使用しないようにします。やむを得ず使用する場合は、「⑮　公開名」を設定しておく必要があります。
⑦	題名補助	必要に応じて入力します。入力した内容は、背表紙の公文書ファイル名の左側に小さく表示されます。暦年でまとめる公文書ファイルについては、「暦年」と入力します。
⑧	公文書ファイル（箱）番号	入力不要です。
⑨	保存場所	あらかじめ設定した保存場所から選択します。
⑩	保存期間	文書分類表に従い設定した保存期間（1年、3年、5年、10年、30年）を選択します。 常用文書の場合は「永年保存」を選択します。（常時利用する必要がなくなり保存期間を設定したときに変更します。）
⑪	延長保存	入力不要です。
⑫	保存期間満了予定年度	入力不要です。
⑬	業務登録	業務登録の有無を選択します。業務登録をした場合、あらかじめ登録した職員以外の職員には、この公文書ファイルのデータは表示されません。
⑭	業務名	業務登録で「する」を選択した場合に、あらかじめ登録した業務名から選択します。
⑮	公開名	「⑥　公文書ファイル名」が公開に適さない場合に、公開時に表示する公文書ファイル名を入力します。 例：「○○氏カルテ」→「初診内科カルテ」
⑯	媒体の種別	媒体の種別を選択します。

⑰　保存期間が満了したときの措置	保存期間が満了したときの措置を選択します。

※　公文書ファイル作成日：公文書を当該公文書ファイルにまとめた日のうち最も早い日をいう。

(3)　背表紙の作成

　　システムから背表紙を出力し、保存期間別色分けに従い着色して貼付します。

　　複数年度分を合冊した場合は、背表紙に合冊した公文書ファイルの内容が分かるように記載する必要があります。

〈背表紙〉

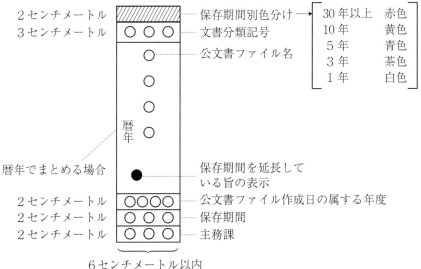

┌─ 一ロメモ ─────────────────────────────────┐

公文書ファイルの合冊

　毎年作成する公文書ファイルではあるが、まとめる公文書が寡少な場合等には、合冊することができます。これは、複数の公文書ファイルを1冊にまとめて管理している状態ですので、毎年度、公文書ファイルとしてシステムに登録し、各年度の公文書ファイル管理簿に記載する必要があります。

　保存期間が満了した年度分については、満了した年度分だけを廃棄したり、保存期間を延長していき合冊された全ての公文書ファイルが満了した時点で移管したりする等、適切に対応する必要があります。

└──┘

(4)　公文書索引

　　公文書ファイルの最初のページには、まとめられた公文書の題名等について記載した公文書索引をつづり込みます。ただし、保存期間が1年の公文書、1年未満の公文書、常用文書（主務課で業務に常時利用する必要がある公文書）をそれぞれまとめた公文書ファイルについては、公文書索引の添付を省略することができます。

ア　作　成

　　作成した公文書ファイルごとに公文書索引を作成します。システムで作成する場合、システムで起案した公文書の題名を利用して簡便に作成することができます。なお、複数年度分を合冊する場合も、公文書ファイルごと（年度ごと）に作成する必要があります。

イ　添付方法

　　公文書索引は、公文書ファイルの最初のページにつづり込みます。分冊した場合は、分冊した公文書ファイルにもつづり込みます。合冊した場合は、各年度の最初のページにつづり込みます。また、箱などの場合は、外の見やすい場所に貼付します。

　ウ　記載要領

（規程別記様式第9号）

公 文 書 索 引

主務課　○○○○課

文書分類 記　　号	公文書作成 取得日の属 する年度	公　文　書 ファイル 番　　号	公文書ファイル名	保存 場所	保存 期間	延長 保存
①	②	③	④	⑤	⑥	⑦
Ａ・1・0	令和2年度	B200000000000	○○関係会議		3	

番　　号	公 文 書 題 名	備　　　考
⑧ 1	⑨ ○○○○研修会の開催について（通知）	⑩ 令和2年○月○日 ○　○　第○○号
2	第○○回○○○○○主管課長研修会の議題等について （回答）	令和2年○月○日 ○　○　第○○号
3	第○回○○○○等職員研修会の開催について（通知）	令和2年○月○日 ○　○　第○○号

①　　文書分類記号欄	公文書ファイルの文書分類記号を記入します。
②　　公文書作成取得日の属 　　する年度欄	公文書ファイル作成日（66ページ参照）の属 する年度を入力します。 　ただし、分冊等した場合は次のとおり取り扱 います。 a　分冊した場合 　分冊したものにも同一年度を記入します。 b　合冊した場合 　それぞれの年度の公文書索引に、それぞれ の公文書ファイル作成日の属する年度を記入 します。

		c　完結が翌年度以降となった場合 　　例：歳入歳出の年度が令和2年度で、完 　　　結が令和3年度中となった場合は、 　　　「令和2年度」と記入します。 d　暦年でまとめる場合 　　例：令和2年に作成又は取得した公文書 　　　をまとめる場合は、「暦 令和2年」と 　　　記入します。
③	公文書ファイル番号欄	システムで付与された公文書ファイル番号を記入します。
④	公文書ファイル名欄	公文書ファイルの題名を記入します。
⑤	保存場所欄	a　執務室で保管している期間は、記入の必要はありません。 b　執務室での保管期間が経過し、公文書ファイルを文書主管課に引き継ぐときに、保存する書庫の書架の記号番号を記入します。
⑥	保存期間欄	公文書ファイルの保存期間を記入します。常用文書をまとめた公文書ファイルについては空欄とし、常時利用する必要がなくなったときに記入します。
⑦	延長保存欄	保存期間が30年の場合に「00」と記入します。保存期間が満了した時に、保存期間を10年延長した場合には「01」と修正します。その保存期間が満了し、更に10年延長した場合には「02」と修正します。
⑧	番号欄	a　一連番号を記入し、まとめられた公文書には、同じ番号を記したインデックスを付けます。 b　分冊した場合、分冊する前の公文書ファイルの番号から続けて一連番号になるよう番号を記入します。 c　合冊した場合、それぞれの年度ごとに新たに起番します。

⑨	公文書題名欄	公文書ファイルにまとめられた個々の公文書の題名を記載します。
⑩	備考欄	公文書の施行年月日や記号番号などを記載しておけば、効率的に管理することができます。

> ┌─ 一口メモ ─┐
>
> ### 公文書管理システム
>
> 　公文書管理システムは、起案文書の作成、公文書番号の採番、公文書ファイルの登録等により、各所属の公文書や公文書ファイルの状況を、作成から移管又は廃棄まで一元的に管理することができます。
>
> 　また、登録された情報を利用して、起案用紙（例文伺用紙）、公文書ファイルの背表紙、公文書索引、公文書番号簿、公文書ファイル管理簿等を簡便に作成することができます。

3　文書分類表の整備

　文書管理者は、作成又は取得した公文書を系統的に分類し、標準的な保存期間を設定するために、規程別表第1及び別表第3に基づいて文書分類表を作成します。別表第1では公文書の類型ごとの保存期間を定めているので、文書分類表では、この範囲内で、別表第3に基づいて分類された公文書ファイルの名称ごとに、標準的な保存期間を定めておきます。

　また、文書分類表には、公文書ファイルの名称ごとに、標準的なレコードスケジュールも定めておきます（80ページ参照）。これにより、公文書ファイルを作成したときは、文書分類表を使用して、簡便に文書分類、標準的な保存期間、標準的なレコードスケジュールを確認することができ、またどの所属においても同じ基準で設定することができます。

　なお、文書管理者は、文書分類表を作成したり、必要により変更したときは、速やかに作成又は変更した文書分類表を総括文書管理者に提出します。

4　保存期間の設定

(1)　保存期間

　作成又は取得した公文書の保存期間は、文書分類表に従い、原則として30年、10年、5年、3年、1年、1年未満のいずれかに設定します。

　ただし、法律等により保存期間が定められている公文書については、法

律等で定められた期間とします。

　また、公文書ファイルの保存期間は、その公文書ファイルにまとめられた公文書の保存期間と同じ期間となります。

(2)　常用文書の保存期間

　次のいずれかに該当する公文書やそれらをまとめた公文書ファイルについて、業務に常時利用する必要があるもの（以下「常用文書」という。）は、保存期間を無期限とすることができ、常時利用している間は主務課において保存します。

　ア　条例、規則等の解釈又は運用の基準に関するもの

　イ　現に業務に利用されている帳簿及びデータベース

　ウ　前2号に掲げるものに類するもの

　ただし、常時利用する必要がなくなったときは、文書分類表に従い新たに保存期間を設定しなければなりません。

(3)　歴史公文書等の保存期間

　歴史公文書（83ページ参照）や、県の意思決定過程や事務事業の実績の合理的な跡付けや検証に必要となる公文書については、原則として保存期間を1年以上に設定しなければなりません。

　なお、これらに該当する公文書ファイルについては、文書分類表においても保存期間を1年以上に定めておきます。

(4)　保存期間を1年未満に設定できる公文書

　次に掲げるものについては、保存期間を1年未満に設定することができます。ただし、次のいずれかに該当するものであっても、重要又は異例な事項に関する情報を含む場合など、合理的な跡付けや検証に必要となる公文書については、保存期間を1年以上に設定しなければなりません。

　ア　別途正本又は原本が管理されている公文書の写し

　イ　定型的又は日常的な業務連絡、日程表等

　ウ　出版物又は公表物を編集した公文書

　エ　所掌事務に関する事実関係の問合せへの応答を記録した公文書

　オ　明白な誤りがある等の事由により客観的な正確性の観点から利用に適

さなくなった公文書

　カ　意思決定の途中段階で作成したもので、当該意思決定に与える影響が
　　ないものとして、長期間の保存を要しない公文書

　キ　文書分類表において、保存期間を１年未満と設定することが適当なも
　　のとして具体的に定められた公文書

第３　公文書ファイル等の保存

　公文書ファイル及び単独で管理している公文書（以下「公文書ファイル等」
という。）については、保存期間が満了する日まで適切に保存しなければなり
ません。

1　保存期間の起算日

⑴　公文書の保存期間の起算日

　　公文書を作成又は取得した日（以下「公文書作成取得日」という。）の
　属する年度の翌年度の４月１日となります。

⑵　公文書ファイルの保存期間の起算日

　　公文書ファイル作成日（66ページ参照）の属する年度の翌年度の４月１
　日となります。

⑶　常用文書の起算日

　　常用文書について、常時利用する必要がなくなったときは、新たに保存
　期間を設定します。このときの保存期間の起算日は、常時利用する必要が
　なくなった日の属する年度の翌年度の４月１日となります。

⑷　起算日の例外

　　公文書作成取得日又は公文書ファイル作成日から１年以内の日であっ
　て、４月１日以外の日を起算日とすることが公文書の適切な管理に資する
　と文書管理者が認める場合は、その日を起算日とすることができます。

　　例：暦年で管理する場合

　　　　令和２年１月１日から12月31日までに作成した公文書をまとめた公
　　　文書ファイルの場合、令和３年１月１日を起算日とすることができま

す。

〈保存と保管の例〉

　公文書作成取得日の属する年度が令和2年度である公文書ファイル（保存期間10年）の場合

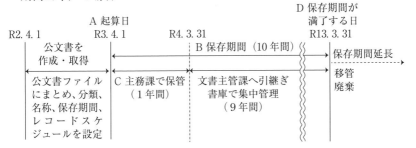

A	保存期間の起算日	→ 令和3年4月1日
B	保存期間	→ 令和3年4月1日から令和13年3月31日まで
C	（うち保管期間）	→ 令和3年4月1日から令和4年3月31日まで
D	保存期間が満了する日	→ 令和13年3月31日

2　主務課における保管

　処理の完結した公文書を収納しておくことを「保存」といい、保存のうち処理の完結した日の属する年度の翌年度の末日まで主務課において収納しておくことを「保管」といいます。職員は、文書管理者の指導の下、適切に整理して保管しておきます。

一口メモ

公文書と個人が管理している文書の区別の明確化

　公文書と公文書に該当しない個人が管理している文書は、それぞれ明確に区別して管理し、混交することのないよう十分に注意しなければなりません。

　そのため、公文書は必ず共用の保管場所（書棚、キャビネットなど）に適切に整理して保管・管理し、公文書が事務の担当者によって私有化されることのないように注意します。

　また、個人的な執務の参考資料や私的なメモなど、組織で共有していない文書は、各自の机の周辺のみで保管・管理し、共用の保管場所には置かないよう注意します。

3　保存文書の引継ぎ

(1)　文書主管課への引継ぎ

　　保存期間が1年以上の公文書ファイルは、1年間主務課で保管した後、常用文書や電子公文書を除き、原則として文書主管課に引き継ぎます。文書主管課は、引継ぎを受けた公文書ファイル等を書庫に保存し、集中管理を行います。本庁の場合、公文書ファイルを書庫に引き継ぐときは、システムでの手続が必要となります。また、引き継ぐ公文書ファイルには、その背表紙と公文書索引の保存場所欄に保存する書庫の書架の記号番号を朱書きし、当該公文書ファイルに保存文書引継書とシステムから出力した公文書ファイル一覧表を添えて、文書主管課に引き継ぎます。

(2)　他課への引継ぎ

　　分掌していた事務を他の課で分掌することとなった場合、文書管理者は、速やかに新たに分掌する課の文書管理者に当該事務に係る公文書ファイル等を引き継ぎます。

　　この際、システムにおいても主務課の変更が必要になります。変更前の主務課において、引き継ぐ公文書ファイルを抽出し、変更後の主務課を登録します。

4　保存文書の閲覧、貸出し

　　書庫に保存された公文書を閲覧したり、貸出しを受ける場合は、文書主管課長が定めた手続を行います。

　　本庁の場合、閲覧しようとするときは保存文書閲覧票に、貸出しを受けるときは保存文書貸出票に所要事項を記入します。貸出しを受ける期間は原則として5日間ですが、理由があれば長期の貸出しを受けることも可能です。

　　貸出しを受けた公文書ファイルは、汚損や紛失することのないよう適切に管理します。なお、貸出しを受けた公文書ファイルを他の職員等に転貸することはできません。

第4　電子公文書の管理、保存

1　電子公文書の定義

　　電子公文書とは、電子文書である公文書をいいます。つまり、職員が職務

上作成し、又は取得した電子文書であって、県の職員が組織的に用いるもの
として、県が保有しているものが電子公文書です（公文書に該当しないもの
を除く。）。

┌─ 一口メモ ─┐

電子公文書に該当しないもの

　次のようなものは、公文書の定義に該当しないため、電子公文書ではなく、
個人が管理している電子文書として管理しなければなりません。

例1：　職員が単独で作成し、又は取得したものであって、専ら自己の職務
　　　　の遂行の便宜のためにのみ利用し、組織としての利用を予定していな
　　　　いもの

> 自己研さんのための研究資料のデータ、備忘録や個人メモ
> 等のデータ、職員が自己の業務効率化のために利用する各
> 種様式等のデータ　等

例2：　職員が自己の職務の便宜のために利用する正式文書と重複する当該
　　　　文書の写し

> 紙で施行した公文書の原稿データ（Word、Excel等）　等

例3：　職員の個人的な検討段階に留まるもの　等

> 起案前の担当職員の検討段階の文書データ、電話や口頭に
> 代わる手段として用いられる電子メール（お礼、挨拶等）
> 等

2　基本的な方針

(1)　紙に出力して管理、保存すること

　　電子公文書を保存する場合、原則として紙に出力し、その紙を公文書の
　正本又は原本として適切に管理、保存します（保存期間が1年以上のも
　の）。

　　紙に出力することが困難な電子公文書、例えば電子決裁システムを使用
　した電子公文書、動画や音声等のデータ、データベース等については、電
　子公文書のまま保存します。

　　なお、紙に出力した後の電子公文書は、保存期間が1年未満の電子公文
　書（規程第43条第5項第1号「別途正本又は原本が管理されている公文書
　の写し」）となります。

(2)　電子公文書と個人が管理している電子文書を明確に区別すること

　　紙に出力しない場合は、公文書に該当する電子公文書と公文書に該当しない個人が管理している電子文書を、紙文書の場合と同様に、それぞれ明確に区別して管理し、混交することのないよう十分に注意します。

3　電子公文書の管理・保存方法

(1)　保存場所の指定

　　データ共有が可能な場所のうち、各所属の組織構造や規模、文書量等に応じて、文書管理者が適切な保存場所を指定します。各所属の共有パソコン内は故障等によりデータが消失する可能性があるため、原則として県庁イントラ又は共有ワークスペース（inas）の共有スペース内に、電子公文書を保存するための共有フォルダを設定して指定します。

　　なお、公文書に該当しない、個人が管理している電子文書は、県庁イントラや共有ワークスペース（inas）の個人フォルダ等、適切にアクセス制限を行った個人用フォルダに保存します。

(2)　共有フォルダ内のフォルダ体系の構築

　　保存場所に指定した共有フォルダ内には、原則として年度単位での管理に適するフォルダ体系を構築します。

　　また、保存期間が1年以上の電子公文書と1年未満の電子公文書は、公文書ファイル管理簿への記載や廃棄時の山形県公文書等管理委員会への意見聴取等において取扱いに違いがあるため、明確に区別して管理できるようなフォルダ体系とします。

(3)　電子公文書ファイルフォルダの作成

　　相互に密接に関連する電子公文書は、公文書ファイルに相当するフォルダ（以下「電子公文書ファイルフォルダ」という。）にまとめて保存します。この場合、保存期間が同じものだけを同じフォルダにまとめます。

　　電子公文書ファイルフォルダの名称は、その中に格納されている電子公文書が類推できるような分かりやすいものとします。保存期間が1年以上のものについては、フォルダの名称を設定する際に、名称に加え、必要な情報（作成取得日の属する年度、主務課、保存期間、レコードスケジュー

ル）を付与します。ただし、過度に長いフォルダ名は、システムエラーの原因となり得るため、必要に応じて略称等を用います。

〈電子公文書ファイルフォルダの名称〉

例1：令和2年度健康福祉企画課作成、保存期間30年、移管の場合

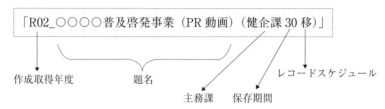

「R02_○○○○普及啓発事業（PR動画）（健企課30移)」

作成取得年度　　　題名　　　主務課　保存期間　レコードスケジュール

例2：令和3年度村山総合支庁総務課作成、保存期間3年、廃棄の場合

「R03_□□□□会議（村山総務課03廃)」

例3：令和4年度学事文書課作成、常用文書の場合

「R04_××××認可一覧（学事課_常用)」

〈共有フォルダ内のフォルダ体系の例〉

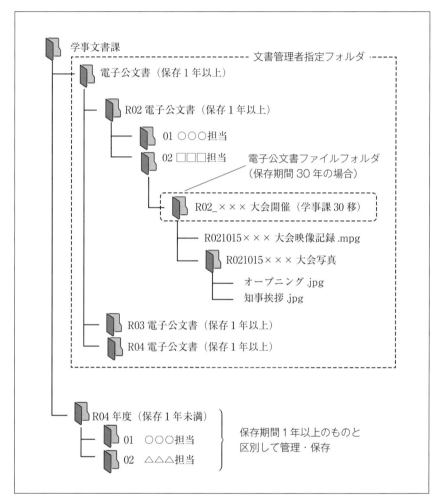

4　電子メールの保存

　所属アドレスに送達された公文書、外部から職員アドレスに送達された公文書等電子メールで収受した文書については、起案、決裁が必要なものは用紙に出力して適正に保存します。それ以外の文書取扱主任者が出力不要と認めたものについては、用紙に出力せず、電子文書として文書管理者が、指定、管理するフォルダ内に適正に保存します。

第5　公文書ファイル管理簿

1　意　義

　　文書管理者は、管理する公文書ファイル等の現状について、少なくとも毎年度1回、公文書ファイル管理簿に必要事項を記載しなければなりません。このとき、対象となるのは、保存期間が1年以上の公文書ファイル等です。

2　作成の方法

　　公文書ファイル管理簿は、公文書ファイル作成時にシステムに必要事項を登録する（64ページ参照）ことで、システムから出力することができます。そのため、公文書ファイルを作成したときは、その年度内にシステムに登録しておく必要があります。

　　媒体の種別にかかわらず記載が必要ですので、紙媒体だけでなく、電磁的記録媒体等で保存期間が1年以上の公文書ファイル等を作成又は取得したときもシステムに登録します。

　　また、管理状況の変更（移管、廃棄、保存期間の延長）等についても、当該年度内に入力します。全ての入力が完了したら、当該年度の公文書ファイル管理簿をシステムから出力します。

3　公　表

　　公文書ファイル管理簿は、文書主管課に備え付けられて一般の閲覧に供され、またインターネットでも公表されます。そのため、システムに必要事項を登録する際は、個人情報など公表に適さない情報はあらかじめ入力しないよう十分に注意します。

第7章 公文書ファイル等の移管、廃棄、保存期間の延長

第1 レコードスケジュールの設定

1 意 義

公文書のうち、歴史資料として重要な文書として、歴史公文書の基準に該当するものを「歴史公文書」といいます。

保存期間が満了した公文書ファイル等は、歴史公文書に該当するものは公文書センターへ移管し、それ以外のものは廃棄します。移管するか廃棄するかという保存期間が満了したときの措置を「レコードスケジュール」といい、原則として公文書ファイル等を作成したときにあらかじめ設定しておきます。

2 設定方法

文書分類表には、公文書ファイル名ごとの標準的なレコードスケジュールを定めておきます。定める場合は、規程別表第1及び山形県歴史公文書の選定方針に従って定めます。

それぞれの公文書ファイルのレコードスケジュールの設定は、原則としてその公文書ファイルを作成した年度内にシステムで行います。この際、基本的には文書分類表を確認して設定することとなります。ただし、県の主要な計画の策定や重要な制度の新設、大規模な災害への対応など、歴史公文書の基準（83ページ参照）に該当する公文書を含む場合には、移管と設定する必要があります。

一口メモ

保存期間が1年未満の公文書ファイル等のレコードスケジュール

保存期間を1年未満と設定できる公文書ファイル等には、歴史公文書は含まれないため、それらのレコードスケジュールは全て「廃棄」となります。

また、それらについては、公文書ファイル管理簿への記載、廃棄時の山形県公文書等管理委員会への意見聴取が不要となっています。

第2　移管、廃棄、保存期間の延長

1　保存期間満了時の確認

　主務課では、毎年、管理する公文書ファイル等のうち、当該年度内に保存期間が満了する公文書ファイル等について、設定したレコードスケジュールどおりに移管又は廃棄するか、保存期間を延長するかを検討し、学事文書課が定めた手続に従って確認します。

2　移管の手順

　保存期間満了後に移管予定の公文書ファイル等については、学事文書課の指示により学事文書課に引き継ぎます。

　移管する公文書ファイル等に、個人情報など一般の利用を制限すべき部分が含まれる場合には、利用制限を行うべき箇所とその理由を具体的に記載した意見書を添えて引き継ぎます。

3　廃棄の手順

⑴　公文書等管理委員会への意見聴取

　保存期間満了後に廃棄予定の公文書ファイル等については、山形県公文書等管理委員会に歴史公文書に該当するか否かについて意見を聴きます。

　同委員会から歴史公文書に該当すると意見があった公文書ファイルについては、レコードスケジュールを廃棄から移管に変更する必要があります。

⑵　知事への協議

　同委員会から意見を聴いた公文書ファイル等については、知事に協議し、廃棄についての同意を得なければなりません。同意が得られないときは、新たに保存期間を設定する必要があります。

4　保存期間の延長

⑴　保存期間を延長しなければならない場合

　次の場合には、対象となる公文書について、定められた期間、保存期間を延長しなければなりません。

対象となる公文書	延長する期間
現に監査、検査等の対象になっているもの	当該監査、検査等が終了するまでの間
現に係属している訴訟における手続上の行為をするために必要とされるもの	当該訴訟が終結するまでの間
現に係属している不服申立てにおける手続上の行為をするために必要とされるもの	当該不服申立てに対する裁決又は決定の日の翌日から起算して1年間
山形県情報公開条例第4条第1項の規定による開示の請求があったもの	同条例第7条第1項又は第2項の決定の日の翌日から起算して1年間
山形県個人情報保護条例第11条第1項の規定による開示の請求又は同条例第17条第1項の規定による訂正の請求があったもの	同条例第13条第1項（同条例第19条において準用する場合を含む。）の決定の日の翌日から起算して1年間

(2)　保存期間を延長することができる場合

　　職務の遂行上必要があるときは、必要な限度において、一定の期間を定めて保存期間を延長することができます。保存期間を延長する場合は、延長する期間と延長の理由を、総括文書管理者に報告しなければなりません。

　　また、延長により保存期間が30年を超えることとなるときは、あらかじめ知事に協議し、その同意を得なければなりません。

5　移管廃棄簿

　　保存期間が1年以上の公文書ファイル等については、システム上で、移管、廃棄、延長の手続を行います。これにより、公文書ファイル管理簿が更新され、また移管した日又は廃棄した日などの必要事項が記載された移管廃棄簿が出力できるようになります。

　　なお、移管廃棄簿は毎年度作成し、30年保存した後に公文書センターへ移管します。

第3　文書の廃棄の方法

1　廃棄の方法

　　公文書等管理委員会への意見聴取及び知事への協議を終えた公文書ファイル等や保存期間が1年未満の公文書ファイル等は、保存期間が満了したら文書管理者が廃棄します。

　　文書主管課へ引き継ぎ、書庫で集中管理されている公文書ファイル等については、文書管理者が確認した上で、文書主管課が廃棄します。

2　秘密文書等の廃棄

　　個人情報等が記載された秘密文書や印影等他に利用されるおそれのある文書を廃棄する場合は、媒体の種別に応じて、紙媒体であれば裁断や溶解、光ディスクであれば破壊するなど、適切に処理しなければなりません。

第4　特定歴史公文書の保存、利用

1　意　義

(1)　歴史公文書

　　公文書のうち、歴史資料として重要な文書として、次のいずれかの基準に該当するものを歴史公文書といいます。

〈歴史公文書の基準〉

ア　県の機関の組織及び機能並びに政策の検討過程、決定、実施及び実績に関する重要な情報が記録されていること。

イ　県民の権利及び義務に関する重要な情報が記録されていること。

ウ　県民を取り巻く社会環境、自然環境等に関する重要な情報が記録されていること。

エ　県の歴史、文化、学術、事件等に関する重要な情報が記録されていること。

オ　前記アからエまでに掲げるもののほか、歴史資料として重要な情報が

記録されていること。

　歴史公文書に該当するものについては、あらかじめレコードスケジュールを「移管」と設定しておき、実際に保存期間が満了したら公文書センターへ移管します。歴史公文書に該当するか否かは、山形県歴史公文書の選定方針に従って判断します。

(2)　特定歴史公文書

　歴史公文書として公文書センターへ移管されたものを特定歴史公文書といいます。特定歴史公文書は、公文書センターにおいて原則永久保存され、一般の利用に供されます。

2　特定歴史公文書の利用請求

　公文書センターに移管された特定歴史公文書については、目録が作成、公表され、これに基づいて利用請求が行われます。

　条例に基づく利用請求があった場合には、個人情報などの利用制限情報を除き、原則として利用させなければなりません。なお、個人情報などの特定の情報に該当するか否かを判断するに当たっては、作成又は取得されてからの時の経過も考慮されます。

　請求に基づき、全部又は一部の利用決定がなされた場合には、閲覧又は写しの交付の方法により利用させることとなります。

　このとき、個人情報などの利用制限情報を容易に区分して除くことができるときは、その部分を除いて利用させなければなりません。

　なお、利用請求者は利用請求に対する処分に不服がある場合には、知事に対して審査請求をすることができます。

3　移管元所属の利用

　移管元である所属については、移管した特定歴史公文書を取り寄せて、原則1か月間、利用することができます。利用したい場合は、移管元実施機関等利用請求書（山形県公文書センターの設置及び運営に関する要綱別記第12号様式）を公文書センターへ提出します。

第8章　点検及び管理状況の報告等

第1　点検・管理状況の報告

　文書管理者は、管理責任を有する公文書の管理状況について、少なくとも毎年度1回、点検を行い、その結果を総括文書管理者に報告します。具体的には、各所属において、職員による公文書の作成、整理、保存等が適切に行われているかを文書管理者が点検し、それに併せて必要な指導を行います。

　また、総括文書管理者は、公文書ファイル管理簿の記載状況やその他の公文書の管理の状況について、毎年度、知事に報告し、知事は、その概要を公表します。

第2　紛失等への対応

　公文書ファイル等の紛失や誤廃棄が発生したり、発生するおそれがあることを知った職員は、速やかにその状況を文書管理者に報告します。報告を受けた文書管理者は、速やかに被害の拡大防止等のために必要な措置を講じるとともに、直ちに総括文書管理者に報告します。

第9章　研　修

　組織として、公文書管理に関するコンプライアンスを確保するためには、各職員が公文書の管理を適正かつ効果的に行うために必要な知識を習得し技能を向上させていく必要があります。

　そのため、文書管理者は、所属する職員を公文書管理に関する研修に積極的に参加させなければなりません。

第 2 編

公 用 文

第1章　公用文の作成

第1　公用文作成の心構え

　公用文とは、行政機関が公務上作成する文章のことをいいます。

　公用文は、住民の権利義務に関係する事項を伝達する場合が多いため、直接間接に住民の生活に思わぬ影響を与えることがあります。

　また、一度施行された公文書は、それを作成した機関や職員の意思に関係なく社会的に機能することにもなります。

　このため、法令等に精通することはもちろん、公用文に用いる用字、用語、書式などに習熟し、正確で、分かりやすく親しみやすい公用文を作成することを常に心掛けることが必要です。

第2　公用文の作成基準

1　左横書きの原則

　公文書は次に掲げるものを除き、左横書きとします（規程第15条第3項）。

(1)　法令により、縦書きと定められたもの

(2)　他の官庁で様式を縦書きと定めたもの

(3)　学事文書課長が特に縦書きを適当と認めたもの

2　文　体

　文体とは、文書に用いられる文章の体裁をいい、公用文の文体には、口語体を用います。

　口語体には「である」体と「ます」体がありますが、県では文書の種類に応じて以下のように使い分けています。

(1)　「である」体

　　条例、規則などの法規文書、訓令、達、指令などの令達文書、告示など

の公示文書、契約書、議案書等に用いられます。

(2)　「ます」体

通知、照会、申請などの往復文書や式辞、表彰状などの儀礼文書に用いられます。

なお、本文が「ます」体であっても、箇条書にする部分や表中の文は表現を簡潔にするため「である」体を用いることができます。

第3　公用文作成の注意点

公用文は、一読して内容が理解できる文章であることが必要です。また、県行政に対する県民の理解と協力を得られるよう、分かりやすく親しみのある表現であることも必要です。

このため、公用文作成に当たっては次のことに注意します。

1　作成に当たっての注意点

(1)　文は短く簡潔にします。

文章は適切に短く区切り、読みやすく分かりやすくします。「〜（である）が」、「〜ので」などの接続助詞はできるだけ使わないよう心掛け、一つの文には、原則として一つの内容を書きます。また、可能なものは箇条書にして、文章を整理します。

> ─一口メモ─
> 一般に、一つの文の長さは40〜50字程度が読みやすいとされています。公用文の場合は、長くとも60字程度を目安にするよう心掛けましょう。

(2)　相手の立場に立った表現を心掛けます。

相手に不快感を与える高圧的、命令的な表現は使わないようにし、相手の立場に立った表現を使います。

> 例・周知徹底されたい。　→　皆さんにお知らせください。
> 　・期日厳守の上提出すること。　→　期日までに提出してください。
> 　・交付するものとする。　→　交付します。

> ・かかる事態が発生したことは、誠に遺憾に思います。
> 　→　このような事態になったことは、非常に残念です。

(3)　曖昧な表現を避けます。

　　意味が不明で幾通りにも解釈できる表現や、二重否定などの回りくどい表現は使わないようにします。

> 例・該当しない地域はありませんでした。　→　全ての地域が該当しました。
> ・念のため申し添えます。　→　（使わないようにします。）
> ・前向きに検討します。　→　（使わないようにします。）

(4)　文語的表現を避け、分かりやすい表現にします。

　　分かりやすく親しみやすい文章とするため、文語的表現は使わないようにし、口語体を使います。

> 例・書類を返戻します。　→　書類をお返しします。
> ・担当者の出席について特段の御高配を賜りますようお願い申し上げます。
> 　→　担当者の出席について御配慮くださるようお願いします。
> ・万全を期すよう願います。　→　間違いのないようにしてください。
> ・出席方よろしくお取り計らい願います。　→　出席をお願いします。

(5)　論理的な構成にします。

　　公用文を論理的に構成する方法として、起承転結や、大前提と小前提から結論を導く三段論法が用いられます。

　　また、文書の性質にもよりますが、起案文書、会議資料などでは文章の結論を先に出して、その説明等を後で述べる方法もあります。特に文章が長くなる場合は、この方法を用いると読みやすくなり効果的です。

(6)　5W2Hの原則を利用する。

　　公用文に要求される第一の要件は、相手方に伝達しようとする意思が正確に表現されることです。必要事項を書き落とさないために、5W2Hの原則を利用して確認します。

When（いつ）	→	日時、期間、期限
Where（どこで）	→	場所、行先
Who（誰が）	→	主体、主催者
Why（なぜ）	→	原因、理由、問題点
What（何を）	→	客体、目的
How（どのように）	→	方法、手段、計画
How much（いくら）	→	費用、予算、効果

┌─ 一口メモ ─┐

共通で使用する様式や他の所属でも利用可能な資料などは、業務を効率的に行うため、山形県庁イントラ情報システムの共有スペースなどを活用し、他の職員も利用できるようにしておきます（規程第15条第2項）。

2 作成後の注意点

⑴ 作成した文書の内容や形式等は適当か、また、発信者の意思が正確に伝わっている文書であるか、しっかり確認します。

⑵ 確認は、原則として複数の職員で順次行い、最終的に文書管理者が確認します。なお、上位の職員から指示を受けて文書を作成した場合には、その指示を行った者の確認も受けます（規程第14条第2項）。

第4 基本書式及び構成

県が作成する公用文の文字の大きさは、支障のない限り、原則として12.5ポイント以上とします。また、書式は、その種類に応じて、山形県公文規程によりそれぞれ定められています。

ここでは、往復文書（通知文書）の基本書式について例示します。

^(ア)○　第　○　○　号×

^(イ)令和○年○月○日×

×

^(ウ)×○　○　○　○　様（殿）

×

^(エ)山 形 県 ○ ○ 部 長 ［　　］×

×

×

^(オ)×××○○○○○○○○○○○○○○○○○○○○○○○○○に×××
×××ついて（通知）

×

^(カ)×このことについて、○○○○○○○○○○○○○○○○○○○○
○○○○○○○○○○○通知します。
×なお、○○○○○○○○○○○○○○○○○○○○。ただし、○
○○○○○○○○○○○。

^(キ)記

^(ク)1 ×○○○○○○○○○○○○○○○○○○○○○○○○○○
×○○○○○○○○○○○○○○○。
×(1)×○○○○○○○○○○○○○○○○○○○○○○○○
××○○○○○○○○○○○○○。
×(2)×○○○○○○○○○○○。
××ア×○○○○○○○○○○○○○○○○○○○○○○
×××○○○○○○○○○○○。
××イ×○○○○○○○。
2 ×○○○○○○○○○○○○○。

^(ケ)

| 担当　○○課○○係 |
| 担当者 |
| 電話番号 |

1　作成上の注意事項

(1)　記号番号

中央の右寄りから書き出し、右行端から2字目で終わるように配字します。

記号は、規程別表第2により定められた記号を用い、番号は、会計年度による主務課ごとの一連番号を付けます（50ページ参照）。

(2)　年月日

公文書の施行年月日を記入し、記号番号の下に、初字と末字が上段とそろうように配字します。

(3)　宛　名

年月日の下から1行空けて2字目から書き出します。

ア　敬称は、原則として「様」を使用し、次のとおりとします。

なお、法令等により定められた様式の場合は、定められた敬称を用います。

```
様 ┬─ 個人宛てのもの（例：山形　一郎　様）
   └─ 法人、団体、企業宛てのもので、代表者などの氏名があるもの
        （例：○○株式会社　代表取締役　山形　一郎　様）

殿 ┬─ 法人、団体、企業宛てのもの（例：○○株式会社　殿）
   ├─ 法人、団体、企業の代表者の職名宛てのもの
   │    （例：○○株式会社　代表取締役社長　殿）
   ├─ 官公庁宛てのもの全て（例：○○市長　殿、○○大臣　山形　一郎　殿）
   └─ 部内のもの全て（例：○○部長　殿、○○課　山形　一郎　殿）
```

イ　宛名は、省略した名称ではなく、正式名称を記載します。

```
例1　（株）○○○○　代表取締役社長　○○　○○　様
        ↓
     株式会社○○○○　代表取締役社長　○○　○○　様

例2　山形　一郎　様　→　山形　一郎　様
       〃　二郎　　様      山形　二郎　様
```

> ┌─ 一口メモ ─┐
>
> 敬称は、「辞令書」には用いませんが、「委嘱状」には用います。

(4)　発信者名

　　宛名の下から1行空けて書き出します。

　　公印が必要な場合は、発信者名の最後の字に3分の1程度かけて押印し、印影と右行端の間は、1字分空くようにします。

　　発信者名が知事又は副知事の場合は、氏名及び職名の「山形県」を省略できません。それ以外の場合、通常は職名のみとし、必要に応じて氏名を記載します。ただし、受信者が知事部局内の場合は、職名の「山形県」を省略することができます。

　　連名の場合は、初字と末字をそろえて記載します。

(5)　題　　名

　　発信者名の下から2行空けて書き出します。

　　書き出しは4字目とし、右行端から4字目で改行します。改行した場合の書き出しは1行目にそろえます。ただし、題名が短く1行で収まる場合は、センタリングをしてバランスを良くします。

(6)　本　　文

　　題名の下から1行空けて2字目から書き出します。

　　「なお」や「ついては」などで文を接続する場合は、行を改め、2字目から書きます。「ただし」で接続する場合は、行を改めずに続けて書きます。

(7)　「記」

　　本文から行を改め、行の中央に書きます。

(8)　記書き

　　記書きの事項が複数に及ぶときは、それぞれの項の1字目に見出し符号を付け、見出し符号の次を1字空けて書き出します。2行目からは、見出し符号の下1字分を空けて書きます。

　　項目を細別する場合は、見出し符号の書き出しを右に1字ずつずらします。

```
例　1×○○○○……
　　×○○○○……（2行目）
　　×(1)×○○○○……
　　××ア×○○○○……
　　×××(ア)×○○○○……
　　××××a×○○○○……
```

(9)　事務担当者

　　定められた様式を除き、本文の下部余白（右側）に次のように記載します。

　　ア　発信者が知事の場合

　　　　部局名又は出先機関名から記載します。（例：○○部○○課○○係）

　　イ　発信者が部局長又は出先機関の長の場合

　　　　課名から記載します。（例：○○課○○係）

　　ウ　発信者が課長の場合

　　　　係名から記載します。（例：○○係）

　　なお、必要に応じてメールアドレスやファクシミリ番号などを追記します。

2　文書のとじ方

(1)　文書をとじる場合は、原則として左とじ2か所留めにします。ただし、横長で作成した文書をとじる場合は、上とじにしても差し支えありません。

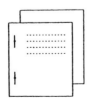 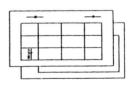

(2)　同サイズの縦型と横型の両方の用紙が混在する場合は、横型の用紙を左に90度回して、縦左とじにします。横型の用紙を縦型の用紙に合わせて折

り込むとじ方はしないようにします。

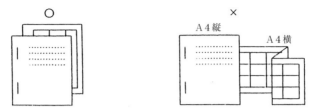

(3)　種々の用紙規格が混在するときは次のようにします。

ア　用紙の左端及び下端をそろえてとじます。

イ　A 3 判横型は、表紙となるA 4 判に合わせて折り込みます。

ウ　A 3 判縦型は、左に90度回し、イと同様に折り込みます。

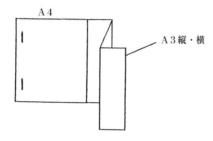

第2章　用字、用語

第1　用　字

　用字とは、文章に用いる文字及び符号のことをいいます。

　公用文を分かりやすく正確なものとするため、正しい文字及び符号を用いるようにします。

　公用文を書く場合の文字は、原則として漢字と平仮名を用いますが、外来語又はその他特に必要とする場合には片仮名を用います。

　なお、公用文で用いる文字の基準となるものは次のとおりです。

・送り仮名の付け方（昭和48年内閣告示第2号）

・現代仮名遣い（昭和61年内閣告示第1号）

・外来語の表記（平成3年内閣告示第2号）

・常用漢字表（平成22年内閣告示第2号）

第2　漢　字

　公用文で使用する漢字は、原則として常用漢字表によりますが、固有名詞、専門用語、特殊用語を書き表す場合は、この原則の対象とはなりません。

　なお、専門用語などで読みにくい漢字には振り仮名を付ける等の適切な配慮が必要です。

1　常用漢字を使用するに当たっての注意事項

(1)　次の表のとおり、原則として、漢字又は仮名で書きます。

区分	漢字で書くもの	仮名で書くもの
代名詞	俺　彼　誰　何　僕　私　我々	ここ　これ　そこ それ　どこ　どれ

副　詞	余り　至って　大いに　恐らく　概して　必ず 必ずしも　辛うじて　極めて　殊に　更に　実に 少なくとも　少し　既に　全て　切に　大して 絶えず　互いに　直ちに　例えば　次いで 努めて　常に　特に　突然　初めて　果たして 甚だ　再び　全く　無論　最も　専ら　僅か 割に	かなり　ふと やはり　よほど
連体詞	明くる（朝）　大きな　来る　去る　小さな 我が（国）	あらゆる　ある（日） いかなる　いわゆる この　その　どの
接頭語	接頭語が付く語を漢字で書く場合 御案内　御挨拶	接頭語が付く語を仮名で 書く場合 ごもっとも
接続詞	及び　並びに　又は　若しくは	おって　かつ したがって　ただし ついては　ところが ところで　また　ゆえに

(2)　次の表に示した例のように用いるときは、原則として、仮名で書きます。

区分	仮名で書くもの	
接　尾　語	げ（惜しげもなく）　　　　ども（私ども）　　　　ぶる（偉ぶる） み（弱み）　　　　　　　　め（少なめ）　　　　ら（何ら）	
助　動　詞 助　　　詞	ない ようだ ぐらい だけ ほど	（現地には、行かない。） （それ以外に方法がないようだ。） （二十歳ぐらいの人） （調査しただけである。） （三日ほど経過した。）
形式名詞 補助動詞 など	ある いる こと できる とおり とき ところ とも ない なる ほか	（その点に問題がある。） （ここに関係者がいる。） （許可しないことがある。） （誰でも利用ができる。） （次のとおりである。） （事故のときは連絡する。） （現在のところ差し支えない。） （説明するとともに意見を聞く。） （欠点がない。） （合計すると1万円になる。） （そのほか…、特別の場合を除くほか…）

	もの	（正しいものと認める。）
	ゆえ	（一部の反対のゆえにはかどらない。）
	わけ	（賛成するわけにはいかない。）
	・・・かもしれない	（間違いかもしれない。）
	・・・てあげる	（図書を貸してあげる。）
	・・・ていく	（負担が増えていく。）
	・・・ていただく	（報告していただく。）
	・・・ておく	（通知しておく。）
	・・・てください	（問題点を話してください。）
	・・・てくる	（寒くなってくる。）
	・・・てしまう	（書いてしまう。）
	・・・てみる	（見てみる。）
	・・・てよい	（連絡してよい。）
	・・・にすぎない	（調査だけにすぎない。）
	・・・について	（これについて考慮する。）
その他	虞、恐れ　→　おそれ 拘わらず　→　かかわらず（×関わらず） 但書　→　ただし書 因る　→　よる	

┌─ 一口メモ ─┐

1 「付」か「附」か？

次の場合は「附」を用います。

「附則」、「附属」、「附帯」、「寄附」、「附置」

なお、「付」を用いる場合の例には、「付記」、「付随」、「付与」、「交付」、「給付」、「付近」、「付録」があります。

2 「改訂」か「改定」か？

「改訂」は、書物などの内容に手を加えて正す場合に用います。それ以外の法律や制度などを改めて新しく定める場合は、「改定」を用います。

2　常用漢字で書き表せないものの書き換え、言い換え

書き換え、言い換えの例は次の表のとおりです。

斡旋→あっせん	煉瓦→れんが		
阿片煙→あへん煙	堰堤→えん堤	救恤→救じゅつ	橋梁→橋りょう
屎尿→し尿	出捐→出えん	塵肺→じん肺	溜め池→ため池
沈澱池→ちんでん池	澱粉→でん粉	顛末→てん末	屠畜→と畜
煤煙→ばい煙	排泄→排せつ	封緘→封かん	僻地→へき地

烙印→らく印	漏洩→漏えい
証憑（ひょう）→証拠　浸蝕→浸食　捺印→押印　膨脹→膨張	

（注意）　×印を付けた漢字は、常用漢字表にないものです。

第 3　仮名、仮名遣い、送り仮名

1　仮　名

　公用文では、仮名は原則として平仮名を用います。ただし、次のような場合は片仮名を用います。

(1)　外国の地名・人名及び外来語

> 例　（地名）イタリア　スウェーデン　フランス　ロンドンなど
> 　　（人名）エジソン　ヴィクトリアなど
> 　　（外来語）ガス　ガラス　ソーダ　ビール　ボート　マッチなど

　ただし、外来語でも「かるた」、「たばこ」などのように外来語の意識が薄くなっているものは平仮名で書いても差し支えありません。

(2)　計量の単位

> 例　メートル　グラム　リットル

　ただし、表などでは、m、g、ℓ等の記号を用いても差し支えありません。

(3)　見出し符号

> 例　ア　イ　ウ…　(ア)　(イ)　(ウ)…
> 　　イ　ロ　ハ…　(イ)　(ロ)　(ハ)…（法規文書の場合）

2　仮名遣い

　公用文における仮名遣いは、「現代仮名遣い」によって行います。

　仮名は、原則として現代語の発音どおりに書き表しますが、特定の語につ

いては表記の慣習を尊重して次のように書きます。

(1)　助詞の「を」は「を」と書きます。

> 例　本を読む　やむを得ない

(2)　助詞の「は」は「は」と書きます。

> 例　今日は日曜です。　山では雪が降りました。
> 　　あるいは　又は　若しくは　こんにちは　こんばんは

(3)　助詞の「へ」は「へ」と書きます。

> 例　故郷へ帰る　母への便り　駅へは数分

(4)　動詞の「言う」は次のような場合「いう」と書きます。

> 例　ものをいう　いうまでもない　昔々あったという
> 　　どういうふうに　人というもの　こういうわけ

3　送り仮名

　公用文における送り仮名の付け方は、「4　送り仮名の付け方」によって行います。

(1)　構　成

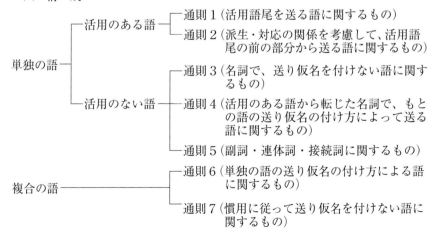

付表の語 ─────┬─ 1　（送り仮名を付ける語に関するもの）

　　　　　　　　└─ 2　（送り仮名を付けない語に関するもの）

(2)　用語の意義

　　　単独の語　…　漢字の音又は訓を単独に用いて、漢字1字で書き表す語

　　　複合の語　…　漢字の訓と訓、音と訓などを複合させ、漢字2字以上を
　　　　　　　　　　用いて書き表す語

　　　付表の語　…　「常用漢字表」の付表に掲げてある語のうち、送り仮名の
　　　　　　　　　　付け方が問題となる語

　　　活用のある語　…　動詞・形容詞・形容動詞

　　　活用のない語　…　名詞・副詞・連体詞・接続詞

　　　本則　…　送り仮名の付け方の基本的な法則と考えられるもの

　　　例外　…　本則には合わないが、慣用として行われていると認められる
　　　　　　　　ものであって、本則によらず、これによるもの

　　　許容　…　本則による形とともに、慣用として行われていると認められ
　　　　　　　　るものであって、本則以外に、これによってよいもの

(3)　適用しない場合

　　　「4　送り仮名の付け方」は、次のような場合は適用しません。

　　ア　科学・技術・芸術その他の各種専門分野を書き表す場合

　　イ　漢字を記号的に用いたり、表に記入したりする場合

　　ウ　固有名詞を書き表す場合

4 送り仮名の付け方

語の区分			本　則	例　外
単独の語	活用のある語	通則1	活用のある語（通則2を適用する語を除く。）は、活用語尾を送る。 　承る　書く　催す　生きる 　考える　助ける　荒い 〔許容〕 　表す　現れる　行う　断る　賜る	(1) 語幹が「し」で終わる形容詞は、「し」から送る。 　著しい　惜しい　珍しい (2) 活用語尾の前に「か」、「やか」、「らか」を含む形容動詞は、その音節から送る。 　静かだ　健やかだ　明らかだ (3) 次の語は、次に示すように送る。 　異なる　逆らう　群がる 　和らぐ
		通則2	活用語尾以外の部分に他の語を含む語は、含まれている語の送り仮名の付け方によって送る。 　動かす　照らす　計らう　向かう　生まれる　押さえる　及ぼす　積もる 　聞こえる　当たる　終わる　変わる　集まる　定まる　交わる　恐ろしい	
	活用のない語	通則3	名詞（通則4を適用する語を除く。）は、送り仮名を付けない。 　月　鳥　花　山　男　女　彼　何	次の語は、最後の音節を送る。 　辺り　後ろ　幸い　幸せ　互い 　半ば　自ら　一つ　二つ　幾つ
		通則4	活用のある語から転じた名詞及び活用のある語に「さ」、「み」、「げ」などの接尾語が付いて名詞になったものは、もとの語の送り仮名の付け方によって送る。 　動き　薫り　曇り　調べ　届け 　願い　晴れ　当たり　代わり 　向かい　答え　問い　群れ　初め 　近く　遠く　暑さ　大きさ　正しさ 　確かさ　重み	(1) 次の語は、送り仮名を付けない。 　氷　印　頂　卸　煙　志　次　話　折 　係　組　割 (2) 表に記入したり記号的に用いたりする場合には、次の例に示すように、原則として、（　）の中の送り仮名を省く。 　曇（り）　晴（れ）　答（え） 　問（い）　終（わり）　生（まれ）
		通則5	副詞・連体詞・接続詞は、最後の音節を送る。 　必ず　更に　少し　既に　再び 　全く　最も　来る　去る　及び	次の語は、次に示すように送る。 　明るく　大いに　直ちに　併せて 　恐らく　例えば　努めて 　少なくとも　互いに　必ずしも
複合の語		通則6	複合の語（通則7を適用する語を除く。）の送り仮名は、その複合の語を書き表す漢字の、それぞれの音訓を用いた単独の語の送り仮名の付け方による。 　書き抜く　申し込む　打ち合わせる　向かい合わせる　長引く　後ろ姿　独り言 　日当たり　手渡し　生き物　次々　近々	
		通則7	複合の語のうち、次のような名詞は、慣用に従って、送り仮名を付けない。 　取締役　事務取扱　請負　割引　貸付金　取扱注意　見積書　申込書　日付 　受付　受取	
付表の語			差し支える　立ち退く　手伝う　最寄り	

　ただし、複合の語（通則7を適用する語を除く。）のうち、活用のない語で読み間違えるおそれのない語については、通則6の「許容」を適用して送り仮名を省きます。

　また、複合の語のうち、活用のない語で慣用が固定していると認められる語については、通則7により、送り仮名を付けません。

　なお、これらに該当する語は、次のとおりです。

あ	合図	合服	合間	明渡し	預り金	預入金	編上靴		
い	言渡し	入替え							
う	植木	植付け	魚釣用具	(進退)伺	浮袋	浮世絵	受入れ	受入額	
	受入先	受入年月日	請負	受皿	受付	受付係	受取		
	受取人	受払金	受持ち	受渡し	渦巻	打合せ	打合せ会	打切り	
	打切補償	内払	移替え	埋立て	埋立区域	埋立事業	埋立地	裏書	
	売上げ	売上(高)	売惜しみ	売掛金	売出し	売出発行	売手	売主	売値
	売場	売払い	売渡し	売渡価格	売渡先	売行き			
え	絵巻物	襟巻	縁組						
お	追越し	沖合	置場	置物	奥書	奥付	贈物	押売	
	押出機	帯留	覚書	(博多)織	折返線	折詰	織元	織物	卸売
か	買上げ	買上品	買入れ	買受け	買受人	買換え	買掛金	外貨建債権	
	概算払	買占め	買手	買取り	買主	買値	買戻し	買物	
	書換え	書付	書留	格付	掛金	過誤払	貸方	貸切り	
	貸金	貸越し	貸越金	貸室	貸席	貸倒れ	貸倒引当金		
	貸出し	貸出金	貸出票	貸付け	貸付(金)	貸主	貸船	貸本	
	貸間	貸家	箇条書	貸渡業	肩書	借入れ	借入(金)	借受け	
	借受人	借換え	借方	借越金	刈取り	刈取機	借主	仮渡金	
	缶切	缶詰							
き	期限付	気付	切手	切符	切上げ	切替え	切替組合員		
	切替日	切下げ	切捨て	切土	切取り	切離し			
く	くじ引	靴下留	組合	組合せ	組入れ	組入金	組替え	組立て	
	組立工	くみ取便所		倉敷料	繰上げ	繰上償還	繰入れ	繰入金	
	繰入限度額		繰入率	繰替え	繰替金	繰越し	繰越(金)	繰下げ	
	繰延べ	繰延資産	繰戻し						
け	消印	月賦払	現金払						
こ	小売	小売(商)	小切手	木立	小包	子守	献立		
さ	先取特権	作付面積	挿絵	差押え	差押(命令)		座敷	指図	
	差出人	差止め	差引き	差引勘定	差引簿	刺身	差戻し	砂糖漬	
し	試合	仕上機械	仕上工	仕入価格	仕掛花火	仕掛品	敷網	敷居	
	敷石	敷金	敷地	敷布	敷物	軸受	下請	下請工事	
	仕出屋	仕立券	仕立物	仕立屋	買入証券	支払	支払元受高		
	字引	仕向地	事務取扱	事務引継	締切り	締切日	条件付	所得割	

	仕分	新株買付契約書						
す	据置き	据置(期間)		据付け	捨場	(支出)済(額)		座込み
せ	関取	栓抜						
そ	備置き	備付け	備付品	(型絵)染	染物			
た	田植	ただし書	立会い	立会演説	立会人	立入り	立入検査	立場
	竜巻	立替え	立替金	立替払	建具	建坪	建値	立札
	建前	建物	棚卸資産					
つ	(条件)付(採用)		月掛	月掛貯金	付添い	付添人	月払	漬物
	積卸し	積卸施設	積替え	積込み	積出し	積出地	積立て	積立(金)
	積付け	積荷	詰所	釣合い	釣鐘	釣銭	釣針	釣堀
て	手当	出入口	出来高払	手付金	手続	手引	手引書	手回品
	手持品							
と	問合せ	灯台守	頭取	(欠席)届	届出	留置電報	取上げ	取扱い
	取扱(所)	取扱(注意)	取入口	取卸し	取替え	取替品	取決め	
	取崩し	取組	取消し	取消処分	取壊し	取下げ	取締り	(麻薬)取締法
	取締役	取調べ	取立て	取立金	取立訴訟	取次ぎ	取次(店)	取付け
	取付工事	取引	取引(所)	取戻し	取戻請求権		問屋	
な	仲買	仲立業	投売り	投売品	並木	縄張		
に	荷扱場	荷受人	荷造機	荷造費				
ぬ	抜取り	(春慶)塗						
ね	(休暇)願							
の	飲物	乗合船	乗合旅客	乗換え	乗換(駅)	乗組み	乗組(員)	
は	場合	羽織	履物	話合い	葉巻	払込み	払込(金)	払下げ
	払下品	払出し	払出金	払戻し	払戻金	払戻証書	払渡し	払渡金
	払渡済み	払渡郵便局	貼付け	番組	番付			
ひ	控室	引上げ	引当金	引揚げ	引受け	引受(時刻)		引受(人)
	引起し	引換え	引換(券)	(代金)引換		引込み	引下げ	引締め
	引継ぎ	引継事業	引継調書	引取り	引取経費	引取税	引渡し	引渡(人)
	日付	引込線	日雇	瓶詰				
ふ	歩合	封切館	福引(券)	歩留り	船着場	船積貨物	不払	賦払
	踏切	振替	振込金	振出し	振出(人)	不渡手形	分割払	
ほ	(鎌倉)彫	掘抜井戸						
ま	前受金	前貸金	前払	巻上機	巻紙	巻尺	巻付け	巻取り
	巻物	待合(室)						
み	見合せ	見返物資	見込額	見込数量	見込納付	水張検査	水引	見積り
	見積(書)	見取図	見習	見習工	未払	未払勘定	未払年金	見舞品
め	名義書換							
も	申合せ	申合せ事項		申入れ	申込み	申込(書)	申立て	申立人
	申出	持家	持込み	持込禁止	持分	元請	元売業者	戻入れ
	物置	物語	物干場	催物	盛土			

や	(備前)焼	焼付け	役割	屋敷	雇入れ	雇入契約	雇止手当	雇主
ゆ	夕立	譲受け	譲受人	譲渡し	湯沸器			
よ	呼出し	呼出符号	読替え	読替規定				
り	陸揚地	陸揚量	両替					
わ	割合	割当て	割当額	割高	割引	割増し	割増金	
	割戻し	割戻金	割安					

（注意）「売上（高）」、「（博多）織」などのようにして掲げたものは、（　）の
　　　　中を他の漢字で置き換えた場合にも、通則7を適用します。

第4　数字、符号

1　数　字

　　数字には、アラビア数字（算用数字ともいう。1、5、10など）、漢数字
（一、五、十など）及びローマ数字（Ⅰ、Ⅴ、Ⅹなど）がありますが、公用
文で数字を用いる場合は次のようにします。

(1)　左横書きの場合

　　原則としてアラビア数字を用います。

　ア　数字の区切り方

　　　数字の桁の区切り方は、3桁区切りとし、区切りには「,」（コンマ）
　　を用います。ただし、年号、電話番号、文書番号などには区切りを付け
　　ません。

　イ　小数、分数及び帯分数の書き方

> 例　小数　0.385
>
> 　　分数　2分の1、$\frac{1}{2}$又は½
>
> 　　帯分数　$1\frac{1}{2}$又は1½

ウ　日付、時刻及び時間の書き方

例	区分	日付	時刻	時間
	通常の表記	令和2年4月1日	午後1時20分	4時間30分
	表などで省略する場合	令和2.4.1(半角)	−	−

（注意）　1　時刻は分単位まで示します。ただし、午後1時の場合は
「午後1時」と書きます。

2　原則として、12時間制をとり、「午前」、「午後」を付けて
表します。

3　お昼の12時は「正午」を用い、正午から午後1時までの時
刻を表す場合は、「午後0時〇〇分」を用いるのが適当です。

エ　数字で年月や期間を表す場合、期間の月と暦の月が混同するおそれが
ある場合は、数字の次に「か」又は「箇」を用います。

例　3か月　3箇月

（注意）一般文書では「か」を用い、縦書きの文書や法規文書で必要
な場合及び県公報に登載するものは「箇」を用います。「3ヵ
月」、「3ヶ月」は用いません。

⑵　左横書きでも、次に掲げるような場合は漢数字で書きます。

ア　固有名詞

例　三川町　四国　松波二丁目

（注意）地名は固有名詞であるため、漢数字が含まれる地名は、その
まま漢数字を用います。一般に、「〇町〇丁目」までが市町村の
区域内の町の名称として定められています（地方自治法第260条）。

イ　概数を表す場合

例　二、三割　四、五日　数十人

　ウ　数量的な感じの薄い語

例　一般　一部分　四捨五入

　エ　万以上の数の単位として用いる語

例　100万　1,500億

　　（注意）千、百は「5千」、「3百」とはしないで、「5,000」、「300」と書
　　　　きます。

　オ　慣用的な語（「ひとつ」、「ふたつ」等と読む場合）

例　一休み　二言目　三月（みつきと読むとき）

---

(3)　縦書きの場合

　ア　一、二、三、十、百、千、万、億等の漢数字を用います。ただし、
　　　十、百及び千については、一十、一百、一千とはしません。

　イ　登記事務や会計書類等で特に必要がある場合を除いて、壱、弐、参、
　　　拾等の漢数字は用いません。

　ウ　表の中で数を表す場合は、次のように十、百、千、万、億等の代わり
　　　に「〇」を用いることができます。この場合、まず千台で単位区分し、
　　　3桁ごとに「、」で区切ります。

例　三三一〇　　二五、七三六　　一七六、〇〇六　　八、二五三、七四一

　エ　数字に単位以下の端数があるときは「・」（なかてん）を整数と端数
　　　の間に付けます。

例　一万千六百四十五・六メートル（文中の場合）
　　二二、六四五・六メートル（表中の場合）

オ　分数及び倍数を文書の中で書く場合は、次のように口語読みに従って書きます。

> 例　四分の三　　二十分の一　　百分の八倍　　五十倍

カ　数字で年月又は期間を表す場合には、次のように書きます。

> 例　令和十年十二月二十三日　六週間　三箇月　六年　六年六箇月

(4)　文中に数値の単位を表す場合は次のように書きます。ただし、表中に表す場合は（　）内の記号を用いることもできます。

　ア　長　さ

> 例　10メートル（m）　20センチメートル（cm）　5キロメートル（km）

　イ　重　さ

> 例　50グラム（g）　50キログラム（kg）　10トン（t）

　ウ　面　積

> 例　10平方メートル（㎡）　10平方キロメートル（km²）　10ヘクタール（ha）

2　見出し符号

項目を細別するときは、次のように見出し符号を用います。ただし、項目が多い場合は「1」の前に「第1」を用います。

法規文書の場合は、アイウに代えてイロハを用います。

なお、県公報に登載するものは、全てイロハを用います。

　　見出し符号の横には読点「、」やピリオド「.」を打たず、1字分を空けて
次の字を書き出します。

3　区切り符号

(1)　「。」(まる、句点)

　　ア　一つの文を言い切ったところに用います。「　」や（　）の中でも同
　　　様です。

　　　　また、「こと」又は「とき」で列記される事項の終わりにも用います。

例　地方自治法（昭和22年法律第67号。以下「法」という。）
　　文書の管理に関すること。
　　事業が完了したとき。

　　イ　次のような場合には用いません。

　　　㋐　辞令、委嘱状、賞状、証書など

　　　㋑　事物の名称を列記する場合、題名、標語その他の語句を掲げる場
　　　　合又は最後の語句が名詞形（「もの」や「ため」などの形式名詞を含
　　　　む。）で終わる場合

　　　　　a　事物の名称を列記する場合

例　1　調査期日
　　2　調査職員
　　3　調査事項

---

　　　　　b　題名、標語その他の語句を掲げる場合

例　文書事務の手引について（送付）
　　健康は　みんなの幸せ　みんなの願い（標語）

　　　　　ただし、その後にただし書その他の文章が続く場合には用います。

例　県の機関に対して発する文書。ただし、知事名又は副知事名で発す
　　る文書及び特に重要な文書を除く。

　　　㋒　言い切った文を「　」や（　）を用いずに「が」、「と」、「を」など
　　　　で受ける場合や、疑問又は質問の内容を挙げる場合

> 例　決定権が誰にあるかが問題である。
> 　　今年の冬は寒いと言われている。
> 　　どの方式を導入するかを決定する。

(2)　「、」（てん、読点）

　一つの文の中で、言葉の切れ目を明らかにする必要のあるところに用います。ただし、多用し過ぎると、かえって全体の関係が不明になることもあるため、注意が必要です。

　ア　文の主語の次に用います。

> 例　この条例は、公布の日から施行する。

　　　ただし、条件句の中の主語の次には用いません。

> 例　知事は、許可を受けた者が次の各号に該当したときは、…
> 　　都道府県は国の、市町村は都道府県の…。

　イ　名詞を並列する場合には、各名詞の間に用います。ただし、並列する語句が二つ又は三つ以上ある場合、最後の語句の間には「、」の代わりに「及び」、「又は」、「その他」等を用います。

> 例　知事又は副知事　　　国、都道府県及び市町村

　ウ　二つ又は三つ以上の形容詞、副詞及び動詞を「及び」、「又は」、「その他」などで結ぶ場合には、その前に用います。

> 例　使用料を減額し、又は免除すること。
> 　　秘密文書等文書主管課において収集、配布をするのに適しないものを除き、文書を収集し、及び配布すること。
> 　　休職し、免職し、その他著しく不利益な処分を行うこと。

　エ　文の初めに置く次のような接続詞及び副詞の後に用います。

> さて　さらに　しかし　したがって　すなわち　そして　ただし
> 例えば　ついては　ところが　ところで　なお　また　もし

　オ　限定、条件などを表す語句や挿入句の前後に用います。

> 例　知事は、使用者が次に掲げる事項に該当するときは、その使用許可
> を取り消すことがある。

　　　なお、限定、条件の語句を作る助詞及びこれに準ずるものには次のような語句があります。
　　　「〜が」、「〜で」、「〜にかかわらず」、「〜ので」、「〜の場合」

> 例　県民の同意を得たので、事業は円滑に進められる。
> 　　他部局との協議も必要であるが、まずは当課で十分検討する必要がある。

　カ　句と句とを接続する「かつ」の前後に用います。ただし、語と語を接続する「かつ」の前後には用いません。

> 例　通知し、かつ、公表する。　　適正かつ円滑に行う。

　キ　感動詞、呼びかけ、返事などの語の後に用います。

> 例　はい、そうです。

　ク　「、」を用いないと読みにくい場合又は誤解が生ずるおそれがある場合に用います。

> 例　ここで、履物を脱いでください。　　晴れた夜、空を眺める。

(3)　「.」（ピリオド）
　　　単位を示す場合や、省略符号とする場合に用います。

> 例　95.5パーセント　　令和2．3．31　　A.M.　P.M.　　ワシントンD.C.

⑷ 「，」（コンマ）

　アラビア数字で数を表す場合に、3桁ごとの区切りに用います。

> 例　12,345円

⑸ 「・」（中点（なかてん））

　ア　名詞を並列する場合に用います。なお、「・」を用いた場合は、最後の語の前に「及び」、「又は」などを用いません。

> 例　小・中学校　　東京・神奈川及び京都・大阪に出張します。

　イ　外来語の区切り、外国の人名、地名などを書く場合に用います。

> 例　マーケティング・リサーチ　　トーマス・エジソン
> 　　イリアン・ジャヤ州

⑹ 「：」（コロン）

　次に続く説明文又はその他の語句があることを示す場合や時刻などを示す場合の省略符号に用います。法規文書には、原則として用いません。

> 例　電話：023(630)1234　　2:30 P.M.

⑺ 「（　）」（括弧）

　語句又は文の後に注記を加える場合、その注記を挟んで用います。

　なお、公用文には「○○（株)」などの省略した表記は使用せず、「○○株式会社」と正式名称を表記します。

　また、文末の括弧は、句点の前に置きます。

> 例　住所及び氏名（法人の場合は、その所在地及び名称）
> 　　山形県公文書管理規程（令和2年3月県訓令第2号）
> 　　…の許可を受けなければならない（知事が別に定める場合を除く。)。

　（　）の中で更に括弧を必要とする場合は、（（　））のように括弧を重ねて用います。

(8)　「「　」」（かぎ括弧）

　　言葉を定義する場合や語句又は文章を引用する場合に用います。

> 例　決裁が終わった起案文書（以下「決裁文書」という。）

　　「　」の中で、更にかぎ括弧を必要とする場合は、「「　」」のようにかぎ括弧を重ねて用います。

(9)　「～」（なみがた）

　　時、所、数量、順序などを継続的に示す「…から…まで」の意味を示す場合に用います。

> 例　山形～酒田　　第1号～第3号

(10)　「―」（ダッシュ）

　　語句の説明や言い換えなどに用いるほか、住所や所在地の番地などを省略して書く場合に用います。

> 例　信号機　青色―進め　赤色―止まれ　　　山形市松波二丁目8―1

(11)　「…」（点線・リーダ）

　　語句の代用などに用います。

> 例　…から…までをいう。

(12)　「→」（矢印）

　　左のものが右のように変わることを示す場合に用います。

> 例　車輛→車両

(13)　傍線・傍点

　　語意を強調し、又は語句について注意を促す場合に用います。

> 例　参加申込みは5月10日まで
> 　　記入するときは、裏面の注意をよく読んで…

4　繰り返し符号

繰り返し符号には、「々」、「〃」などがありますが、公用文では「々」以外は原則として用いません。「々」は、同じ漢字が続く場合に用います。

例　個々　種々　人々　日々

なお、同じ漢字が続く場合でも、異なった意味に用いられる次のような場合には「々」は用いません。

例　民主主義　事務所所在地　学生生活　会社社長

第5　用語の用い方

1　公用文の改善

公用文を相手に正しく理解してもらい、身近に感じてもらうには、当然その用語も分かりやすく、親しみのあるものでなければなりません。

そのためには、難しい言葉や専門用語をできるだけ避けるなど、次の点に注意する必要があります。

⑴　敬　称

県民宛ての文書の敬称は、原則として「様」にします。ただし、次の場合は「殿」を用います。(94ページ参照)

ア　様式があらかじめ指定されている文書

イ　宛先が法人名、企業名、団体名だけの場合や、それぞれの代表者などの役職名だけの文書

ウ　官公庁宛て及び部内の全ての文書

⑵　文語的表現は避けます。

ア　次のような文語的表現は避けて、分かりやすい表現にします。

> ・かかる対策　　　→　この（このような）対策
> ・ごとく、ごとき　→　のような、のように
> ・○○にて　　　　→　○○で
> ・○○せられる　　→　○○される

イ　「べく」、「べし」は用いません。

ウ　簡単な注記や表などの中では「有り、無し、同じ」などを用いても差し支えありません。

> 例　「配偶者…有り」「転任希望…無し」「現住所…本籍地に同じ」

エ　「等」の乱用はやめましょう。「等」の中身は、読み手が具体的には分からないため、必要性を吟味して、できるだけ用いないようにします。

(3)　見直したい言葉とその改善例

　　公用文を分かりやすいものとするためには、できるだけ難しい言葉を避け、日常語を用いるようにします。

　　この改善例は、機械的に適用するのではなく、目的や相手に応じて工夫して使い分けることが必要です。

	見直したい言葉	改善例
い	（…と）いえども	…であっても、…でも
	いかなる	どのような
	いかに（すべきか）	どのように（したらよいか）
	遺憾のないよう	適切に行うよう（処理するよう）
	遺憾である	残念です、残念に思います
	…いたしたく	…したいので
	遺漏のないよう	漏れのないよう、適切に
	いまだ…ない	まだ…ない
え	鋭意	懸命に、努めて、できる限り
お	おって、…します	後日…します、後ほど…します（具体的に書く）
	お取り計らいください	～をお願いします
か	かかる	このような
	過日、過般	先日、先頃

	見直したい言葉	改善例
	…方 （出席方願います）	…について、…を、…されるよう （出席されるようお願いします）
	勘案する	考慮する、よく考える
	鑑み	考慮して
き	貴下（職員）	貴所属（職員）
	きたんのない	率直な、遠慮のない
	拒否する	受け入れない
く	具備する	備えている、満たす
け	県下	県内
	厳に	特に、絶対に、厳しく
こ	講ず（じ）る	する、行う、実施する、工夫する
	御教示願いたく	教えてくださるよう、御指導くださるよう
	御高配	御配慮
	御了知	御承知、御了解
	（…の）ごとく	…のように
	今般	この度
さ	…されたい	…してください
し	しかるに	しかし、ところが
	支障を来さない	支障がない
	…したく	…したいので
	事由	理由、原因
	充当する	充てる
	主たる	主な
	熟知の上	十分理解して
	所掌する	担当する
	所要の	必要な
	思料する	考える、判断する
す	…すべく	…するために、するように
せ	先般	先日、先頃
そ	措置	取扱い

	見直したい言葉	改善例
ち	遅延する	遅れる
	遅滞なく	遅れないように、早急に
	聴聞する	意見を聴く
	陳述する	述べる
と	特段の	特別の
	（…の）ところであります	しています
な	…ながら	…ですが
ね	念のため申し添えます	（使わないようにします。）
の	…のみならず	…だけでなく
は	阻む	妨げる、防ぐ

(4)　略語や造語は避けます。

　　次のように、分かりやすく記載します。

```
　県単　　　　　　→　　県単独事業
　国調　　　　　　→　　国勢調査、国土調査
　特徴　　　　　　→　　特別徴収
　特養　　　　　　→　　特別養護老人ホーム
　（株）○○○○　→　　株式会社○○○○
　ＷＨＯ　　　　　→　　世界保健機関（ＷＨＯ）
```

(5)　片仮名言葉は適切に使用します。

　　ア　日本語として社会的に十分定着したと判断できる場合は、その片仮名
　　　語を使います。

```
例　プライバシー　ボランティア　リサイクル
```

　　イ　どうしても片仮名語を使う必要がある場合は、説明や注釈を付けま
　　　す。

　　　㋐　前後の文章で説明します。

> 例　障がい者や高齢者などが社会の中で他の人々と同じように生活し、活動することが、社会のあるべき姿であるというノーマライゼーションの理念を定着させます。

　　(イ)　語句の後に括弧書で説明します。

> 例　エコライフ（環境に配慮した生活）を進めていきましょう。

　　(ウ)　欄外に注釈を付けます。

> 例　アイデンティティ^(※1)の確立を目指す事業です。
> 　　（※1）アイデンティティとは、個性、独自性、主体性をいいます。

　　(エ)　日常使用される言葉に言い換えるか、説明を加えます。

> 例　アメニティ　　→ 環境の快適性
> 　　コンセプト　　→ 概念、（基本的な）考え方
> 　　ポテンシャル → 潜在能力、可能性

┌─ 一口メモ ─────────────────────────┐

（誤りやすい言葉）

手引き → 手引	充分 → 十分	年令 → 年齢
二十才 → 二十歳	従来から → 従来	支払い → 支払
問い合わせ先 → 問合せ先	手続き → 手続	取組み → 取組

└──────────────────────────────┘

2　使い方に注意する語

(1)　「及び」と「並びに」

　　いずれも並列的接続詞ですが、次のように区別して使います。

　　ア　同じ段階で並列する場合

　　　「AとB」又は「AとBとC」のように二つ以上の語句を同じ段階でつなぐ場合には、「及び」のみ使います。この場合においても、次のように三つの使い分けがあります。

　　(ア)　A及びB　（2語を接続する場合）

　　(イ)　A、B、C及びD　（3語以上を接続する場合）

　　　この場合、初めの方は「、」でつなぎ、最後の語句を「及び」で

結びます。

　㊂　…し、…し、及び…し　（動詞で終わる句を接続する場合）

　　　この場合、「及び」の前にも「、」を打ちます。

> 例　公の施設を設置し、管理し、及び廃止すること。

　（注意）「Ａ、Ｂ、Ｃ等」、「Ａ、Ｂ、Ｃその他……」、「Ａ、Ｂ、Ｃそ
　　　の他の……」のように、「等」、「その他」又は「その他の」の語句
　　　でつなぐ場合には、「及び」又は「並びに」は使用しません。

　イ　２段階になる語句を接続する場合

　　　ＡとＢとが一群となり、これをＣと並列させる場合には、小さな並列
　　を「及び」でつなぎ、大きな並列を「並びに」でつなぎます。

> 例　給料、手当及び旅費の額並びにその支給方法

　　　また、ＡとＢの群とＣとＤの群とを並列させる場合も同様に、「Ａ及び
　　Ｂ並びにＣ及びＤ」となります。

　ウ　接続が３段階以上になる場合

　　　ＡとＢとが並列し、これらが一群となってＣと並列し、それらが更に
　　一群となってＤと並列するような場合には、一番小さな並列のみを「及
　　び」で結び、それ以上の並列は全て「並びに」で結びます。

> 例　職員の給与は、生計費並びに国及び他の地方公共団体の職員並びに民
> 　間事業の従事者の給与その他の事情を考慮して定めなければならない。

　　以上のことから、「及び」と「並びに」の関係を表すと次のようになり
　ます。

　　Ａ＋Ｂ　→　「Ａ及びＢ」

　（Ａ＋Ｂ）＋Ｃ　→　「Ａ及びＢ並びにＣ」

　（Ａ＋Ｂ）＋（Ｃ＋Ｄ＋Ｅ）　→　「Ａ及びＢ並びにＣ、Ｄ及びＥ」

　（Ａ＋Ｂ）＋（Ｃ＋Ｄ）＋（Ｅ＋Ｆ）

　　　→　「Ａ及びＢ並びにＣ及びＤ並びにＥ及びＦ」

⑵　「又は」と「若しくは」

　　いずれも選択的接続詞ですが、次のように区別して使います。

　ア　同じ段階に選択的接続をする場合

　　この場合は、「又は」でつなぎます。

　㋐　A又はB（2語を接続する場合）

　㋑　A、B、C又はD（3語以上を接続する場合）

　　　この場合、初めの方は「、」でつなぎ、最後の語句を「又は」で結びます。

　㋒　…し、又は…し（動詞で終わる句を接続する場合）

　　　この場合「又は」の前に「、」を打ちます。

　イ　2段階に選択的接続をする場合

　　AかBかという一群があり、これとCとを選択的に接続させる場合には、小さな接続を「若しくは」で結び、大きな接続を「又は」で結びます。

```
例　公金の徴収若しくは収納又は支出の権限
```

　ウ　3段階以上に選択的接続をする場合

　　AかBかという一群があり、これとCとが選択的に接続し、更にそれらが一群となってDと選択的に接続するような場合には、最も大きい最後の接続のみを「又は」で結び、それ以下の接続は、全て「若しくは」で結びます。

　　（注意）動詞で終わる語句の次に「又は」、「若しくは」を用いるときは、原則として、「又は」、「若しくは」の前に「、」を打ちます。

```
例　公の施設を設置し、若しくは管理し、又はこれらを使用する権利を
　　規制すること。
```

　　以上のことから、「又は」と「若しくは」の関係を表すと次のようになります。

　　A＋B　→　「A又はB」

　（A＋B）＋C　→　「A若しくはB又はC」

　（A＋B）＋（C＋D）　→　「A若しくはB又はC若しくはD」

　（（A＋B）＋（C＋D））＋（E＋F）

　　　→　「A若しくはB若しくはC若しくはD又はE若しくはF」

(3)　「規定に基づき」と「規定により」

　　「規定に基づき」は、根拠を広い意味において捉える場合に用い、「規定により」は、具体的にある条文の規定を捉えて引用する場合に用います。

> 例　○○法（条例）の規定に基づき
> 　　○○法第1条の規定により

(4)　「以上」、「以下」と「超える」、「未満」

　　「以上」と「以下」は、基準数量を含めてそれより多いか少ないかを表す場合、「超える」と「未満」は、基準数量を含まない場合に用います。

> 例　「1年以上」　…　1年を含む。
> 　　「1年未満」　…　1年を含まない。
> 　　「100万円を超え200万円以下の金額」
> 　　　…　100万円を含まず、200万円を含む。

(5)　「以前」、「以後」と「前」、「後」

　　「以前」と「以後」は、基準となる時点を含めて、それより時間的に前になるか、後になるかを表す場合に用います。これに対し、「前」と「後」は、基準となる時点を含まない場合に用います。

(6)　「時」と「とき」と「場合」

　　「時」と「とき」は、ともにある時点を表す場合に用いられますが、「時」はある特定した時点を表す場合に用い、「とき」は不特定な時点を表す場合又は「場合」と同様に、仮定的条件を表す場合に用います。

　　なお、仮定的条件を表す場合に、「とき」と「場合」のいずれを用いるかは特に慣例はありませんが、仮定的条件が二つ重なる場合は、大きな条件を「場合」で表し、小さい方の条件を「とき」で表すのが通例です。

⑺　「から」と「より」

　　「から」は、時及び場所の起点又は原因などを示す場合に用い、「より」
　は比較を表す場合にのみ用います。

```
例　4月1日から新会計年度である。　　部長から説明がある。
　　最上川は、赤川より長い。　　　　鳥海山は、月山より高い。
```

⑻　「所」と「ところ」

　　「所」は、具体的な場所を指す場合に用い、「ところ」は、前の言葉を受
　けて次に続ける場合又は規程などにおいて、他の規程の内容を予定する場
　合に用います。

```
例　家を建てる所　　法令の定めるところにより…
```

⑼　「あっては」と「ついては」

　　「あっては」は、二つ以上の事柄を列挙する場合に用い、「ついては」は
　それ以外の場合に用います。

```
例　知事部局にあっては本日中に、その他の部局にあっては明日までに
　意見を取りまとめてください。
```

第3章　往復文書

　往復文書とは、行政機関相互間又は特定の団体や個人との間で取り交わす文書をいい、県で作成される文書のうちで最も一般的な文書です。

　内容によって、通知、通達、照会、依頼、回答、送付、報告、申請、進達、副申、協議、諮問、答申、建議、督促、勧告、上申、内申、願い、届けに分類されます。

第1　通知文書

1　意　義

　通知文書とは、一定の事実、処分又は意思を特定の相手方に知らせる文書をいいます。

　通知には、単に事実行為としてなされるものと、法律行為としてなされるものとがあります。

(1)　事実行為としてなされるもの

　　単に相手方に知らせる意味で、処分又は法律行為の効果に直接影響のないもの

(2)　法律行為としてなされるもの

　　ア　相手方に対する法律上の対抗要件であるもの

　　イ　法律上の一連の手続の一部として行われるもの

　　ウ　通知により、法律上一定の特別な効果が発生するもの

　　エ　処分そのものが、通知によって行われるもの

2　作成上の注意

(1)　通知しようとする主要事項や結論を的確にまとめて記載し、補足事項や理由、説明などは後に付け加えます。

(2)　通知事項が多いときは、記として箇条書にします。

(3)　通知内容が複雑なときは、いつ（When）・どこで（Where）・誰が

(Who)・何を（What)・なぜ（Why)・どのように（How)・いくら（How much）の５Ｗ２Ｈを考えて順序よく組み立てます（91ページ参照）。

(4)　法令等の根拠のあるものは、その根拠を明記します。

3　文　例

(1)　申請に対する承認等の通知

○○○の承認について（通知）

×令和○年○月○日付け○第○号で申請のありましたこのことについては、承認します。

---

(2)　申請に対する許可の通知

○○○の許可について（通知）

×令和○年○月○日付け○第○号で申請のありましたこのことについては、下記のとおり許可しましたので通知します。

記

⑶　会議の開催

○○○○会議の開催について（通知）

×このことについて、下記のとおり開催しますので、関係職員の出席について御配慮くださるようお願いします。

×なお、出席者を別紙により○月○日（○）までに報告してください。

記

1×日　時　　令和○年○月○日（○）午前10時から午後4時まで

2×場　所　　○○会館○○○会議室（○階）

　　　　　　　○○市○○町○丁目○番○号

3×議　題

×⑴×○○○○○○○○○○について

×⑵×○○○○○について

×⑶×○○○○○○○○について

×⑷×その他

(4)　説明会の実施

令和○年度○○○○説明会の実施について（通知）

×このことについて、下記の日程により説明会を開催しますので、関係職員の出席について御配慮くださるようお願いします。

記

1×日程

地　区	日　　　時	場　　　所
本　庁	○月○日（○） 午後1時30分から午後3時まで	県庁講堂（2階）
村　山	○月○日（○） 午前10時から午前11時30分まで	村山総合支庁講堂（2階）
最　上	○月○日（○） 午前10時30分から正午まで	最上総合支庁講堂（5階）
置　賜	○月○日（○） 午後2時から午後3時30分まで	置賜総合支庁講堂（2階）
庄　内	○月○日（○） 午後1時30分から午後3時まで	庄内総合支庁講堂（4階）

2×持参するもの

（以下略）

(5)　法律等の一部改正

○○○○法の一部を改正する法律等の施行について（通知）

×○○○○法の一部を改正する法律（○○年法律第○号）及び○○○○法
施行令等の一部を改正する政令（○○年政令第○号）の施行について、別
添のとおり○○○○から通知がありましたので、御承知の上、改正の趣旨
を関係者に周知願います。

(6)　試験の実施

令和○年度○○○○試験の実施について（通知）

×このことについて、別添試験案内のとおり実施することになりましたの
で、関係者に周知くださるようお願いします。

(7)　補助金の内示

令和○年度○○○○補助金交付予定額の内示について（通知）

×このことについて、下記のとおり内示しますので、令和○年度○○○○
補助金交付要綱に基づき、交付申請書を○月○日までに提出してください。
記
×補助金交付内示額×金○○,○○○円

⑻　補助金の交付決定（標準例）

　　　　　令和○年度○○○○補助金の交付決定について（通知）

×令和○年○月○日付け○第○号で交付申請のありました○○○○補助金
については、山形県補助金等の適正化に関する規則（昭和35年8月県規則
第59号）及び令和○年度○○○○補助金交付要綱に基づき、下記のとおり
交付することに決定しましたので通知します。

　　　　　　　　　　　　　　　記
×補助金の額×金○○,○○○円

⑼　補助金の交付決定（条件を付して交付するもの）

　　　　　令和○年度○○○○補助金の交付決定について（通知）

×令和○年○月○日付け○第○号で交付申請のありました○○○○補助金
については、山形県補助金等の適正化に関する規則（昭和35年8月県規則
第59号）及び令和○年度○○○○補助金交付要綱に基づき、下記のとおり
条件を付して交付することに決定しましたので通知します。

　　　　　　　　　　　　　　　記
1×補助金の額×金○○,○○○円
2×補助金交付の条件
×⑴×○○○○○○○○○○○すること。
×⑵×○○○○○○○○○○○すること。

　　　　　　　　　　　　　　　　　　（以下略）

⑽　補助金の変更交付決定（申請に関する事項を修正して交付するもの）

令和○年度○○○○補助金の交付について（通知）

×令和○年○月○日付け○第○号で交付申請のありました○○○○補助金については、山形県補助金等の適正化に関する規則（昭和35年8月県規則第59号。以下「規則」という。）第6条第2項の規定により修正の上、下記のとおり金○○,○○○円を交付します。

×なお、規則第9条の規定により、取下げのできる期間は、この通知を受けた日から10日を経過する日までとします。

記

1×令和○年○月○日付け○第○号で交付申請のあった補助金の交付申請
×額「金○○,○○○円」を「金○○,○○○円」に修正して交付したの
×は、次の理由による。
××……………………………………………………………………………
×………………………………………。
2×○○○○○○○○○○○○○○○○○○○○○○○○○○○○○○。

（以下略）

⑾　補助金の額の確定（標準例）

令和○年度○○○○補助金の額の確定について（通知）

×令和○年○月○日付け○第○号で交付決定した○○○○補助金については、令和○年○月○日付け○第○号で提出のありました○○○○事業実績報告書に基づき、山形県補助金等の適正化に関する規則（昭和35年8月県規則第59号）第15条の規定により、補助金の額を金○○,○○○円に確定します。

⑿　補助金の額の確定（補助金の交付決定と額の確定を併せて行うもの）

×××令和○年度○○○○補助金の交付決定及び額の確定について×××

×××（通知）

×令和○年○月○日付け○第○号で申請及び事業実績報告のありました○

○○○補助金については、山形県補助金等の適正化に関する規則（昭和35

年8月県規則第59号）及び令和○年度○○○○補助金交付要綱に基づき、

下記のとおり交付することに決定し、併せて額を確定します。

記

×補助金の額×金○○,○○○円

第2　通達文書

1　意　義

　通達文書とは、指揮監督権に基づき、上級行政機関が下級行政機関に対
し、又は上司から所属職員に対して、法令の解釈、行政運営上の方針など職
務執行上の細目的事項等を指示し、その他一定の行為を命じる文書をいいま
す。

(1)　通達は、一定の意思を特定の相手方に知らせるという点では通知と同じ
　　ですが、訓令的性質を有し、これを受けた者を拘束する点で「通知」とは
　　異なります。

(2)　通達は、細目的事項を指示する点で、職務運営上の基本的事項を命令す
　　る「訓令」とは異なります。

(3)　通達のうち、行政庁（知事）の補助機関（副知事、部長など）が、行政
　　庁の命を受けた特定事項について自己の名で発するものを「依命通達」と
　　いいます。

2　作成上の注意

(1)　内容は命令的事項ですが、「ます」体で平易な表現を用います。

(2)　通達は、内容を分かりやすく、具体的かつ明確に記載します。

3　文　例

(1)　条例等の一部改正

○○第○○○号×

令和○年○月○日×

×○　○　○　○長

×○○○○長　殿

×○○○○○長

山形県○○部長　　　　×

×××山形県○○条例の一部を改正する条例及び山形県○○規則の×××

×××一部を改正する規則の施行について（通達）

×山形県○○条例の一部を改正する条例（○○年○月県条例第○号）及び山形県○○規則の一部を改正する規則（○○年○月県規則第○号）が公布され、令和○年○月○日から施行されますので、下記に注意して、事務処理上誤りのないようにしてください。

記

（以下略）

(2)　依命通達

○○第○○○号×

令和○年○月○日×

×各課（室）長

×各出先機関の長　　殿

○○○○部長　×

○○○○○○について（依命通達）

×このことについて、別添実施要綱に基づき行うこととされたので、所属
職員への周知徹底を図るよう命により通達します。

第3　照会文書

1　意　義

　　照会文書とは、行政機関や個人又は団体に対してある事項を問い合わせる
文書をいいます。

2　作成上の注意

(1)　照会の目的又は理由、照会する事項（できるだけ箇条書にする。）、回答
　の方法及び期限その他必要な事項を明確に記載します。

(2)　回答様式を添付することが望ましく、また、簡易な照会文書について
　は、次により回答の送付文書が省略できるようにします。

　　ア　県内部の機関に対しては、回答様式中に課（所属）名、担当者名、電
　　　話番号、メールアドレス等を記載する欄を設けます。

　　イ　県の機関以外に対しては、回答様式中に発信者名、電話番号、ファク
　　　シミリ番号、メールアドレス等を記載する欄を設けます。
(3)　疑問が生じた場合のための問合せ先（担当者名、電話番号等）を付記し
　　ます。
(4)　照会事項が複雑な場合は、記載例を示し、記載上の注意を掲げるなどし
　　て、回答者が回答しやすいようにします。
(5)　回答期限を定めるときは、調査、回答（報告）作成、郵送等の所要時間
　　をよく考えて、無理のないように定めます。
　　　なお、「速やかに」、「折り返し」などの不確定な期限の定め方は避け、
　　日付で具体的に定めます。
(6)　本文中には、できるだけ題名を記載せず、「このことについて」を用い
　　ます。
(7)　照会事項について「該当ありません。」という回答を必要としない場合
　　は、次のように記載します。
　　ア　「該当のある場合のみ、別紙回答書により回答してください。」
　　イ　「なお、該当のない場合は、回答の必要はありません。」
(8)　他の都道府県に照会する場合で事務担当の宛先が具体的に分からないと
　　きは、「各都道府県○○主管課長」や「○○担当課長」と記載します。

┌─一口メモ─
│「回答も欲しくて、頼みたいこともある。」という場合は、「照会」よりも「依
│頼」の方が相手に与える印象がよく、適当です。
└

3 文 例

⑴ 各課、各出先機関の状況調査

○○第○○○号×

令和○年○月○日×

×各 課 （室） 長
　　　　　　　　殿
×各出先機関の長

○○○課長

○○○○○について（照会）

×このことについて、事務処理上の参考にしたいので、別紙回答書により

○月○日（○）までに回答してください。

×なお、該当のない場合は、電話による回答でも結構です。

| 担　　当　○○係 |
| 担 当 者 |
| 電話番号 |

---

(2)　他県の状況調査

○○第○○○号×

令和○年○月○日×

×各都道府県○○主管課長　殿

山形県○○部○○○課長　　　　　×

○○○○○について（照会）

×このことについて、貴都道府県の状況を参考にしたいので、御多忙のところ恐縮ですが、別紙回答書により○月○日（○）までに御回答くださるようお願いします。

×なお、参考となる資料がありましたら、1部御送付くださるようお願いします。

〈送付及び問合せ先〉

郵便番号

住所

山形県○○部○○○課○○係

担当

電話番号

メールアドレス

---

(3)　他の所属からの照会に伴う照会

○○○○○について（照会）

×このことについて、○○○○○から別添のとおり照会がありましたので、別紙様式により○月○日（○）までに回答願います。

×なお、期日までに回答のない場合は、該当のないものとして処理させていただきますので御承知ください。

担　　当　　○○係	
担 当 者	
電話番号	

第4　依頼文書

1　意　義

依頼文書とは、ある一定の行為の実現を特定の相手方に頼む場合に発する文書をいいます。

2　作成上の注意

(1)　相手方の好意や積極的な協力が得られるような表現を用います。ただし、必要以上に敬語や美文を使わないようにします。

(2)　依頼事項や依頼の理由は、簡明に記載し、依頼事項が多い場合は箇条書にします。

3　文　例

(1)　講師の派遣

○○第○○○号×

令和○年○月○日×

×講　師　名　様

（講師の所属長）

山形県○○部長　□　×

○○研修の講師（の派遣）について（依頼）

×本県の○○○○○につきましては、日頃から御協力を頂き深く感謝申し上げます。

×さて、この度、○○職員の資質の向上を図るため、別添○○○○要領により○○研修会を実施することになりました。

×つきましては、下記により御講演いただきたいので、御多忙のことと思いますが、御承諾くださるようお願いします。

×つきましては、下記により貴○○　○○○○氏に御講演いただきたいので、講師として派遣してくださるようお願いします。

記

1×日　　時　令和○年○月○日（○）午後1時から午後2時まで

2×場　　所　○○○○○○

3×講演内容　○○○○○○○○○について

4×対　象　者　○○○○○　約50人

(2)　出席依頼

> ○○○○○の開催について（依頼）
>
> ×本県の○○○○○につきましては、日頃から御配慮を頂き厚くお礼申し
> 上げます。
> ×さて、この度、○○○○○の一層の発展を図るため、○○○○○を別添
> ○○○○○要綱により開催することになりました。
> ×つきましては、御多忙のことと思いますが、御出席くださるようお願い
> します。

(3)　後援の依頼

> ○○○○○の後援について（依頼）
>
> ×本県の○○○○○につきましては、日頃から御協力を頂き深く感謝申し
> 上げます。
> ×さて、この度、○○○○○を（昨年に引き続き）別添○○により実施す
> ることになりました。
> ×つきましては、本事業の趣旨を御理解の上、御後援くださるようお願い
> します。

(4) 委員の委嘱

○○○○審議会委員の委嘱について（依頼）

×○○の候ますます御清祥のこととお喜び申し上げます。

×本県の○○○○の推進につきましては、日頃から御協力を賜り厚くお礼申し上げます。

×さて、本県では、○○○○○○について御審議いただくため、○○○○審議会を設置しています。

×つきましては、この審議会の委員に御就任いただきたく、御多忙のことと思いますが、御承諾くださるようお願いします。

×なお、任期は令和○年○月○日から令和○年○月○日までです。

×御承諾いただける場合は、別紙承諾書を○月○日までに御送付くださるようお願いします。

別　紙

承　諾　書

年　　月　　日

山形県知事　○○　○○　殿

住　所

氏　名　　　　　　　　㊞

○○○○審議会委員の就任について、承諾します。

第5　回答文書

1　意　義

　　回答文書とは、照会、協議などの相手方の問合せに対して応答する場合に発する文書をいいます。

　　なお、通知、依頼などに対して意思を表示するときも、通常は回答として取り扱います。

2　作成上の注意

(1)　題名は、原則として照会の題名を記載します。

(2)　回答する事項は、漏れなく、簡明に記載します。

(3)　本文は、令和○年○月○日付け○第○号で照会等のあったことに対する回答である旨の記載で始めます。

(4)　回答様式が添付されている場合は、その様式に記載し、発信者名等を記入する欄がある場合は、回答する旨の送付文書を添付する必要はありません。

(5)　回答期限に遅れないことはもちろん、期限内でもできるだけ早く回答するよう努めましょう。

3　文　例

(1)　照会に対する回答

　　　　　　　　　○○○○○について（回答）

×令和○年○月○日付け○第○号で照会のありましたこのことについては、次（別添）のとおり回答します。

---

(2)　協定の締結

○○○○の協定の締結について（回答）

×令和○年○月○日付け○第○号で依頼のありましたこのことについて
は、異存ありませんので、別添○○○○協定書に押印して1部を返送しま
す。

---

(3)　協議に対する回答

○○○○○について（回答）

×令和○年○月○日付け○第○号で協議のありましたこのことについて
は、次の条件を付して同意（承認）します。
1　×○○○○○○○○○○○○○○○○○。
2　×○○○○○○○○○○○○○○○○○。

（以下略）

第6　送付文書

1　意　義

送付文書とは、書類、物品等を送り届ける場合に用いる文書をいいます。

2　作成上の注意

(1)　送付するものが多数ある場合は、箇条書にします。

(2)　受領書を求める場合は、その旨を記載し、受領書の用紙を同封します。

3　文　例

(1)　標準例

○○○○○について（送付）

×この度、○○○○○を作成しましたので、別添のとおり送付します。

×なお、折り返し同封の受領書を返送してください。

---

(2)　用　例

○○○○○について（送付）

×このことについて、下記のとおり送付しますので、事務の参考にしてください。

記

1　×○○○○○○○○○○　　　○部

2　×○　○　○　○　○　○　○　　　○部

第7　報告文書

1　意　義

　　報告文書とは、ある事実について、その経過又は結果などを特定の人又は機関に知らせるときに発する文書をいいます。法令や契約で、報告を義務付けられている場合に多く用います。

2　作成上の注意

(1)　報告は、様式が示されている場合が多いので、様式の確認をすることが必要です。

(2)　法令などに基づいて報告する場合は、原則として、「○○法第○条の規

定により」又は「○○要綱に基づき」のように根拠規定を明記します。

3　文　例

(1)　標準例

```
　　　　　　　　○○○○○について（報告）


×令和○年○月○日付け○第○号で通知のありましたこのことについて、
下記のとおり報告します。
　　　　　　　　　　　　　　記
　　　　　　　　　　　（以下略）
```

(2)　用　例

```
　　　　　　　　○○○○○について（報告）


×このことについて、○○○○法（○○年法律第○号）第○条の規定によ
り、別紙のとおり報告します。
```


第8　申請文書

1　意　義

　申請文書とは、行政機関に対し、許可、認可、補助金の交付その他の一定
の行為を求める文書をいいます。

　「申請」と類似する用語に「申出」、「申立て」があります。「申出」とは、
行政機関に対して、ある特定の意思を表示することをいい、「申立て」と
は、行政機関に対して、当事者が特定の訴訟行為を要求することをいいま
す。

2　作成上の注意

(1)　法令等の規定に基づく許可、認可、補助金の交付等の申請は、その法令等において様式を定めていることが多いので、それに従うことが必要です。

(2)　法令等に基づいて申請する場合は、「○○法第○条の規定により」のように根拠規定を明記します。

(3)　申請の様式を定める場合には、一見してその内容が分かるように申請書名を先に出したり、記載上の便宜等を考慮して表や箇条書にするなどの配慮が必要です。

　　また、申請先は「山形県知事　殿」のように職名のみとし、氏名まで記入する必要はありません。

3　文　例

(1)　標準例

○○○○○について（申請）

×このことについて、下記のとおり○○○○したいので、申請します。

記

（以下略）

---

(2)　許認可の申請

○○○○の許（認）可について（申請）

×このことについて、別添のとおり○○○○したいので、○○○法（○○年法律第○号）第○条第○項の規定により申請します。

---

(3)　申請の様式を定める場合

○○○○再交付申請書

令和　　年　　月　　日

山 形 県 知 事 殿

　　　　　　　　（申請者）郵便番号

　　　　　　　　　　　　　住　　　所

　　　　　　　　　　　　　氏　　　名　　　　　　　　㊞

年　　　月　　　日生

1　登 録 番 号　　　第_____号

2　登録年月日　　〔昭和
　　　　　　　　　　平成　　_____年_____月_____日
　　　　　　　　　　令和〕

3　申 請 理 由

（以下略）

第9　進達・副申文書

1　意　義

(1)　進達文書

　　進達文書とは、下級行政機関が、住民等から提出された申請書その他の書類を経由機関として上級行政機関に送り届けるときに発する文書をいいます。

　　また、下級行政機関自らが一定の事実、意見等を上級行政機関に申し出る場合にも用いられます。

　　進達する経由機関は、原則として取り次ぐだけで、その事案を左右する権限はありません。また、一般に、経由手続が定められている文書は、経

由機関に到達したときに、本来の宛先である機関に提出されたのと同様の効力を生じるので、期限がある文書の取扱いには特に注意します。

　なお、進達と同音の「申達」は、上級行政機関から下級行政機関に対する命令を表示した文書を指しています。

(2)　副申文書

　　副申文書とは、経由行政機関が、提出された申請書等に調査事実や参考意見を添えて上級行政機関に進達する文書をいいます。

2　作成上の注意

(1)　申請があったことと、副申の内容とはなるべく行を改め、分けて記載します。

(2)　進達は、その文書を取り次ぐだけのものなので、経由機関が参考意見を添えたり（この場合は、副申として取り扱います。）、「…… 進達しますからよろしくお願いします。」とは書きません。

(3)　副申は、申請書等に添付するものなので、申請書等に記載されていることを繰り返し記載する必要はありません。

(4)　法令、通達等で「…… の場合は、意見書を添えて進達すること。」と規定されている場合は、進達としないで副申として取り扱います。

　　一方、「○○調書を添えて進達します。」のような場合は、副申としないで進達として取り扱います。

3　文　例

(1)　進達（標準例）

```
                 ○○○○○について（進達）

×このことについて、下記の者から別紙のとおり申請がありましたので、
進達します。
                        記
                     （以下略）
```

(2)　進達（用例）

> ○○○○報告について（進達）
>
> ×このことについて、○○○○○から別添のとおり報告がありました。

(3)　進達（調書を添える場合）

> ○○○○○の申請について（進達）
>
> ×○○○○○○から、別添のとおり申請がありましたので、○○調書を添えて進達します。

(4)　副申（意見書を添える場合）

> ○○○○○について（副申）
>
> ×○○○○○○から、別添のとおり申請がありましたので、意見書を添えて進達します（送付します）。

(5)　副申（本文中に意見を含める場合）

> ○○○○○について（副申）
>
> ×このことについて、○○○○○○から別添のとおり○○がありました。
> ×内容を検討したところ、適当と認められます。

第10　協議文書

1　意　義

　　協議文書とは、ある事案の決定又は一定の行為をするに当たって、監督機関、関係機関、利害関係人等に意見を求め、又は合意を求めるために発する文書をいいます。

　　協議文書は、主として法令に基づいて相手方に意見又は合意を求めるもので、単に問合せである「照会」とは異なります。

2　作成上の注意

(1)　協議事項は要点を捉えて、箇条書にします。

(2)　法令等に基づく協議は、「○○法第○条の規定により」のように根拠規定を明記します。

(3)　法令等で協議に要する日数が定められている場合は、その旨を記載します。

一口メモ

協議に対して意思を表示する場合には、回答文書を用います。

3　文　例

(1)　標準例

　　　　　　　　○○○○○について（協議）

×このことについて、下記のとおり○○○したいので、○○○○法（○○年法律第○号）第○条の規定により協議します。

　　　　　　　　　　　　　　　記

1×○○○○○○○○○○○○○○○○○。

2×○○○○○○○○○○○○○○○○○。

---

(2)　契約変更の協議

〇〇〇〇契約の変更について（協議）

×このことについて、別添のとおり契約を変更したいので協議します。
×なお、異存のない場合は、別添契約書に記名、押印の上、１部を返送し
てください。

---

(3)　同意書を添える場合

〇〇〇〇〇について（協議）

×このことについて、〇〇したいので、関係書類を添えて協議します。
×なお、異存のない場合は、別添の同意書に記名、押印して返送してくだ
さい。

同　意　書

×令和〇年〇月〇日付け〇第〇号で協議のありました〇〇〇〇〇について
は、同意します。

令和〇年〇月〇日

　山形県知事　〇〇　〇〇　殿

_____ ㊞

第11　諮問文書

1　意　義

　諮問文書とは、行政機関が、審議会、調査会、協議会などの諮問機関に対し、法令上定められた事項について、意見を求めるために発する文書をいいます。

2　作成上の注意

⑴　往復文書の形式によります。

⑵　諮問内容は、簡明に記載します。

⑶　根拠法令等のあるものは、「○○法第○条の規定により」又は「○○要領に基づき」のように根拠規定を明記します。

3　文　例

⑴　標準例

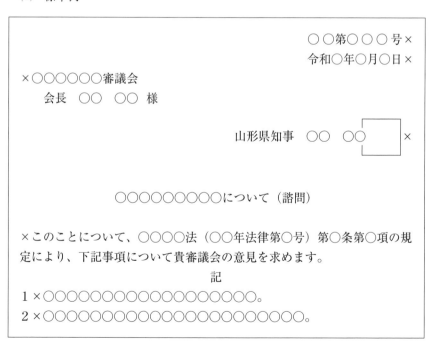

(2) 用 例

○○○○○○○○○について（諮問）

×○○○○法（○○年法律第○号）第○条第○項の規定により許可申請の
ありました下記の案件について、同法第○条第○項の規定により諮問しま
す。

記

（以下略）

第12 答申文書

1 意 義

　答申文書とは、諮問を受けた機関が、その諮問事項について調査審議した
結果の意見を述べる文書をいいます。

　諮問した機関がその答申を尊重すべきことは当然ですが、答申は原則とし
て、諮問した機関を法的に拘束しません。しかし、法令で、諮問機関の「議
（決定、意見）により」、「議に基づいて」、「議決を経て」と定められている
場合は、その答申は諮問した機関を拘束します。

　なお、答申は、諮問に対するものであり、諮問機関がその権限に基づいて
自発的に意見を申し出る「建議」とは異なります。

2 作成上の注意

(1) 答申文は、回答文書形式で作成します。

(2) 答申事項を明確に記載し、必要に応じて理由を記載します。

(3) 答申事項が多い場合は、箇条書にします。

(4) 答申の日付を明らかにするため、諮問を受けた文書の日付、文書番号等
を記載します。

3　文　例

(1)　標準例

○○第○○○号×

令和○年○月○日×

×山形県知事　○○　○○　殿

○○○○審議会

会長　○○　○○□　×

○○○○○について（答申）

×令和○年○月○日付け○第○号で諮問のありましたこのことについて、下記のとおり答申します。

記

（以下略）

(2)　用　例

○○○○○について（答申）

×令和○年○月○日付け○第○号で諮問のありましたこのことについて、当審議会の意見は下記のとおりです。

記

×諮問内容のとおり決定することを適当と認めます。

第13 建議文書

1 意 義

　建議文書とは、諮問機関等がその属する行政機関又はその他の関係機関に対し、将来の行為について自発的に意見や希望を申し出る文書をいいます。

　建議は、諮問機関等が自発的に意見を提出するものであり、諮問に対する回答として意見を提出する「答申」とは異なります。

　なお、建議は、これを受けた相手を拘束しません。

2 作成上の注意

　必要に応じて、理由を明記します。

3 文 例

```
                                    ○○第○○○号×
                                    令和○年○月○日×
×山形県知事　○○　○○　殿


                                    ○○○○審議会

                                    会長　○○　○○      ×


                ○○○○○○について（建議）


×このことについて、当審議会は、山形県の○○○の現状からみて○○○
○○○を早急に進める必要があると考え、別紙のとおり、その調査研究結
果をまとめましたので、この結果に基づいて速やかに適切な措置を講ずる
ようお願いします。
```

第14 勧告文書

1 意 義

　勧告文書とは、行政機関がその権限に基づいて、住民又は他の行政機関に対して、ある処置を勧め、又は促す場合に発する文書をいいます。

　勧告は、相手の自主性を尊重しながら、ある事項について専門的な立場からの判断や意見を表示し、一定の処置をとることを勧めるものです。

　なお、勧告は、原則として相手方を法律上拘束するものではありません。

2 作成上の注意

(1)　命令的な表現を用いずに、相手方が受け入れやすい表現で、簡明に記載します。

(2)　法令などに基づいて勧告する場合は、「○○法第○条の規定により」のように根拠規定を明記します。

3 文 例

○○○○○について（勧告）

×○○○○○について、○○○○法（○○年法律第○号）第○条の規定により、次のとおり勧告します。

第15 上申・内申文書

1 意 義

(1)　上申文書

　　下級行政機関が上級行政機関に対して、意見又は事実等を申し述べる場合に用いる文書をいいます。

(2) 内申文書

　職員が上司に対し、主に人事関係のことについて、意見又は事実等を申し述べる場合に用いる文書をいいます。

2　作成上の注意

　様式が指定されている場合が多いので、この場合はその様式に従います。

第16　願い・届け

1　意　義

(1)　願　い

　願いとは、「申請」と同意義に用いられることもありますが、通常、行政機関や学校等への証明、受験、入学等を願い出るために用いる文書をいいます。

(2)　届　け

　届けとは、行政機関に対し、一定の事項を知らせるときに用いる文書をいいます。

　届けは、過去の事実だけでなく、計画や将来の事柄を知らせる場合にも用いられるため、「報告」と異なります。また、相手方の行政機関などに対し、一定の行為を要求し、又は期待するものではないので、「申請」や「願い」とも異なります。

2　作成上の注意

　法令等により様式が定められている場合が多いので、関係法令に注意し、様式の確認をすることが必要です。

第4章　部内文書

部内文書とは、往復文書のように対外的な往復を目的とする文書と異なり、行政機関の内部で用いられる文書をいい、伺い文、復命書等があります。

第1　伺い文

1　意　義

伺い文は、事案の処理に当たって、決裁権限のある者の方針決定を求めるために作成する文書をいいます。

なお、既定の方針に基づいて事案を具体的に処理する場合や、軽易な事案で特に伺い文を付けなくても処理できるものについては、伺い文を省略し、施行案によって決裁を受けることができます。

2　作成上の注意

(1)　決定すべき事案を一見して理解できるように、簡潔に要点を記載します。

(2)　伺い文が長くなる場合には、箇条書にして要点を記載し、説明を追記します。

(3)　伺い文には、判断の資料となる根拠法令がある場合は明記し、事実の調査結果その他参考となる事項を付記して、関係文書を添付します。

3　文　例

(1)　（題名）○○○○○について

　（伺い）×このことについて、別添のとおり○○○○から申請があり、内
容を審査したところ、○○○法第○条の規定に該当すると認められるの
で、（案の1）のとおり○○することとしてよろしいか伺います。
×なお、決裁の上は、（案の2）により関係機関に通知してよろしいか併
せて伺います。
×（参考）
×○○○法第○条第○号　　○○○○○○○○○○

第2　復命書

1　意　義

　復命書は、職員が出張した場合に、その経過、内容及び結果について上司
に報告するために作成される文書をいいます。

2　作成上の注意

(1)　復命書は、財務会計システムの旅費登録から作成します。

(2)　復命書は、調査事項、報告事項を要領よくまとめ、箇条書などを用いて
　　簡潔に作成します。

3　文　例

（山形県職員服務規程様式第16号）

復　　命　　書

　命により出張したところ、その状況は下記のとおりでしたので復命します。

令和　　年　　月　　日

所属　職　氏名　　　　㊞

山形県知事　殿

記

出　張　期　間	年　月　日～　年　月　日（　泊　日）
用　務　先 及　　　び 所　在　地	
用　務　内　容 （会議名称）	
面　談　相　手 （会議参集者）	
用　　　　務 （面談・会議） 概　　　　要	

　（注）　命令の内容が同じ場合は、連名で復命することができる。

第5章　契約書

第1　契約の意義

1　意　義

　契約とは、当事者の意思表示の合致、すなわち合意によって成立する法律行為です。民法上、契約は書面を作成しなくても有効に成立しますが、県が締結する契約については、契約の履行を確実なものとし、後日の紛争を防止するためにも、契約書を作成しなければなりません。

　本県においては、山形県財務規則（昭和39年3月県規則第9号）第130条第1項で規定されています。ただし、同条第2項の規定により、契約金額が少額の場合などは契約書の作成を省略できますが、契約の適正な履行を確保するため、請書を提出させなければならない場合があります。

2　地方公共団体が締結する契約

　地方公共団体が締結する契約のうち、私人と対等な立場で締結するものについては、民法の適用があります。そのほかにも、地方自治法、地方自治法施行令（昭和22年政令第16号）、議会の議決に付すべき契約並びに財産の取得、管理及び処分に関する条例（昭和39年3月県条例第6号）、山形県財務規則などの法令の定めによらなければなりません。

⑴　売買、賃借、請負その他の契約は、一般競争入札の方法により締結することを原則とし、地方自治法施行令で定める場合に該当するときに限り、指名競争入札、随意契約又はせり売りの方法によることができます（地方自治法第234条第1項及び第2項）。

⑵　地方公共団体が契約につき契約書を作成する場合においては、契約書に記名押印しなければ契約は確定しません（契約内容を記録した電磁的記録を作成する場合を除く。）（地方自治法第234条第5項）。

⑶　一定基準を超える重要な契約については、議会の議決を経なければ、こ

れを締結することはできません（地方自治法第96条第1項第5号から第8号まで及び第237条第2項）。

　このため、議会の議決に付さなければならない契約については、「この契約は、議会の議決を経たときに効力を生じるものとする。」と明記しておく必要があります。

第2　契約書の作成要領

1　基本形式

題　　名	○○○○○契約書
本　　文	×山形県知事　○○○○（以下「発注者」という。）と○○○○　○○○○（以下「受注者」という。）とは、次の条項により○○○○○契約を締結する。 ×（何々） 第1条×何々 ×（何々） 第2条×何々 ×この契約の締結を証するため、本書2通を作成し、発注者、受注者記名押印の上、各自1通を保有する。
契約年月日	××令和○年○月○日
契約者の住所、氏名又は所在地、名称及び代表者氏名	発注者　山形市松波二丁目8番1号 　　　　山形県知事　○○　○○　㊞ 受注者　（住所又は所在地） 　　　　（氏名又は名称及び代表者氏名）㊞

2　作成要領

(1)　題名は、契約の内容が一見して分かるように、契約物件名及び契約の種類を記載します。

(2)　本文では、最初に、契約の当事者が誰なのか、何についての契約であるかなどを簡潔に記載します。その上で、契約の目的、契約金額その他の必

要事項を条文形式により記載します。

(3) 契約書の枚数が2枚以上にわたる場合は、各紙間のとじ目全てに、記名押印に用いる印で割印をします（袋とじによって製本した場合は、その袋のとじ目に押印します。）。

(4) 請負等に関する契約書には、印紙税法（昭和42年法律第23号）に基づき、収入印紙を貼付する必要があります。ただし、国、地方公共団体又は同法別表第2に掲げる者が作成した場合は、非課税となります。

(5) 文体は、「である」体とします。

(6) 契約書の字句の訂正を行う場合は、次のような点に注意します。

　ア　契約金額の訂正はできません。

　イ　訂正、削除を行う字句は、元の字句が分かるように二重線で消します。

　ウ　加える字句は、当該字句を加える箇所の上の行間に記載します。

　エ　訂正するページの余白に「○字加入」、「○字削除」、又は「○字訂正」（加除同一字数の場合）と記載し、その部分にかけて当事者双方が記名押印に用いた印を押印します。

　オ　条項を追加し、又は削除する場合は、「第○条加入」又は「第○条削除」と記載し、エと同様に押印します。

　カ　符号（句読点、括弧など）は訂正字数に数えません（¥マークや小数点は数えます。）。

　キ　訂正のあることを予想してあらかじめ押印する捨印は、それを利用して随意に契約書の内容を変更することを防ぐため、押印することはできません。

（訂正例1）

印 26字削除 印　契約保証金　~~契約金額の100分の10に相当する~~免除 金額以上の額とする。
　 2字加入

（訂正例2）

印 3字訂正 印　第○条　………、遅延日数に応じ、年~~2.9~~2.6 パーセントの割合で計算した額とする。

（訂正例３）

 印 第○条削除 印 ~~第○条　この契約の締結に要する費用は、受注者の負担とする。~~

（訂正例４）

第○条　………。

印 第○条第2項 加入 印 2　発注者は、翌年度以降において、本契約に係る歳入歳出予算の当
　　該金額について減額又は削除があった場合は、この契約を解除する。

第△条　………。

3　記載事項

(1)　契約書には、原則として、次の事項を記載しなければならないと定めら
れています。ただし、契約の性質又は目的により該当のない事項について
は、この限りでありません（山形県財務規則第131条）。

ア　契約の目的

イ　契約金額

ウ　履行期限

エ　契約保証金

オ　契約履行の場所

カ　契約代金の支払又は受領の時期及び方法

キ　監督及び検査

ク　履行の遅滞その他債務の不履行の場合における遅延利息、違約金その
他の損害金

ケ　危険負担

コ　発注者の履行追完請求権

サ　契約に関する紛争の解決方法

シ　その他必要な事項

(2)　1件の当初の契約金額が100万円を超える物件売払契約、物件購入契
約、印刷物製造請負契約及び建設工事請負契約を締結する場合は、所定の
契約約款によらなければなりません。ただし、契約の性質又は目的により
これにより難い場合は、この限りでありません（山形県財務規則第132条）。

4 書式例

(1) 業務委託契約書

県庁イントラに掲載していますので、年度初めなどに確認をするようにします。

○○○○業務委託契約書

委託業務の名称　山形県○○○○業務

委託期間　令和○年○月○日から令和○年○月○日まで

業務委託料　金○○○○円（うち消費税及び地方消費税の額○○○円）

（長期継続契約の場合は、例として、年額○○○○円（うち消費税及び地方消費税の額○○○円））

契約保証金（注1）　契約金額の100分の10に相当する金額以上の額とする。ただし、山形県財務規則第135条各号のいずれかに該当する場合は、免除する。

　頭書業務の委託について、委託者 山形県知事 ○○○○ を発注者とし、受注者 ○○○○ ○○○○を受注者とし、次の条項により委託契約を締結する。

（総則）

第1条　受注者は、「委託仕様書」に基づき、頭書の業務委託料（以下「委託料」という。）をもって、頭書の委託期間の終期（以下「履行期限」という。）までに頭書の委託業務（以下「委託業務」という。）を実施し、その結果（以下「成果品」という。）を発注者に引き渡すものとする。

2　前項の「委託仕様書」に明記されていない仕様があるときは、発注者、受注者協議して定める。

（委託業務の遂行場所）

第2条　受注者は、委託業務を次の場所において遂行するものとする。

○○市○○町○○丁目○番○号　　　○○○○○

（業務遂行上の義務）

第3条　受注者は、委託業務に従事する者（以下「従事者」という。）に委託業務の遂行に必要な技術を習得させ、委託業務の遂行に万全を期するものとする。

（従事者の管理）

第4条　受注者は、従事者の氏名をあらかじめ発注者に通知するものとする。
(注2)

2　受注者は、従事者の管理について一切の責任を負う。

　（秘密の保持等）

第5条　受注者は、委託業務の遂行上直接若しくは間接に知り得た秘密を外部に漏らし、又は他の目的に利用してはならない。この契約が終了し、又は解除された後においても同様とする。

　（個人情報の保護）

第6条　受注者は、この契約による事務を行うため個人情報を取り扱う場合は、別記「個人情報取扱特記事項」を遵守しなければならない。

　（監督及び指示並びに調査及び報告）

第7条　受注者は、この契約に基づく委託業務の実施について、発注者の監督及び指示に従わなければならない。

2　発注者は、必要があるときは、受注者に対し委託業務の実施状況について実地に調査し、又は報告を求めることができる。

　（損害賠償）

第8条　受注者は、委託業務の処理に関し、故意又は過失により発注者又は第三者に損害を与えたときは、その損害を賠償しなければならない。

2　前項の規定による賠償額は、発注者、受注者協議により定めるものとする。

　（権利及び義務の譲渡禁止）

第9条　受注者は、この契約によって生ずる権利及び義務を第三者に譲渡し、又は承継させてはならない。ただし、あらかじめ書面により発注者の承認を得たときは、この限りでない。

　（再委託の禁止）

第10条　受注者は、委託業務の全部又は一部を第三者に委託してはならない。ただし、あらかじめ書面により発注者の承認を得たときは、この限りでない。

　（契約内容の変更等）

第11条　発注者は、必要がある場合には、委託業務の内容を変更し、又は委託業務を一時中断することができる。この場合において、委託料又は履行期限を変更する必要がある場合は、発注者、受注者協議して書面によりこれを定めるものとする。

2　前項の場合において、受注者が損害を受けたときは、発注者はその損害を賠償しなければならない。この場合の賠償額は、発注者、受注者協議して定める。

（契約の解除）

第12条 発注者は、受注者が次の各号のいずれかに該当する場合において
は、この契約を解除することができる。

(1) この契約に違反し、又は違反するおそれがあると認めたとき。

(2) この契約の履行について、不正の行為があったとき。

(3) 正当な理由がなく、この契約の履行を怠ったとき。

(4) 故意又は過失により発注者に重大な損害を与えたとき。

(5) 受注者^(注3)（受注者が共同企業体であるときは、その構成員のいずれかの
者。以下この号において同じ。）が次のいずれかに該当するとき。

　　イ　役員等（受注者が個人である場合にはその者を、受注者が法人であ
る場合にはその役員又はその支店若しくは契約を締結する事務所の代
表者をいう。以下この号において同じ。）が暴力団員による不当な行
為の防止等に関する法律（平成3年法律第77号）第2条第6号に規定
する暴力団員（以下この号において「暴力団員」という。）又は暴力
団員でなくなった日から5年を経過しない者（以下この号において
「暴力団員等」という。）であると認められるとき。

　　ロ　暴力団（暴力団員による不当な行為の防止等に関する法律第2条第
2号に規定する暴力団をいう。以下この号において同じ。）又は暴力
団員等が経営に実質的に関与していると認められるとき。

　　ハ　役員等が自己、自社若しくは第三者の不正の利益を図る目的又は第
三者に損害を加える目的をもって、暴力団又は暴力団員等を利用する
等したと認められるとき。

　　ニ　役員等が、暴力団又は暴力団員等に対して資金等を供給し、又は便
宜を供与する等直接的あるいは積極的に暴力団の維持及び運営に協力
し、又は関与していると認められるとき。

　　ホ　役員等が暴力団又は暴力団員等と社会的に非難されるべき関係を有
していると認められるとき。

　　ヘ　下請契約又は資材、原材料の購入契約その他の契約に当たり、その
相手方がイからホまでのいずれかに該当することを知りながら、当該
者と契約を締結したと認められるとき。

　　ト　受注者が、イからホまでのいずれかに該当する者を下請契約又は資
材、原材料の購入契約その他の契約の相手方としていた場合（ヘに該
当する場合を除く。）に、発注者が受注者に対して当該契約の解除を
求め、受注者がこれに従わなかったとき。

2　発注者は、前項各号に規定する場合のほか、特に必要があるときは、この契約を解除することができる。この場合において、受注者が損害を受けたときは、発注者は、その損害額を負担するものとする。この場合の損害額は、発注者、受注者協議して定める。

3　第1項第1号から第3号まで又は第5号の規定によりこの契約を解除する場合には、契約保証金は、発注者に帰属するものとする。ただし、契約保証金が免除されている場合には、受注者は、発注者に対し解除違約金として契約金額の100分の10に相当する金額を納付しなければならない。

4　第1項第4号の規定によりこの契約を解除する場合には、受注者は、発注者に与えた損害を賠償しなければならない。この場合の賠償額は、発注者、受注者協議して定める。

5　発注者は、この契約を解除しようとするときは、その理由を記載した書面により受注者に通知するものとする。

^(注4)
6　発注者は、翌年度以降において、本契約に係る歳入歳出予算の当該金額について減額又は削除があった場合は、この契約を解除する。

^(注5)
（談合等に係る契約解除）
第13条　前条に定める場合のほか、発注者は、この契約に関して次の各号のいずれかに該当する場合においては、この契約を解除することができる。

(1)　受注者が私的独占の禁止及び公正取引の確保に関する法律（昭和22年法律第54号。以下「独占禁止法」という。）第7条第1項若しくは第2項（第8条の2第2項及び第20条第2項において準用する場合を含む。）、第8条の2第1項若しくは第3項、第17条の2又は第20条第1項の規定による命令を受け、当該命令に係る抗告訴訟（行政事件訴訟法（昭和37年法律第139号）第3条第1項に規定する抗告訴訟をいう。以下この条において同じ。）を提起しなかったとき。

(2)　受注者が独占禁止法第7条の2第1項（同条第2項及び第8条の3において読み替えて準用する場合を含む。）若しくは第4項又は第20条の2から第20条の6までの規定による命令を受け、当該命令に係る抗告訴訟を提起しなかったとき。

(3)　受注者が前2号に規定する抗告訴訟を提起し、当該抗告訴訟について棄却又は却下の判決が確定したとき。

(4)　受注者（法人の場合にあっては、その役員又はその使用人）が刑法（明治40年法律第45号）第96条の6若しくは第198条又は公職にある者等のあっせん行為による利得等の処罰に関する法律（平成12年法律第

第130号）第4条の規定による刑に処せられたとき。

2　受注者は、この契約に関して前項各号のいずれかに該当するときは、発注者が契約を解除するか否かを問わず、賠償金として、契約金額の100分の10に相当する額を発注者の指定する期間内に支払わなければならない。ただし、発注者が特に認める場合は、この限りでない。

3　この契約の履行後に、受注者が第1項各号のいずれかに該当することが明らかになった場合についても、前項と同様とする。

4　第2項の規定は、同項の規定に該当する原因となった違反行為により発注者に生じた実際の損害額が同項に規定する賠償金の額を超える場合においては、発注者がその超える部分に相当する額につき賠償を請求することを妨げるものではない。

（事故発生の通知）

第14条　受注者は、委託業務の処理に関し事故が生じたときは、直ちに発注者に対し通知するとともに、遅滞なくその状況を書面をもって発注者に報告しなければならない。

（業務完了報告等）

第15条　受注者は、委託業務を完了したときは、遅滞なく発注者に対して業^{（注6）}
務完了報告書（別紙様式）^{（注7）}を提出しなければならない。

2　発注者は、前項の業務完了報告書を受理したときには、その日から起算して10日以内に成果品について検査を行わなければならない。

3　前項の検査の結果不合格となり、成果品について補正を命ぜられたときは、受注者は、遅滞なく当該補正を行い、発注者に補正完了の届けを提出して再検査を受けなければならない。この場合において、再検査の期日については、同項の規定を準用する。

4　受注者は、検査合格の通知を受けたときは、遅滞なく当該成果品を発注^{（注8）}
者に引き渡すものとする。

> （注）概算払を行う場合は、第15条の見出しを「（実績報告及び額の精算）」に修正し、概算払に係る項を追加します。以下は例です。
>
> > 5　精算した実績額が頭書の委託料の額を下回る場合には、その実績額を委託契約額とする。
> > 6　委託契約額の精算に伴い、発注者が概算払により受注者に交付した委託料に残額が生じたときは、受注者は、これを発注者に返還しなければならない。

　なお、概算払は行わないものの委託料を概算契約し、実績額等をもって精算する場合は、同様に見出しを修正し、第５項のみを追加します。

（委託料の支払）

第16条　受注者は、前条の検査に合格したときは、発注者に対し委託料の請求書を提出するものとする。

2　発注者は、前項の規定による請求を受けたときは、その日から起算して30日以内に委託料を受注者に支払うものとする。

（注）毎月払などを行う場合は、支払時期と金額を記載します。以下は例です。

第16条　受注者は、前条の検査に合格したときは、発注者に対し月額◎◎円（ただし、４月分にあっては月額◎◎円）の委託料[注9]の請求書を提出するものとする。

　なお、前金払又は概算払を行う場合は、前金払又は概算払に係る条項を追加します。以下は例です。

（前金（概算）払）

第16条の２　前条の規定にかかわらず、委託業務を行うため発注者が必要があると認めるときは、受注者は、前金（概算）払を請求することができる。

2　発注者は、前項の規定による請求があったときは、請求書を受理した日から起算して15日以内に支払わなければならない。

（遅延利息）

第17条　受注者は、発注者の責めに帰する理由により第16条[注10]の規定による契約金額等の支払が遅れた場合においては、未受領金額につき、遅延日数に応じ、年◎◎パーセント[注11]の割合で計算した額の遅延利息の支払を発注者に請求することができる。この場合において、遅延利息の額が100円未満であるときは、発注者はこれを支払わないものとし、その額に100円未満の端数があるときは、その端数を切り捨てるものとする。

2[注12]　発注者は、その責めに帰する理由により第15条第2項[注13]（同条第３項において準用する場合を含む。）に規定する期間内に検査をしないときは、そ

の期間満了の日の翌日から検査をした日までの期間の日数を第16条第2項[注13]に規定する支払期間の日数から差し引くものとし、また、その遅延期間が支払期間の日数を超えるときは、支払期間は満了したものとみなし、その超える日数に応じ、前項の遅延利息を支払うものとする。

（発注者の履行追完請求権等）

第18条 成果品がこの契約の内容に適合しないときは、発注者は、その不適合を知った時から1年以内にその旨を受注者に通知した上で、当該不適合を理由として、履行の追完の請求、委託料の減額の請求、損害賠償の請求及び契約の解除をすることができる。

（履行遅滞違約金）

第19条 受注者がその責めに帰すべき事由によって、履行期限までに委託業務を完了することができない場合において、当該履行期限後相当の期間内に完了する見込みがあると認められるときは、発注者は、受注者から違約金を徴収して当該履行期限を延長することができる。

2 前項の違約金の額は、委託料から既成部分又は既成部分相当額を控除した額に対して、遅延日数に応じ、年○○パーセント[注11]の割合で計算した額とする。

（履行不能の場合の措置）

第20条 受注者は、天災その他その責めに帰することができない事由により、この契約の全部又は一部を履行することができないときは、発注者の承認を得て当該部分についての義務を免れるものとし、発注者は、当該部分についての委託料の支払を免れるものとする。

（疑義についての協議）

第21条 この契約に定めのない事項及びこの契約に関し疑義の生じた事項については、必要に応じ、発注者、受注者協議して定めるものとする。

　発注者と受注者は、各々対等な立場における合意に基づいて、上記の条項によって業務委託契約を締結し、信義に従って誠実にこれを履行するものとする。

　この契約の締結を証するため、本書2通を作成し、発注者、受注者記名押印の上、各自1通を保有する。

　令和○年○月○日

　　　　　　　　発注者　山形市松波二丁目8番1号

　　　　　　　　山形県知事　○○　○○　㊞

受注者　　（住所又は所在地）

（氏名又は名称及び代表者氏名）㊞

（注１）契約締結時は、金○○○円と改めること。ただし、山形県財務規則第135条各号のいずれかに該当する場合は、免除と改めること。

（注２）第４条第１項が不要な場合は削り、第２項を繰り上げること。

（注３）括弧書は、受注者が共同企業体でない場合は削ること。

（注４）第12条第６項は、長期継続契約の場合に加えること。

（注５）第13条は、１者随意契約の場合は削ること。

（注６）月ごとに完了報告を求める場合は、「受注者は、」の次に「月ごとの」を加えること。

（注７）括弧書は、報告書様式を定める場合に加えること。

（注８）第15条第４項は、引渡しを受ける成果品がない場合は削ること。

（注９）括弧書は、契約金額が割り切れない場合に加えること。

（注10）「（委託料の支払)」の条番号を記入すること。前金（概算）払を行う場合は、「（前金（概算）払)」の条番号も加えること。

（注11）昭和24年大蔵省告示第991号政府契約の支払遅延に対する遅延利息の率を定める告示による率（令和２年４月１日現在2.6パーセント）

（注12）業務完了報告等の条項に応じて、不要な場合は削ること。

（注13）該当する条項番号を記入すること。

別記

個人情報取扱特記事項

（基本的事項）

第１　受注者は、個人情報（個人に関する情報であって、特定の個人が識別され、又は識別され得るものをいう。以下同じ。）の保護の重要性を認識し、この契約による事務を行うに当たっては、個人の権利利益を侵害することのないよう、個人情報の取扱いを適正に行わなければならない。

（秘密の保持）

第２　受注者は、この契約による事務に関して知り得た個人情報を他に漏らしてはならない。この契約が終了し、又は解除された後においても同様とする。

（収集の制限）

第3　受注者は、この契約による事務を行うために個人情報を収集するときは、その目的を明確にし、目的を達成するために必要な範囲内で、適法かつ公正な手段により行わなければならない。

2　受注者は、この契約による事務を行うために個人情報を収集するときは、本人から収集し、本人以外から収集するときは、本人の同意を得た上で収集しなければならない。ただし、発注者の承諾があるときは、この限りでない。

（漏えい、滅失及び毀損の防止）

第4　受注者は、この契約による事務に関して知り得た個人情報について、漏えい、滅失及び毀損の防止その他の個人情報の適正な管理のために必要な措置を講じなければならない。

（目的外利用・提供の禁止）

第5　受注者は、この契約による事務に関して知り得た個人情報を当該事務の目的以外の目的に利用し、又は第三者に提供してはならない。

（複写又は複製の禁止）

第6　受注者は、発注者の承諾があるときを除き、この契約による事務を行うために発注者から提供された個人情報が記録された資料等を複写し、又は複製してはならない。

（事務従事者への周知）

第7　受注者は、この契約による事務に従事している者に対し、在職中及び退職後においても当該事務に関して知り得た個人情報を正当な理由なく他人に知らせ、又は当該事務の目的以外の目的に使用してはならないこと、山形県個人情報保護条例により罰則が適用される場合があることなど、個人情報の保護に必要な事項を周知させるものとする。

（再委託の禁止）

第8　受注者は、発注者の承諾があるときを除き、この契約による事務を第三者に委託してはならない。

（資料等の返還等）

第9　受注者は、この契約による事務を行うために、発注者から提供を受け、又は受注者自らが収集し、若しくは作成した個人情報が記録された資料等は、この契約の終了後直ちに発注者に返還し、又は引き渡すものとする。ただし、発注者が別に指示したときは当該方法によるものとする。

（調査）

第10　発注者は、受注者がこの契約による事務を行うに当たり取り扱っている個人情報の状況について、随時調査することができる。

（事故発生時における報告）

第11　受注者は、この契約に違反する事態が生じ、又は生じるおそれのある
　　ことを知ったときは、速やかに発注者に報告し、発注者の指示に従うもの
　　とする。

（注）　1　発注者は知事、受注者は受託者をいう。

　　　　2　委託の事務の実態に即して適宜必要な事項を追加し、又は不要な事
　　　　　項は省略して差し支えないものとする。

　参　考

　ア　仕様書の作成は、特に重要です。

　　　通常、仕様書は入札の際に提示するほか、契約書にも添付し、受託者の
　　業務範囲を明確化する働きを有しています。応札者及び契約者にとって疑
　　義が生じないよう、できるだけ明確かつ詳細に記載されることが必要です。

　イ　成果品が著作権法に基づく著作物に該当するときは、個々の契約に応じ
　　た著作権の帰属や引渡し後の利用方法について定めておく必要があります。

　　　次の例（発注者、受注者共有の場合の例です。）を参考として、契約
　　書の本文に適切な条項を定めてください。

（著作権の帰属）

第　　条　この委託業務の成果品に係る著作権は、著作権法（昭和45年法律第
　　48号）の定めるところに従い受注者又は発注者及び受注者の共有に帰属す
　　るものとする。

（著作物の利用の許諾）

第　　条　受注者は発注者に対し、次に掲げる成果品の利用を許諾する。この
　　場合において、受注者は、次に掲げる成果品の利用を発注者以外の第三者
　　に許諾してはならない。

⑴　成果品を利用して発注者の業務を実施すること。

⑵　前号の業務の目的及び運営、広報等のために必要な範囲で、成果品を
　　発注者が自ら複製し、若しくは変形、改変その他の修正をすること又は
　　発注者の委託した第三者をして複製させ、若しくは変形、改変その他の
　　修正をさせること。

（著作人格権の制限）

第　　条　受注者は、発注者に対し、成果品の内容を自由に公表することを許
　　諾する。

2 発注者が著作権を行使する場合において、受注者は、著作権法第19条第1項又は第20条第1項に規定する権利を行使しないものとする。
3 受注者は、あらかじめ発注者の承諾を得なければ、成果品の内容を公表してはならない。
　（著作権の譲渡禁止）
第　条　受注者は、成果品に係る著作権を第三者に譲渡し、又は承継させてはならない。ただし、あらかじめ、発注者の承諾又は同意を得た場合は、この限りでない。
　（著作権の侵害防止）
第　条　受注者は、発注者に対して、委託業務の成果品が第三者の著作権を侵害するものでないことを保証する。

　　ウ　契約の相手方の所在地が遠方の場合等、必要に応じ、次の例を参考として最後に条項を加えてください。

　（裁判管轄合意）
第　条　この契約に関して生じた発注者、受注者間の紛争については、山形地方裁判所を第一審の専属的合意管轄裁判所とする。

(2)　契約の一部を変更する契約書

○○○○契約の一部を変更する契約書

　山形県知事　○○○○（以下「発注者」という。）と○○○○　○○○○（以下「受注者」という。）とは、令和○年○月○日に締結した○○○○委託契約の一部を変更することについて、次のとおり契約を締結する。

　頭書の業務委託料中「年額○○○○円（うち消費税及び地方消費税○○○円)」を「年額○○○○円（うち消費税及び地方消費税○○○円)」に改める。

　この契約の締結を証するため、本書2通を作成し、発注者、受注者記名押印の上、各自1通を保有する。

　令和○年○月○日
　　　　　　　　　　発注者　山形市松波二丁目8番1号
　　　　　　　　　　山形県知事　○○　○○　㊞

　　　　　　　　　　受注者　（住所又は所在地）
　　　　　　　　　　　　　　（氏名又は名称及び代表者氏名）㊞

┌─ 一口メモ ─────────────────────────────────┐

　契約書が複数枚にわたるときは、「割印」が必要です。

　押印箇所数を少なくする方法として、袋とじがあります。ホチキス留めをした上で、製本テープ等で袋とじ製本をした場合は、契約書の表面と裏面の継ぎ目に、契約書で押印した印で割印します。

└──┘

〈袋とじの例〉

良い例　　　　　　　　　　　　悪い例

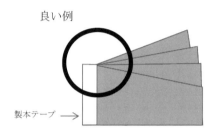 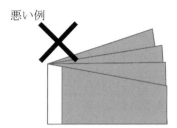

製本テープ →

「袋とじ」の方法（例）

第6章　議　案

第1　議案の意義

　議案とは、議会の議決すべき事項について、議会の委員会若しくは議員又は
普通地方公共団体の長が議会に提出するために作成した案文をいいます。

　議会の委員会又は議員が議会に議案を提出する場合は、文書で行わなければ
なりません（地方自治法第109条第7項及び第112条第3項）。普通地方公共団
体の長が議案を提出する方法については、特に規定はありませんが、実際には
文書で行われています。

　議会の議決を必要とする事件には、地方自治法第96条第1項各号に制限的に
列挙されているものと他の法律や政令などでそれぞれ個別に定められているも
のとがあります。

第2　議案の作成要領

1　基本形式

議　案　番　号	議第○○号 ×
題　　　　　名	×××何々……………………………………………××× ×××………について ×
本　　　　　文	×何々…………………………………………………………… ………… ×
提　案　理　由	×××提×案×理×由 ×何々 ×
提　出　年　月　日	××令和○年○月○日提出 ×
提出者職・氏名	山形県知事　　○○　　○○×××

2　作成要領

⑴　議案番号は、暦年による一連番号を付しています。

⑵　題名は、その議案の内容の全体を簡明に表すものです。

⑶　本文は、議決を経ようとする事件を表示するものであり、事件の内容を適切かつ簡潔に表します。例えば、工事請負契約については、工事名、工事場所、工期、契約金額、契約の相手方など事件の要素となっている事項を記載します。

⑷　提案理由は、当該議案の趣旨を明確にする意味において重要な役目があります。法的な根拠などを明記しながら、当該議案の提案の理由を簡明に記載します。

⑸　議案を一括して提出する場合における提出年月日及び提出者職・氏名は、議案の目次に記載することにより、個々の議案についての記載を省略しています。

第3　議案の書式例

1　条例に関する議案

```
議第○○号
×
×××何々条例の制定について
×
×何々条例を次のように制定する。
×
×××何々条例
×（何々）
第1条　何々
                    （略）
×××附×則
×この条例は、何々
×
×××提×案×理×由
×何々
```

（注）何々条例の一部を改正する条例の制定を提案する場合の題名は、
　　　「何々条例の一部を改正する条例の制定について」とします。

2　財産の取得（処分）に関する議案

```
議第○○号
×
×××何々の取得（処分）について
×
×県は、次により財産を取得（処分）することができる。
×何々
×
×××提×案×理×由
×何々
```

3　契約締結に関する議案

例1　新たな契約を締結する場合

議第○○号
×
×××何々契約の締結について
×
×県は、次により何々契約を締結することができる。
（以下略）

例2　契約の一部を変更する場合

議第○○号
×
×××何々契約の一部変更について
×
×何々契約の一部を次のように変更する。
（以下略）

4　費用の一部負担に関する議案

議第○○号
×
×××何々に要する費用の一部負担について
×
×県は、令和○年度において実施する何々に要する費用の一部を、何々法
（○○年法律第○号）第○条（第○項）の規定により、次のとおり負担さ
せるものとする。
（以下略）

5　専決処分の承認に関する議案

議第○○号

×

×××何々についての専決処分の承認について

×

×地方自治法（昭和22年法律第67号）第179条第1項の規定により、何々について、別紙のとおり専決処分したことについて承認する。

×

×××提×案×理×由

×何々

　（別紙）

専第○○号

×地方自治法（昭和22年法律第67号）第179条第1項の規定により、次のとおり何々について専決処分する。

××令和○年○月○日

山形県知事　○○　○○×××

×何々

6　委員等の任命（選任）に関する議案

議第○○号

×

×××何々委員の任命（選任）について

×

×次の者を何々委員に任命（選任）することについて、何々法（○○年法律第○号）第○条（第○項）の規定により、同意する。

×××氏　　　名

（以下略）

第7章　法規文書

第1　法規文書の意義

　現行法制上、法令には、憲法、法律、命令、議院規則、裁判所規則、地方公共団体の条例及び規則などがあり、命令には、政令、府令及び省令並びに行政委員会などの命令があります。このほかに、外国との条約がありますが、通常、法令という場合には、国内法令を意味します。

　ここでは、これらのうち、地方公共団体が制定する法令である条例及び規則について述べます。

1　条　例

　条例とは、地方公共団体が自主立法権に基づいて制定する法令です。自主立法権については、憲法第94条に「地方公共団体は、その財産を管理し、事務を処理し、及び行政を執行する権能を有し、法律の範囲内で条例を制定することができる。」と規定されています。この「条例」には、地方公共団体の議会が制定する地方自治法上の条例のみならず、地方公共団体の長が制定する規則や地方公共団体の委員会が特別の法律に基づいて制定する規則も含まれますが、ここでは、地方公共団体の議会が制定する条例（狭義の条例）について述べます。

(1)　条例の制定範囲

　条例の制定範囲について、地方自治法第14条第1項は、「普通地方公共団体は、法令に違反しない限りにおいて第2条第2項の事務に関し、条例を制定することができる。」と規定しています。第2条第2項の事務（地方公共団体の事務）とは、「地域における事務及びその他の事務で法律又はこれに基づく政令により処理することとされるもの」です。

　ここで、地方公共団体の事務は、自治事務と法定受託事務の二つに分類することができます。自治事務とは、「地方公共団体が処理する事務のう

ち、法定受託事務以外のもの」（地方自治法第2条第8項）をいい、法定
受託事務とは、同法第2条第9項各号に掲げる事務をいいます。

　なお、地方自治法第14条第2項において、「普通地方公共団体は、義務
を課し、又は権利を制限するには、法令に特別の定めがある場合を除くほ
か、条例によらなければならない」こととされています。

(2)　条例の制定手続

　　本県における条例の制定手続は、次のとおりです。

　ア　条例案の作成

　　　知事が議会に提案する条例の立案は、その事務を所掌する課によって
　　発案されることから始まります。その後は、課長、部局長などの査閲、
　　総務部以外の関係部局の部局長などの合議を経て、財政課に合議されま
　　す。財政課長の合議の後、法令の審査を担当する学事文書課に合議され
　　ますが、学事文書課長の合議を経たものは、法令審査会（幹事会及び委
　　員会）に付議されます。ここで審査、修正を受けた条例案は、総務部長
　　の合議を経て、最終的には知事の決裁を受けて条例案として確定しま
　　す。

　イ　議会への提案

　　　条例案の議会への提出権は、地方自治法第109条第6項、第112条第1
　　項及び第149条第1号の規定により、議会の委員会及び議員並びに普通
　　地方公共団体の長に与えられています。

　　　議案の提出に当たっては、次のような点に注意する必要があります。

　　(ア)　条例の発案が住民の直接請求によるものであるときは、当該請求を
　　　受理した日から20日以内に議会を招集し、意見を付して議会に付議し
　　　なければならないこと（地方自治法第74条第3項）。

　　(イ)　新たに予算を伴うこととなるものであるときは、必要な予算上の措
　　　置が適確に講ぜられる見込みが得られていること（地方自治法第222
　　　条第1項）。

　ウ　議　　決

　　　議会に提出された条例案は、議会の議決を経て成立します。

　　その例外として普通地方公共団体の長の専決処分により成立する場合
があります。専決処分をすることができるのは、地方自治法第179条第
1項の規定により、普通地方公共団体の長において議会を招集する時間
的余裕がないと認めるときなどに限られています。条例は、将来にわ
たって住民の権利義務に影響を与えるものであることから、専決処分
は、極力避けるべきものと考えます。

　　なお、専決処分をした場合には、普通地方公共団体の長は、次の議会
に報告し、その承認を求める必要があります（地方自治法第179条第3
項）。

エ　公　布

　　普通地方公共団体の長は、議長から条例の送付を受けた場合におい
て、再議その他の措置を講ずる必要がないと認めるときは、その日から
20日以内にこれを公布しなければなりません（地方自治法第16条第2
項）。

　　条例の公布については、山形県公告式条例に基づき、公布の旨の前文
及び公布の年月日を記入し、知事が署名の上、県公報に登載して行いま
す。条例は、この公布の手続を経て、対外的に効力を有することになり
ます。

2　規　則

　一般的に「規則」というときは、地方自治法第15条第1項の規定により地
方公共団体の長がその権限に属する事務に関し制定する規則を指します。規
則には、このほかに、個別の法律に基づいて普通地方公共団体の長以外の執
行機関が制定する規則である教育委員会規則や人事委員会規則、公安委員会
規則、普通地方公共団体の議会が制定する会議規則などがありますが、ここ
では、地方公共団体の長が制定する規則について述べます。

(1)　規則の制定範囲（所管事項）

　　規則の所管事項は、「普通地方公共団体の長の権限に属する事務」です。

　　地方公共団体の事務については、その全てが規則の所管事項となるもの
ではありません。法令の規定により条例の専属的所管事項とされているも

の（地方公共団体の事務所の位置を定めること、支庁、地方事務所などを設置すること、部局を設置すること、職員の定数を定めることなど）については、条例の委任がなければ規則を制定することはできません。また、長以外の執行機関の権限に属する事務についても、規則を制定することはできません。

条例の専属的所管事項とされているもの及び規則の専属的所管事項とされているもの以外の地方公共団体の事務については、規則と条例との競合的所管事項となります。競合的所管事項について条例、規則のいずれを制定すべきかについては、学説も一定したものはありませんが、地方自治法が議会の権限については制限的に、長の権限については包括的に定めている趣旨から見ても、特段の事情がない限りは、規則で定めるべきものと考えられます。

(2) 規則の制定手続

本県における規則の制定手続は、次のとおりです。

ア 規則案の作成及び決裁

規則は、その事務を所掌する課によって発案され、課長、部局長等の査閲、総務部以外の関係部局の部局長などへの合議を経て、法令の審査を担当する学事文書課に合議されます。ここで審査を受けたものは、知事の決裁を受けることとなります。最終的に知事の決裁を得た規則案は、規則として成立します。

なお、予算に関係がある規則については、学事文書課への合議の前に財政課長、知事の決裁を受ける前に総務部長の合議を経る必要があります。

イ 公 布

知事の決裁を得て成立した規則は、公布されることによって、県民に知らされ、効力を有することになります。

なお、規則の公布の手続は、条例の公布の場合と同様です。

第2　法令の立案に当たっての心構え

1　立法内容の検討

　法令の立案に当たっては、内容及び形式の両面にわたって十分な検討が行われなければなりませんが、内容についての主な検討事項は、次のとおりです。

(1)　立法の趣旨・目的

　　全ての立法措置には、立法の趣旨及び目的があります。したがって、法令の立案に当たっては、まず、その趣旨、目的などを的確に整理した上、これに沿って立法の内容などを検討します。

　　課題を解決するための方法としては、新たな立法措置ではなく、既存の法令の的確な運用によることも考えられます。また、立法措置という強制力のある方法ではなく、行政指導、予算上の措置などでは解決できないものかどうかについても調査する必要があります。つまり、まずは、こうした選択肢の一つとしての立法措置について検討を行うべきであり、立法措置という方法を安易に採用すべきではありません。

　　なお、立法内容についての様々な検討を円滑に進めるためには、現行制度の分析、立法の背景にある事象の把握や因果関係の究明などの基礎的な作業を十分に行っておくことが重要です。

(2)　法的適格性

　　法的適格性とは、その内容が、法規範として妥当であり、法として強制するにふさわしいものであるかどうかということです。

　　法は、公権力の裏付けによってそれに従うことを人々に強要することに、その規範としての特質がありますが、立案の内容にそのような規範を含んでいるかどうかについて検討する必要があります。

　　また、その法令案の内容は、遵守されることが期待でき、実効性のあるものでなければなりません。立案に当たっては、それが県民一般の支持を得られるかどうかについての検討も不可欠であり、審議会における審議、

パブリック・コメント手続の実施などを視野に入れる必要があります。

　なお、最近の条例には、基本的な政策方針を宣言する条例など必ずしも強要性を本質としないようなものも見受けられますが、条例を制定しなければ本当に目的を達成できないのか、慎重に検討すべきです。特に、条例を制定すること自体が目的となることは厳に慎まなければなりません。

(3)　法的正当性

　法的正当性とは、個人の尊重と社会全体の福祉との調和、公正な権力の行使、社会秩序の安定性の確保などの観点から見て、その内容に正当性があるかどうかということです。

　立法措置を講ずることとした場合において、採るべき手段及び内容は唯一ではなく、複数のものが考えられるのが通例です。その中でどれを選択するかは、目的との関係、実施可能性、価値実現に対する適切さ、効果の予測と評価、社会・政治状況などを勘案して総合的に検討の上判断しなければなりません。

(4)　法的協調性

　法的協調性とは、当該立法が憲法を頂点とする実体法全体の階層的な構造の中で、他の法令との間に協調を保ち、全体として統一整序された体系を形成するものであるかどうかということです。

2　形式・表現についての検討

　法令の形式の面においては、規定すべき内容にかなった表現を選択して、立法の意図を正確に、分かりやすく表現することがポイントです。

　なお、正確さと分かりやすさのいずれを優先すべきかという選択を求められる場合も出てきますが、法文においては、まずは正確さを優先すべきであり、その結果、分かりやすさがある程度犠牲になるのはやむを得ません。

(1)　正確さ

　正確な法文とは、意味がはっきりととれる、解釈上紛れのない法文であり、立法者の意図や趣意が正確に表現され、立法の目的が誤解されることのない法文です。

　具体的には、次のような点に注意しなければなりません。

　ア　主語、述語、目的語の関係をはっきりさせること。

　イ　形容詞、副詞、副詞的文章、関係文章のかかり方を明確にすること。

　ウ　法令用語をその用法に従って正しく用いること。

　エ　主観的な表現など意味の曖昧な用語は用いないこと。

　オ　簡潔さよりも明確さを重視すること。

(2)　分かりやすさ

　　法文の表現がいかに正確であっても、その用語が難解であったり、形式が複雑であったりすれば、住民がこれを理解し、遵守することを期待するのは困難です。このため、法文は、分かりやすい用語、平易な言い回しで書き表すように努めなければなりません。

　　具体的には、次のような点に注意します。

　ア　正確性を害さない範囲内において、分かりやすい用語を用いること。

　イ　法文をできる限り短く切ること。

　ウ　主語と述語の間を離し過ぎないようにし、場合によっては、各号列記の方法を活用すること。

　エ　法文の構造や語句の関係を明らかにするため、句読点を適正に活用すること。

　オ　条文には、その内容を適正に表す見出しを付けること。

　カ　長い語句や重複する語句の反復を避けるため、略称規定や準用規定を適正に活用すること。

　キ　括弧書を適正に使用すること。二重括弧書は乱用しないこと。

第3　条例、規則の作成要領

1　条例、規則の立案形式

条例及び規則の立案形式は、おおむね次のとおりです。

公　布　文	×何々条例をここに公布する。 ××令和○年○月○日 　　　　　　　　　　山形県知事　　○○　　○○××××
法　令　番　号	山形県条例第○○号
題　　　名	×××何々条例
目　　　次	目次 ×第1章×何々（第1条―第○条） ×第2章×何々 ××第1節×何々 ×××第1款×何々（第○条―第○条） ×××第2款×何々（第○条―第○条） 　　　　　　　　　　（略） ×附則
本　　　則	×××第1章×何々 ×（何々） 第1条×何々…………………………………………………………… ×………………………………………………………………………… 　　　　　　　　　　（略） ×××第2章×何々 ××××第1節×何々 ×××××第1款×何々 ×（何々） 第○条×何々 2×何々 3×何々 ×(1)×何々 ×(2)×何々 ××イ×何々 ××ロ×何々 ×××(イ)×何々 ×××(ロ)×何々 ××××ａ×何々

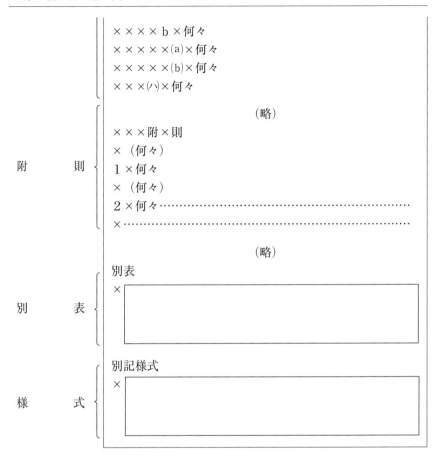

（注）　1　この形式の中で「×」は、空白を示します（例えば、行頭に「×××」とあるのは、行頭を3字分空けて、4字目から書き始めるという意味です。）。

　　　　2　章、節などの区分がない場合は、上記から、目次及び本則中の章名、節名などを外した形になります。

2　条例、規則の構成要素

条例及び規則は、おおむね次のようなもので構成されています。

（1）　公布文

法令の公布に当たり、「○○条例をここに公布する。令和○年○月○日

山形県知事 ○○○○」というように付されるのが公布文です。公布文は、法令の公布権者が付するもので、法令の一部ではありません。

(2) 法令番号

公布文と題名との間に「山形県条例第○号」、「山形県規則第○号」とあるのが法令番号であり、法令を特定する上で非常に重要な意味を持っています。

法令番号は、国の法令と同様に、暦年による一連番号を付しています。

(3) 題　名

条例及び規則には、全て題名を付けます。

題名を付けるに当たっては、その法令の内容の全体を的確に、かつ、できるだけ短く表現したものとなるよう注意すべきです。

題名は、当該法令の固有の標題であり、法令の一部を成すものですから、題名を改めるためには、法令の改正の手続による必要があります。

(4) 本　則

ア　条

本則の法文は、その内容が簡単で量が少なく条に区分するまでもない場合を除いて、「第1条」、「第2条」というように条に区分します。

イ　見出し

法令の理解を容易にするため、条文の内容を簡潔に表現して、各条の前に「(目的)」のように見出しを付けます。

見出しは、条ごとに付けるのが原則ですが、連続する2以上の条が同じ範ちゅうに属する事項について規定している場合は、最初の条の前に共通の見出しを付けることとしています。

ウ　項

一つの条文の中で法文に区切りを付ける必要がある場合は、原則として別の行を起こすことになっていますが、この別行で区分される段落を項といいます。

項には、項の順序に従って、第2項以下の項の頭にアラビア数字で「2」、「3」という番号を付けて、その項が第何項であるかを明確にし

ています。項のうち第1項に当たる部分には、「1」という番号は付けません。

エ　号

条又は項の中で幾つかの事項を並列的に並べて規定する必要がある場合に、「(1)」、「(2)」、「(3)」のように括弧付きのアラビア数字を用いた番号を付して列記するのが号です。

号の中で更に細かく幾つかの事項を列記する必要がある場合には、第1段階においては、いろは順の片仮名で、第2段階においては括弧付きのいろは順の片仮名で、第3段階においてはアルファベット順の小文字で、第4段階においては括弧付きのアルファベット順の小文字で細分します。

オ　本文、ただし書等

条、項、号などが条文の基本的な構成要素ですが、そのほかに、条文を分けて次のように区分することがあります。これらの区分は、条文の改正などの場合において、改正箇所を指示する場合に必要となります。

㋐　本文、ただし書

一つの条、項又は号の中に二つのセンテンスがある場合で後のセンテンスが「ただし」で始まっているときに、前のセンテンスを「本文」、後のセンテンスを「ただし書」といいます。

㋑　前段、後段

一つの条、項又は号の中に二つのセンテンスがある場合で後のセンテンスが「ただし」で始まっていないときは、前のセンテンスを「前段」、後のセンテンスを「後段」といいます。

㋒　各号列記以外の部分

一つの条又は項の中に各号で列記される部分がある場合において、その各号で列記されている部分以外の部分を「各号列記以外の部分」といいます。

カ　章、節等

条の数が多い法令については、法令の内容を理解しやすくするため、

また、規定の検索を容易にするために、章、節、款、項、目などの区分を設けます。

　最初に用いられるのが章による区分ですが、例えば、第1章を総則として、当該法令の目的、用語の定義その他通則的な規定を置き、第2章以下において、当該法令の実体規定を置き、次いで、雑則規定の章を設け、最後に罰則規定の章を設けるというように使います。

(5)　目　　次

　本則において章、節などの区分をした法令には、題名の次に、各章、節などの名称及びそれぞれに属する条文の範囲を明示した目次を付けることとしています。

(6)　附　　則

　法令には、本則に付随する内容を規定するため、本則の後に附則が置かれます。附則は、具体的には、当該法令の施行期日、各規定の適用関係、経過措置、他の既存の法令の改廃措置などの規定から成っています。

　附則は、項により区分することを原則としますが、項の数が非常に多くなる場合は、条建てにする場合もあります。

　また、本県では、附則の項の数が3以上の場合は、条と同様に見出しを付け、内容を理解しやすくしています。附則の項の数が2以下のときは、見出しを付けないことを原則としています。

(7)　別　　表

　本則又は附則において列記すべき事項の性質、種類、数量によっては、各号列記によるよりも、表を用いて表示した方が理解しやすい場合があります。この場合において、表にすべき内容が複雑で量も多く、本則の条又は附則の項の中に表を置くことが適当でないときに、当該表を附則の次に（附則別表にあっては、附則の直後、別表があるときは別表の前に）置くのが別表（附則別表）です。

　別表を置く場合は、本則又は附則において、必ず、当該別表の存在を示す根拠を規定しなければならないことに注意しなければなりません。

(8)　別記様式

　　申請書、許可証など法令に規定される様式については、内容的に本則又
は附則の中では表示できないのが通常です。この場合において、本則に属
すべき様式にあっては附則の次に、別表があるときは別表の次に別記様式
として、附則に属すべき様式にあっては附則の直後に、附則別表がある
ときは附則別表の次に附則別記様式として規定します。

　　別記様式が一つだけの場合は、単に「別記様式」とし、二つ以上の場合
は、最初に「別記」とのみ規定し、次いで「様式第1号」、「様式第2号」
の順に表示します。

　　なお、別記様式として規定される場合は、別表を設ける場合と同様、本
則又は附則において、当該別記様式の存在を示す根拠を規定する必要があ
ります。

3　法令の改正

　　法令を改正する方法としては、一部改正と全部改正の二つの方法がありま
す。一部改正とは、既存の法令の一部分を改正するものであり、全部改正と
は、既存の法令を全面的に改正するものです。

　　以下では、法令の改正事務を正確かつ能率的に行うための一定の方法及び
ルールについて説明します。

(1)　一部改正の方法

　　一部改正の場合は、既存の法令を基に追加し、修正し、又は削除するこ
とを内容とする法令（以下「一部改正法令」という。）を制定しますが、
一部改正法令はそれが施行された時点でその改正の内容が改正の対象と
なった既存の法令に溶け込んでしまうという、いわゆる「溶け込み方式」
を採用しています。このため、一部改正の方法により法令を改正しようと
するときは、改正前の既存の法令の規定と改正後の規定とを新旧対照表な
どにより比較しながら、どのように改め、加え、又は削ればその改正後の
規定になるかを検討し、それが正確かつ能率的に行えるような一部改正法
令の規定を作ることとなります。

　　この一部改正法令は、附則の部分を除き、既存の法令に溶け込むまでの

一時的なものではありますが、一つの独立した法令であり、改正の対象と
なった既存の法令とは別の法令番号を持ち、題名も「何々条例の一部を改
正する条例」というように独自のものを持っています。

　一方、全部改正の場合の方法は、題名の次に既存の法令の全部を改正す
る旨の法文を加えることを除いては、新たな法令を制定する場合と同じで
す。

　なお、全部改正も含めて法令を改正する場合は、ある法令を改正するに
はその法令と同種の法令をもって行わなければならないことに注意する必
要があります。条例は条例で、規則は規則で改正しなければならず、規則
で条例を改正したり、条例で規則を改正したりすることはできません。

(2)　一部改正法令の題名

　一部改正法令には、次のように題名を付けます。

ア　単一の法令を改正する場合

何々条例の一部を改正する条例

イ　二つ以上の法令を改正する場合

　㋐　原因・結果の関係にある二つ以上の法令を改正する場合

　　　（A条例の改正の結果、B条例及びC条例の改正を必要とするもの
とする。）

A条例の一部を改正する条例

　（注）この場合、B条例及びC条例の改正は、この条例の附則におい
て行います。

　㋑　原因・結果の関係にはない二つ以上の法令を改正する場合

　　a　共通の動機に基づき二つ以上の法令を並列的に改正する場合

　　　（A条例、B条例及びC条例を改正するものとし、制定年次はA
条例が最も古いものとする。）

> Ａ条例等の一部を改正する条例

　　　ｂ　ある法令の制定改廃に基づき関係法令を並列的に改正する場合

> 何々法の一部改正（廃止）に伴う関係条例の整備（整理）に関する条例

(3)　一部改正法令の立案形式

　ア　単一の法令を改正する場合

> ×山形県公害紛争処理の手続に要する費用等に関する条例の一部を改正する条例をここに公布する。
> ××令和○年○月○日
> 　　　　　　　　　　　　　　　　山形県知事　　○○　　○○×××
> 山形県条例第○○号
> ×××山形県公害紛争処理の手続に要する費用等に関する条例の一×××
> ×××部を改正する条例
> ×山形県公害紛争処理の手続に要する費用等に関する条例（昭和45年10月県条例第47号）の一部を次のように改正する。
> ×第2条第1号中「第16条第1項」を「第16条」に改め、同条第4号中「郵便料又は電信料」を「費用」に改める。
> ×××附　　則
> ×この条例は、令和○年○月○日から施行する。

　イ　二つ以上の法令を改正する場合

　　例1　原因・結果の関係にある二つの法令を改正する場合

> ×公益法人等への職員等の派遣等に関する条例の一部を改正する条例をここに公布する。
> ××令和○年○月○日
> 　　　　　　　　　　　　　　　　山形県知事　　○○　　○○×××
> 山形県条例第○○号
> ×公益法人等への職員等の派遣等に関する条例（平成13年12月県条例第57号）の一部を次のように改正する。
> ×題名を次のように改める。

×××公益的法人等への職員等の派遣等に関する条例
×第1条中「公益法人等への一般職の地方公務員の派遣等に関する法律」
を「公益的法人等への一般職の地方公務員の派遣等に関する法律」に、
「基づき、公益法人等」を「基づき、公益的法人等」に改める。
×××附　　則
×　（施行期日）
1　　この条例は、令和○年○月○日から施行する。
×　（山形県義務教育諸学校等の教育職員の給与等の特例に関する条例の一
×部改正）
2　　山形県義務教育諸学校等の教育職員の給与等の特例に関する条例（昭
×和46年12月県条例第48号）の一部を次のように改正する。
××第4条第5号中「公益法人等への職員等の派遣等に関する条例」を「公
×益的法人等への職員等の派遣等に関する条例」に改める。

例2　　共通の動機に基づき二つの法令を並列的に改正する場合

×山形県情報公開条例等の一部を改正する条例をここに公布する。
××令和○年○月○日

山形県知事　　○○　　○○×××

山形県条例第○○号
×××山形県情報公開条例等の一部を改正する条例
×　（山形県情報公開条例の一部改正）
第1条　　山形県情報公開条例（平成9年12月県条例第58号）の一部を次の
×ように改正する。
××第6条第1項第2号ロ中「第2条第2項」を「第2条第4項」に、「特
×定独立行政法人」を「行政執行法人」に改める。
×　（山形県個人情報保護条例の一部改正）
第2条　　山形県個人情報保護条例（平成12年10月県条例第62号）の一部を
×次のように改正する。
××第12条第1項第2号ロ中「第2条第2項」を「第2条第4項」に、「特
×定独立行政法人」を「行政執行法人」に改める。
×××附　　則
×この条例は、令和○年○月○日から施行する。

(4)　題名の改正

> ×題名を次のように改める。
> ×××何々条例

　(注) 法令の題名はそれ自体が一つの固有名詞であることから、題名の改正
　　　は、全部改正を原則とします。

(5)　目次の改正

> 例1　(目次中の一部の字句を改める場合)
> ×目次中「山形県青少年保護審議会」を「山形県青少年健全育成審議
> 会」に改める。
>
> 例2　(章、節などの新設に伴い目次を追加する場合)
> ×目次中「第4章　　雑則（第37条―第39条）」を
> 　　　　　　　　　　　　　　　　　　　　　「第4章　雑則（第36条
> 　　　　　　　　　　　　　　　　　　　　　　第5章　罰則（第40条
> の2―第39条）
> ―第44条）　　　　」に改める。
>
> 例3　(章、節などの削除に伴い目次を削除する場合（形骸を残す場合））
> ×目次中「第3章　山形県地下水審議会（第16条―第21条）」を「第3
> 章　削除」に改める。
>
> 例4　(新たに目次を付ける場合)
> ×題名の次に次の目次を付する。
> 目次
> ×第1章　総則（第1条―第4条）
> ×第2章　申請に対する処分（第5条―第11条）
> ×第3章　不利益処分（第12条―第31条）
> ×附則

(6)　条、項、号中の字句の改正

　ア　基本型

例1　(字句を改める場合)
×第何条中「○○」を「△△」に改める。

例2　(字句を追加する場合)
×第何条中「○○」を「○○△△」に改める。

例3　(字句を削る場合)
×第何条中「○○」を削る。

イ　注意事項

(ア)　改正は、条の順序に従って(同一の条文中に項、号などが含まれる場合は、更に項、号などの順序に従って)条単位で行い、条ごとに改正文の文章を句点で締めくくり、行を変えます。同一の条文中で、字句を改め、追加し、及び削る場合であっても同じです。

(イ)　連続する2以上の条文について同一の改正を行おうとする場合は、「第2条第1項及び第3条中(第2条から第4条までの規定中)「○○」を「△△」に改める。」というように、まとめて改正します。ただし、途中の条文中で他の字句も改正しようという場合は、その条文の前で改正文を一旦切ります。

(ウ)　改めようとする字句の位置については、「第3条第1項第2号イ中」というように、条文の最小単位の区分まで引用します。この場合、次の点に注意してください。

　a　「ただし書中」は、改正しようとする字句が同一条文中のただし書以外の部分にあるか否かに関係なく用います。

　b　「前段中」、「後段中」及び「本文中」は、改正しようとする部分が同一条文中の他の部分にもあり、その部分の字句は改正しない場合にのみ用いることにしています。

　c　「各号列記以外の部分中」は、改正しようとする字句が同一条文中の他の部分にもあり、その部分の字句は改正しない場合で、他に方法がないやむを得ない場合にのみ用います。

(エ)　改めようとする字句については、当該条文中で特定し得る最小限度において引用します。この場合、次の点に注意してください。

　　a　改める字句は、一つの語句として捉え、それを分割することはしません。例えば、「生活環境部危機管理・くらし安心局」を「環境エネルギー部危機管理・くらし安心局」に改める場合に、「「生活環境部」を「環境エネルギー部」に改める。」とはしません。

　　b　同一条文中に同じ言葉が2度以上出てくる場合、1度、基本型のように書けば全てのその言葉が改正されます。したがって、そのうちの一つのみを改正しようというときには、当該字句の前又は後の字句を加えて引用する方法によります。

(オ)　項、号などを含む条について改正しようとする場合には、項、号などごとに区切り、「中」の字句を入れ、その都度「改め」などの字句を入れます。

(7)　条の改正

　ア　条を改める場合

例1（基本型）
×第5条を次のように改める。
×（何々）
第5条　何々

例2（連続する条を改める場合）
×第2条及び第3条を次のように改める。
×（何々）
第2条　何々
×（何々）
第3条　何々

イ　条を追加する場合

例 1 （基本型）
×第 7 条を第 9 条とし、第 4 条から第 6 条までを 2 条ずつ繰り下げ、第 3 条の次に次の 2 条を加える。
×（何々）
第 4 条　何々
×（何々）
第 5 条　何々

例 2 （枝番号を用いる場合）
×第 3 条の次に次の 2 条を加える。
×（何々）
第 3 条の 2　何々
×（何々）
第 3 条の 3　何々

例 3 （第 1 条の前に追加する場合（繰下げによる場合））
×第 8 条を第 9 条とし、第 1 条から第 7 条までを 1 条ずつ繰り下げ、第 1 条として次の 1 条を加える。
×（何々）
第 1 条　何々

例 4 （第 1 条の前に追加する場合（枝番号による場合））
×第 1 条を第 1 条の 2 とし、同条の前に次の 1 条を加える。
×（何々）
第 1 条　何々

例 5 （本則の最後に追加する場合）
（第 7 条を本則の最後の条とする。）
×第 7 条の次に次の 1 条を加える。
×（何々）
第 8 条　何々

（注）連続する三つの条を繰り下げる場合は、「第 7 条を第 9 条とし、第 6 条を第 8 条とし、第 5 条を第 7 条とし」と規定し、「第 7 条を第 9 条と

し、第5条及び第6条を2条ずつ繰り下げ」とはしないのが通常です。
なお、繰り上げる場合も同様です。

ウ　条を削る場合

例1　（基本型）
×第4条及び第5条を削り、第6条を第4条とし、第7条から第9条までを2条ずつ繰り上げる。

例2　（形骸を残す場合）
×第4条及び第5条を次のように改める。
第4条及び第5条　削除

例3　（枝番号の最後の条を削る場合）
×第3条の3を削る。

例4　（本則の最後の条を削る場合）
（第10条を本則の最後の条とする。）
×第10条を削る。

例5　（移動する条の中の字句の改正を併せて行う場合）
×第3条を削る。
×第4条中「○○」を「△△」に改め、同条を第3条とし、第5条を第4条とし、第6条を第7条とする。

---

(8)　項の改正

　　項の改正は、条の改正に準じて行いますが、次のような点で条の改正と相違しますので注意してください。

ア　枝番号及び形骸を残す方法は採れません。したがって、項を追加するためには追加する項の数に応じて項を繰り下げ、項を削る場合には削る項の数に応じて項を繰り上げる必要があります。

イ　項を移動する場合、全部の項の表示に「同条」を付けるのは煩雑なため、最初に「第何条中」と表示します。ただし、項の移動の途中に字句の改正がある場合は、その字句の改正の前で「第何条中」の効力はなくなります。

> ×第2条中第2項を削り、第4項を第3項とし、第5項を第4項とし、同条第6項中「Ａ」を「Ｂ」に改め、同項を同条第5項とし、同条第7項から第10項までを1項ずつ繰り上げる。

⑼　号の改正

　　号の改正も、条の改正に準じて行います。

　　なお、号の改正においては、項の改正と異なり、枝番号及び形骸を残す方法を採ることもできます。

⑽　号に属するイ、ロ、ハなどの改正

　　号に属するイ、ロ、ハ、(イ)、(ロ)、(ハ)、a、b、cなどの改正の方法は、次の点を除き、号の改正と同じです。

　ア　枝番号及び形骸を残す方法は採りません。

　イ　「何条（項、号）ずつ繰り上げる（繰り下げる）。」という表示はできないため、次のように、繰上げ、繰下げを行います。

> ×第3条第2項第1号中ホをヘとし、ロからニまでをハからホまでとし、イの次に次のように加える。
> ××ロ　何々

⑾　見出しの改正

> 例1（新たに見出しを付ける場合）
> ×第何条に見出しとして「（○○）」を付する。
>
> 例2（連続する条の共通見出しを新たに付ける場合）
> ×第何条の前に見出しとして「（○○）」を付する。
>
> 例3（全部を改める場合）
> ×第何条の見出しを「（○○）」に改める。
>
> 例4（見出しの一部を改める場合）
> ×第何条の見出し中「○○」を「△△」に改める。

例5（見出し中の字句と条中の字句を同時に改める場合）
×第何条（見出しを含む。）中「○○」を「△△」に改める。

⑿　ただし書及び後段の改正

例1（ただし書又は後段を改める場合）
×第何条（第何項第何号）ただし書（後段）を次のように改める。
××ただし、何々

例2（ただし書又は後段を加える場合）
×第何条（第何項第何号）に次のただし書（後段）を加える。
××ただし、何々

例3（ただし書又は後段を削る場合）
×第何条（第何項第何号）ただし書（後段）を削る。

⒀　条文中の表の改正

例1（表中の字句を改める場合）
×第何条の表Aの項Bの欄中「○○」を「△△」に改める。

例2（表全体を改正する場合、表を新たに加える場合）
×第2条の表を次のように改める。（第2条に次の表を加える。）
×

例3（表全体を削る場合）
×第2条の表を削る。

例4（表の一部を改める（加える、削る）場合）

×第1条の表中　A　を　B　に改める。

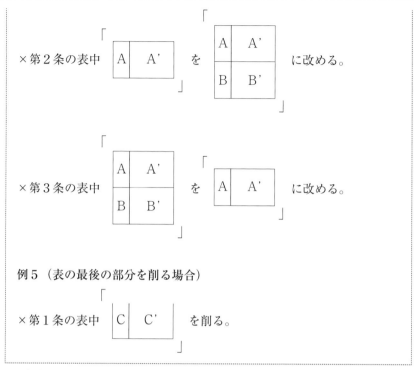

例5 （表の最後の部分を削る場合）

×第1条の表中 ⌈ C C' ⌋ を削る。

 （注）表中の字句の改正は、条文中の字句の改正に準じて行いますが、表
  に項、欄などの区分がある場合は、例1のよう（第何条の表Aの項B
  の欄中）に表記します。

⑭ 別表、別記様式の改正

 別表及び別記様式の改正も条文中の表の改正と同じ方法で行います。

⑮ 章、節などの改正

 ア 章、節等名のみを改める場合

例1 （章、節等名の全部を改める場合）
×「第3章 ○○」を「第3章 △△」に改める。

例2 （章、節等名中の字句の一部を改める場合）
×第2章の章名中「○○」を「△△」に改める。

（注）1　例1を原則とします。

　　　2　章、節等名の全部を改める場合、次のような方法もあります
　　　　が、本県では用いません。

　　　　　×第7章の章名を次のように改める。

　　　　　×××第7章　何々

イ　章、節などを加える場合

例1　（枝番号を用いる場合）

×第3章の次に次の1章を加える。

×××第3章の2　何々

×（何々）

第20条　何々

×（何々）

第21条　何々

例2　（繰下げによる場合）

　　　（第5章を本則中の最後の章とし、同章には第33条から第35条まで
　　　が含まれていることとする。）

×第5章中第35条を第37条とし、第34条を第36条とし、第33条を第35条
とし、同章を第6章とし、第4章の次に次の1章を加える。

×××第5章　何々

×（何々）

第33条　何々

×（何々）

第34条　何々

**例3　（追加する章、節などが本則中の最後の章、章中の最後の節などと
　　　なる場合）**

×第4章に次の1節を加える。

××××第3節　何々

×（何々）

第25条　何々

×（何々）

第26条　何々

（注）通常は、混乱を避けるため枝番号を用いることが多いが、改正前の法令の中に形骸を残して削除した章、節など（「第5章　削除」のようになっている部分）がある場合は、「第5章を次のように改める。」のように表記して、当該削除した章、節などを使うことができます。

ウ　章、節などを削る場合

例1（形骸を残す場合）
×第3章を次のように改める。
×××第3章　削除
第8条から第12条まで　削除

例2（繰上げによる場合）
　（第7章（第31条―第35条）を最後の章とし、第6章（第26条―第30条）を削るものとする。）
×第6章を削る。
×第7章中第31条を第26条とし、第32条から第35条までを5条ずつ繰り上げ、同章を第6章とする。

例3（枝番号の最後の章、節など又は最後の章、節などを削る場合）
　（第3章の3を枝番号の最後の章、第7章を最後の章とする。）
×第3章の3を削る。
×第7章を削る。

⒃　法令の全部改正

ア　全部改正の意義等

　　法令の改正を一部改正と全部改正のいずれによるかについての明確な基準はありませんが、改正部分が広範囲にわたり、かつ、改正内容が複雑になるような場合には、改正技術の能率性、経済性の観点から全部改正によっています。

　　また、法令の内容を全面的に改める場合の他の方法として廃止制定（ある法令を廃止し、その代わりに新しい法令を作る。）という方法があります。全部改正と廃止制定のいずれによるかの基準も必ずしも明確ではありませんが、制度そのものは維持しつつ、内容を全面的に改める

　ような場合は全部改正によることとしています。

　　なお、ある法令を全部改正した場合、改正後の法令番号は、全部改正の場合の法令番号によることになります。

　イ　全部改正法令の立案形式

```
×何々条例をここに公布する。
××令和○年○月○日
　　　　　　　　　　　　　　　　　　山形県知事　　○○　　○○×××
山形県条例第○○号
×××何々条例
×何々条例（○○年○月県条例第○号）の全部を改正する。
×（何々）
第1条　何々
　　　　　　　　　　　　　（以下略）
```

4　法令の廃止

(1)　法令を廃止する方法

　　法令の廃止については、本則で行う方法と附則で行う方法があります。

　　既存の法令を廃止する法令が制定されるのは、他の法令の制定又は改正とは関係なく、ある法令を廃止する必要が生じた場合です。

　　他方、既存の法令の廃止が他の法令の附則で行われるのは、当該他の法令の制定又は改正に伴い、既存の法令を廃止する必要が生じた場合です。

(2)　廃止法令の立案形式

　例1　廃止のための法令を制定する場合

```
×何々条例を廃止する条例をここに公布する。
××令和○年○月○日
　　　　　　　　　　　　　　　　　　山形県知事　　○○　　○○×××
山形県条例第○○号
×××何々条例を廃止する条例

×何々条例（○○年○月県条例第○号）は、廃止する。
```

```
×××附　則
×この条例は、令和○年○月○日から施行する。
```

（注）複数の条例を廃止する場合、題名については、「何々条例等を廃止
する条例」とします。本則については、二つの条例を廃止する場合は
「○○条例（○○年○月県条例第○号）及び△△条例（○○年○月県
条例第○号）は、廃止する。」と規定し、三つ以上の場合は「次に掲
げる条例は、廃止する。」と規定した上で、廃止する条例を各号列記
します。

例2　他の法令の附則で廃止する場合

```
　　　　　　　　　　　　　（略）
×××附　則
×（施行期日）
1　この条例は、令和○年○月○日から施行する。
×（何々条例の廃止）
2　何々条例（○○年○月県条例第○号）は、廃止する。
```

第8章 令達文書

　令達とは、行政庁がその権限に基づき、下級行政機関若しくは所属の職員の権限の行使について指揮する場合又は住民に対して行政処分を行う場合に発する命令又はその形式をいいます。

　令達文には、訓令、訓、内訓、庁達、達、指令があります。訓令、訓、内訓及び庁達が公務員関係の規律を内容とするものであるのに対し、達及び指令は、住民の権利、義務に影響を与える行政処分を内容とするものです。

第1　訓　令

1　意　義

　訓令とは、本庁、出先機関又は職員に対して発する命令で、将来例規となるものをいいます。

　訓令は、県公報に登載されることにより施行されますが、その効力発生の時期は、訓令自体で定められます。

2　作成上の注意

(1)　制定又は改廃の書式は、規程形式を採る訓令の場合、訓令番号の位置、令達先を示す規定及び制定文の表現を除き、題名以下の部分は全て条例及び規則の形式（188ページ参照）と同じです。

(2)　学事文書課において、暦年による一連の文書番号を付けます。

　また、訓令の前には「山形県」を付けます（例　山形県訓令第〇号）。

3 書 式

(1) 規程形式を採る場合

ア 新たに制定する場合

山形県訓令第○○号

　　　　　　　　　　　　　　　　　　　　令 達 先

×○○○○○○規程を次のように定める。

××令和○年○月○日

　　　　　　　　　　　　　　　山形県知事　○○　○○×××

×××○○○○○○規程

（条例本則の例による。）

×××附×則

（条例附則の例による。）

イ 全部を改正する場合

山形県訓令第○○号

　　　　　　　　　　　　　　　　　　　　令 達 先

×○○○○○○規程を次のように定める。

××令和○年○月○日

　　　　　　　　　　　　　　　山形県知事　○○　○○×××

×××○○○○○○規程

×○○○○○○規程（○○年○月県訓令第○号）の全部を改正する。

（以下条例の例による。）

　　ウ　一部を改正する場合

山形県訓令第○○号

　　　　　　　　　　　　　　　　　　　　　令　達　先

×○○○○○○規程の一部を改正する訓令を次のように定める。

××令和○年○月○日

　　　　　　　　　　　　　　　　　山形県知事　　○○　　○○×××

×××○○○○○○規程の・部を改正する訓令

×○○○○○○規程（○○年○月県訓令第○号）の一部を次のように改正

する。

（以下条例の例による。）

---

(2)　規程形式を採らない場合（新たに制定する場合）

山形県訓令第○○号

　　　　　　　　　　　　　　　　　　　　　令　達　先

　　　┌○○○を次のように定める。

×　┤○○○については、○○○されたものとみなす。

　　　└○○○については、次のように○○○しなければならない。

××令和○年○月○日

　　　　　　　　　　　　　　　　　山形県知事　　○○　　○○×××

×○○○○○○○○○○○○○○○○○○○○○○○○○○○○○○○○○

○○○○○○○○○○○○○○○○○○○○。

第 2　訓

1　意　義

　　訓とは、権限を有する行政機関又は所属職員に対して、個別に発する命令
をいいます。

　　訓と訓令の違いは、訓令が一般に公示し、下級行政機関又は職員に対して
全般的に命令するものであるのに対し、訓は公示せず、下級行政機関又は職
員に対して個別に命令するものです。

　　なお、訓で、親展事項に関するものを内訓といいます。

2　作成上の注意

(1)　訓は、次の要件を満たしていなければなりません。

　　ア　訓を発する行政機関が、指揮監督権を有していること。

　　イ　その訓の内容が、受訓先において不能でないこと。

　　ウ　その訓の内容が、受訓先の権限に属していること。

(2)　文体は、「である」体を用います。

(3)　主務課又は各機関において、会計年度ごとに文書番号を付け、訓の後に
　　規程で定める文書記号を記載します（例：訓学文第○号）。

(4)　令達先は、次のとおり記載します。

　　ア　下級行政機関に対するとき　……　当該機関名

　　イ　職員に対するとき　……　職員の所属及び職氏名

3 書 式

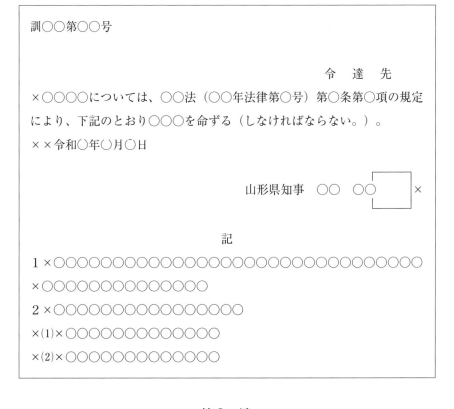

訓○○第○○号

                                    令　達　先

×○○○○については、○○法（○○年法律第○号）第○条第○項の規定
により、下記のとおり○○○を命ずる（しなければならない。）。
××令和○年○月○日

                        山形県知事　○○　○○□　×

                            記

1 ×○○○○○○○○○○○○○○○○○○○○○○○○○○○○○
×○○○○○○○○○○○○○○
2 ×○○○○○○○○○○○○○○○
×(1)×○○○○○○○○○○○○○○
×(2)×○○○○○○○○○○○○○○

第3　達

1 意 義

　達は、行政庁がその権限に基づき、特定の個人又は団体に特定の事項を命令し、禁止し、停止し、又は既に与えた許可、認可等の行政処分を取り消す場合に発する文書をいいます。

　達は、一方的に住民に一定の義務を課したり、既に与えた権利を奪ったりする行為ですから、原則として法令の根拠に基づく必要があります。

　達は、職権による一方的行為であり、申請や出願に基づくものではない点で「指令」とは異なります。

2　作成上の注意

⑴　文体は、原則として「である体」を用います。

⑵　主務課又は各機関において、会計年度ごと、令達先ごとに文書番号を付け、達の後に規程で定める文書記号を記載します（例：達学文第○号）。

⑶　令達先は、次のとおり記載し、敬称は付けません。

　　ア　個人に対するとき……住所及び氏名

　　イ　法人に対するとき……名称

　　ウ　法人格のない団体に対するとき……所在地、名称及び代表者氏名

　　エ　官公庁に対するとき……名称

⑷　題名は付けません。

⑸　本文には、行政処分の内容、根拠法令等の名称（法令等を特定するため、名称の後に法令の場合は公布年及び法令番号を、条例等の場合は公布年月及び条例等の番号を括弧書します。）及び条項を記載します。

　　また、既になされた許可、認可などの処分を取り消す場合は、本文中に許可、認可などの年月日及び指令番号を引用して記載するとともに、原則としてその取消しの理由を記載します。

⑹　当該処分が、行政不服審査法（平成26年法律第68号）その他の法令に基づき不服申立てをすることができる場合は、相手方に対して必要な教示をします（行政不服審査法第82条）。

　　教示の内容は、次のとおりです。

　　ア　不服申立てをすることができる旨

　　イ　不服申立てをすべき行政庁

　　ウ　不服申立てをすることができる期間

3　書　式

(1)　命　令

達○○第○○号

令　達　先

×○○法（○○年法律第○号）第○条第○項の規定により、○○することを命じる（禁止する）。

(×なお、この処分について不服がある場合は、この処分があったことを知った日の翌日から起算して3箇月以内に山形県知事に対して審査請求をすることができる。ただし、この処分があった日の翌日から起算して1年を経過したときは、審査請求をすることができない。

×この処分の取消しの訴えは、この処分があったことを知った日の翌日から起算して6箇月以内に山形県を被告として（訴訟において山形県を代表する者は山形県知事となる。）提起することができる。ただし、この処分の日の翌日から起算して1年を経過したときは、処分の取消しの訴えを提起することができない。

×また、審査請求をした場合の処分の取消しの訴えは、その審査請求に対する裁決があったことを知った日の翌日から起算して6箇月以内に提起することができる。ただし、その審査請求に対する裁決の日の翌日から起算して1年を経過したときは、処分の取消しの訴えを提起することができない。）

××令和○年○月○日

山形県知事　○○　○○　　×

---

(2)　行政処分の取消し

達○○第○○号

令　達　先

×令和○年○月○日付け指令○第○号で許可（認可、承認）した○○○○について、○○法（○○年法律第○号）第○条の規定により、取り消す。
（×なお、この処分について不服がある場合は、この処分があったことを知った日の翌日から起算して3箇月以内に山形県知事に対して審査請求をすることができる。ただし、この処分があった日の翌日から起算して1年を経過したときは、審査請求をすることができない。
×この処分の取消しの訴えは、この処分があったことを知った日の翌日から起算して6箇月以内に山形県を被告として（訴訟において山形県を代表する者は山形県知事となる。）提起することができる。ただし、この処分の日の翌日から起算して1年を経過したときは、処分の取消しの訴えを提起することができない。
×また、審査請求をした場合の処分の取消しの訴えは、その審査請求に対する裁決があったことを知った日の翌日から起算して6箇月以内に提起することができる。ただし、その審査請求に対する裁決の日の翌日から起算して1年を経過したときは、処分の取消しの訴えを提起することができない。）
××令和○年○月○日

山形県知事　○○　○○　□　×

記

理由
1×○○○○○○○○○○○○○○○○○○○○○○○○○○○
×○○○○○○○○○○○○
2×○○○○○○○○○○○○○○○○○
×(1)×○○○○○○○○○○○
×(2)×○○○○○○○○○○○

(3)　教示を末尾に記載する場合

理由

×○○○○○○○○○○○○○○○○○○○○○○○○○○○○○○○○
○○○○○○○○○○○○○○○。

（教示）

×この処分について不服がある場合は、この処分があったことを知った日
の翌日から起算して3箇月以内に山形県知事に対して審査請求をすること
ができる。ただし、この処分があった日の翌日から起算して1年を経過し
たときは、審査請求をすることができない。

×この処分の取消しの訴えは、この処分があったことを知った日の翌日か
ら起算して6箇月以内に山形県を被告として（訴訟において山形県を代表
する者は山形県知事となる。）提起することができる。ただし、この処分
の日の翌日から起算して1年を経過したときは、処分の取消しの訴えを提
起することができない。

×また、審査請求をした場合の処分の取消しの訴えは、その審査請求に対
する裁決があったことを知った日の翌日から起算して6箇月以内に提起す
ることができる。ただし、その審査請求に対する裁決の日の翌日から起算
して1年を経過したときは、処分の取消しの訴えを提起することができな
い。

(注)「（教示）」は、必ず表記すること。

第4　指　令

1　意　義

　指令は、行政庁がその権限に基づいて、特定の個人又は団体などからの申
請その他の要求に対して許可、認可等の行政処分を行う場合に発する文書を
いいます。

　指令は、相手方の申請等に対して発せられる点で、職権による一方的な行
政処分に用いる「達」とは異なります。

　指令のうち、申請書そのものに必要な事項を記載して発するものを「奥書
指令」といいます。

　指令を用いる行政処分の種類には、許可、認可、特許、承認等があります
が、これらは法令上の用語と必ずしもその意義が一致しないので注意する必
要があります。

2　附　款

　行政処分には附款が付けられることがあります。附款とは、行政庁が行政
行為の効果を制限するために付加する意思表示をいいます。

　なお、行政行為に附款を付けることができるのは、法令によって認められ
ている場合又は行政庁に裁量が認められている場合に限られます。

　附款として通常用いられているものには、次のようなものがあります。

(1)　条　件

　　行政行為の効果を、将来発生の不確実な事実に係らせる意思表示をいい
ます。

　　「会社の設立を条件として河川の使用を許可する。」（停止条件）、「一
定の期間内に工事に着手しなければ許可が失効する。」（解除条件）など
の場合がこれに当たります。

(2)　期　限

　　行政行為の効果を、将来到来することの確実な事実に係らせる意思表示
をいいます。

　　一定期日から道路の使用を許可する場合などがこれに当たります。

(3)　負　担

　　主たる意思表示に付随して、行政行為の相手方に対し、これに伴う特別
の義務を命じる意思表示をいいます。

　　道路や河川等の使用に対して占用料、使用料の納付を命じる場合などが
これに当たります。

(4)　取消権（撤回権）の留保

　　主たる意思表示に付随して、将来特定の要件の下で行政行為を取り消す
場合があることの意思表示をいいます。撤回権の留保ともいいます。

　　道路や河川等の使用を許可する場合に、公益上必要があるときは、いつ
でも許可を取り消すことがある旨を定める場合などがこれに当たります。

(5)　法律効果の一部除外

　　行政行為に付随して、法令が一般にその行政処分に認めている効果の一部の発生を除外する意思表示をいいます。

3　作成上の注意

(1)　文体は、原則として「である体」を用いますが、「ます体」を用いても差し支えありません。

(2)　主務課又は各機関において、会計年度ごと、令達先ごとに文書番号を付け、指令の後に規程で定める文書記号を記載します（例：指令学文第○号）。

(3)　令達先は、次のとおり記載し、敬称は付けません。

　　ア　個人に対するとき　……　住所及び氏名

　　イ　法人に対するとき　……　名称

　　ウ　法人格のない団体に対するとき　……　所在地、名称及び代表者氏名

　　エ　法人の設立のとき　……　発起人の全員の住所、氏名又は代表者の住所、氏名

　　オ　官公庁に対するとき　……　名称

(4)　題名は付けません。

(5)　行政処分の内容、根拠法令等の名称（法令等を特定するため、名称の後に法令の場合は公布年及び法令番号を、条例等の場合は公布年月及び条例等の番号を括弧書します。）及び条項を記載します。

　　また、許可、認可などをしないときは、原則としてその理由を記載します。

(6)　当該処分が、行政不服審査法その他の法令に基づき不服申立てをすることができる場合は、相手方に対して必要な教示をします（教示の内容及び記載例は「達」の項を参照）。

　　なお、申請どおりの処分をする場合は、処分の相手方には本来不服がないので、その処分は「不服申立てをすることができる処分」とはいえません。このため、教示の義務はありません。

4　書　式

(1)　許可（認可、承認）する場合

指令○○第○○号

　　　　　　　　　　　　　　　　　　　　　　令　達　先

×令和○年○月○日付け（○第○号）で申請のあった○○○○○○○○については、（○○法（○○年法律第○号）第○条第○項の規定により、）許可（認可、承認）する。
××令和○年○月○日

　　　　　　　　　　　　　　　山形県知事　　○○　　○○　　　　　×

---

(2)　許可（認可、承認）しない場合

指令○○第○○号

　　　　　　　　　　　　　　　　　　　　　令　達　先

×令和○年○月○日付け（○第○号）で申請のあった○○○○○○○○に
ついては、下記の理由により、許可（認可、承認）しない。
（×なお、この処分について不服がある場合は、この処分があったことを
　知った日の翌日から起算して３箇月以内に山形県知事に対して審査請求を
　することができる。ただし、この処分があった日の翌日から起算して１年
　を経過したときは、審査請求をすることができない。
　×この処分の取消しの訴えは、この処分があったことを知った日の翌日か
　ら起算して６箇月以内に山形県を被告として（訴訟において山形県を代表
　する者は山形県知事となる。）提起することができる。ただし、この処分
　の日の翌日から起算して１年を経過したときは、処分の取消しの訴えを提
　起することができない。
　×また、審査請求をした場合の処分の取消しの訴えは、その審査請求に対
　する裁決があったことを知った日の翌日から起算して６箇月以内に提起す
　ることができる。ただし、その審査請求に対する裁決の日の翌日から起算
　して１年を経過したときは、処分の取消しの訴えを提起することができな
　い。）
××令和○年○月○日

　　　　　　　　　　　　　　山形県知事　　○○　○○　　　　×

　　　　　　　　　　　　　　　　記

理由
　１×○○○○○○○○○○○○○○
　２×○○○○○○○○○○○○○○

---

(3)　条件付で許可（認可、承認）する場合

指令○○第○○号

　　　　　　　　　　　　　　　　　　　　令　達　先

×令和○年○月○日付け（○第○号）で申請のあった○○○○○○○○に
ついては、（○○法（○○年法律第○号）第○条第○項の規定により、）
下記の条件を付けて許可（認可、承認）する。
（×なお、この処分について不服がある場合は、この処分があったことを
知った日の翌日から起算して3箇月以内に山形県知事に対して審査請求を
することができる。ただし、この処分があった日の翌日から起算して1年
を経過したときは、審査請求をすることができない。
×この処分の取消しの訴えは、この処分があったことを知った日の翌日か
ら起算して6箇月以内に山形県を被告として（訴訟において山形県を代表
する者は山形県知事となる。）提起することができる。ただし、この処分
の日の翌日から起算して1年を経過したときは、処分の取消しの訴えを提
起することができない。
×また、審査請求をした場合の処分の取消しの訴えは、その審査請求に対
する裁決があったことを知った日の翌日から起算して6箇月以内に提起す
ることができる。ただし、その審査請求に対する裁決の日の翌日から起算
して1年を経過したときは、処分の取消しの訴えを提起することができな
い。）
××令和○年○月○日

　　　　　　　　　　　　山形県知事　　○○　○○　×

　　　　　　　　　　　　　　　　記
条件
1 ×○○○○○○○○○○○○○○○。
2 ×○○○○○○○○○○○○○○○。

---

(4)　取消権の留保を記載する場合

…………許可（認可、承認）する。ただし、下記の事項に違反したとき
は、その許可（認可、承認）を取り消す場合がある。
××令和○年○月○日

山形県知事　○○　○○□　×

記

1×○○○○○○○○○○○○○○○。
2×○○○○○○○○○○○○○○○。

(5)　奥書指令の場合

指令○○第○○号
×申請のとおり許可（認可、承認）する。
××令和○年○月○日

山形県知事　○○　○○□　×

第9章　公示文書

公示とは、行政機関が許可、指定、決定などの処分その他一定の事項を広く一般に知らせる（公表する）行為又はその形式をいいます。

本県においては、公示の形式として、告示と公告の二つの形式を用い、いずれも県公報に登載することなどにより公示しています。

公示をする場合は、学事文書課長が定例に属する文書（例文）として承認したものを除き、学事文書課長への合議が必要となります。

第1　告　示

1　意　義

告示には、①法令の規定により告示すべき事項が定められている場合において、告示が行われたときに法律的な効果を生じさせるもの、②条例、規則等の法令の授権により一定の事項を定め、法令の内容を補充するもの、③法令の規定により行政処分その他一定の事実について住民に知らせる必要がある場合又は知らせた方がよいと思われる場合に制定するもので、法律的な効果の生じない通知行為としての性質を持つものなどがあります。

2　作成上の注意

告示は、規程形式を採るものと採らないものとに分かれます。このうち、規程形式を採る告示の書式は、新たに制定する場合、一部を改正する場合、全部を改正する場合及び廃止する場合のいずれの場合においても、法令番号（告示番号）の位置及び制定文の表現を除き、条例及び規則の場合と同じです。

3　書　式

(1)　規程形式を採る場合

　ア　新たに制定する場合

山形県告示第○○号

×何々規程を次のように定める。

××令和○年○月○日

山形県知事　○○　○○×××

×××何々規程

（条例本則の例による。）

×××附×則

×この規程は、何々

　イ　一部を改正する場合

山形県告示第○○号

×何々規程の一部を改正する規程を次のように定める。

××令和○年○月○日

山形県知事　○○　○○×××

×××何々規程の一部を改正する規程

×何々規程（○○年○月県告示第○号）の一部を次のように改正する。

（以下略）

　ウ　全部を改正する場合

山形県告示第○○号

×何々規程を次のように定める。

××令和○年○月○日

　　　　　　　　　　　　　　　　　　山形県知事　○○　○○×××

×××何々規程

×何々規程（○○年○月県告示第○号）の全部を改正する。

　　　　　　　　　　　　　　（以下略）

　エ　廃止する場合

山形県告示第○○号

×何々規程を廃止する規程を次のように定める。

××令和○年○月○日

　　　　　　　　　　　　　　　　　　山形県知事　○○　○○×××

×××何々規程を廃止する規程

×何々規程（○○年○月県告示第○号）は、廃止する。

×××附×則

×この規程は、何々

(2)　規程形式を採らない場合

　　ア　新たに制定する場合

山形県告示第〇〇号

×何々法（〇〇年法律第〇号）第〇条第〇項の規定により、次のとおり
何々した。

××令和〇年〇月〇日

　　　　　　　　　　　　　　　　　　山形県知事　〇〇　〇〇×××

　　　　　　　　　　（以下略）

　　イ　一部を改正する場合

山形県告示第〇〇号

×〇〇年〇月県告示第〇号（何々）の一部を次のように改正する。

××令和〇年〇月〇日

　　　　　　　　　　　　　　　　　　山形県知事　〇〇　〇〇×××

　　　　　　　　　　（以下略）

　　ウ　廃止する場合

山形県告示第〇〇号

×〇〇年〇月県告示第〇号（何々）は、廃止する。

××令和〇年〇月〇日

　　　　　　　　　　　　　　　　　　山形県知事　〇〇　〇〇×××

第2 公 告

1 意 義

　公告は、単に一定の事実を広く住民に知らせるための公示方式であり、具体的には、各種の試験、講習会などの実施、県営住宅入居者の一般公募、監査結果の公表などに用います。

　公告は、告示と異なり、公示することによって法的な効果が発生したり、住民の権利義務に影響を与えたりするものではありませんが、法令に根拠を有している点は告示と共通しています。

2 作成上の注意

(1)　公告は、番号も題名も附則も付けません。

(2)　公告は、一定の事実を期間を限って公表するものであるため、公表した公告を改正したり、廃止することはないのが通常です。

3 書 式

公　　告

×何々は、次のとおりとする。(次の何々は、何々した。次のとおり何々する。)

××令和○年○月○日

山形県知事　○○　○○×××

何々

第10章　その他の公用文

第1　書簡文

1　意　義

　　書簡文とは、公務員としての立場で、私文書と同じような形式で、儀礼上発する文書をいいます。書簡文には、案内状、礼状、挨拶状などがあります。

2　作成上の注意

(1)　一般に用いられている私信の形式に従って作成します。

(2)　用語は心の込もった「話し言葉」を用いるようにします。

(3)　時候や安否の挨拶は礼を失しない程度にして、用件を簡潔に書きます。

(4)　礼状などは時機を失しないようにします。

(5)　受信者名及び発信者名は、職名だけでなく、氏名まで書きます。

(6)　公文書番号は付けません。

(7)　特別に必要のあるものを除き、公印は用いません。

(8)　時候の挨拶の用語としては、次のようなものがあります。

1月	厳冬の候	初春の候	厳寒の候
2月	晩冬の候	立春の候	残冬の候
3月	早春の候	浅春の候	春暖の候
4月	陽春の候	仲春の候	桜花の候
5月	晩春の候	惜春の候	新緑の候
6月	初夏の候	向暑の候	梅雨の候
7月	盛夏の候	炎暑の候	酷暑の候
8月	盛夏の候	晩夏の候	残暑の候
9月	初秋の候	新秋の候	新涼の候

10月	仲秋の候	秋冷の候	秋涼の候
11月	晩秋の候	霜冷の候	向寒の候
12月	初冬の候	寒冷の候	師走の候

3　文　例

(1)　催物の案内状

×本県の○○行政の推進につきましては、日頃から格別の御指導を賜り厚くお礼申し上げます。

×この度、○○○○の発展を図るため、令和○年度○○大会を次のとおり開催することになりました。

×つきましては、御多忙のこととは存じますが、御臨席の上、御祝辞を賜りますようお願い申し上げます。

××令和○年○月○日

×○○大臣　○○　○○　殿

山形県知事　○○　○○×

(2)　落成式の案内状

×平素は、○○○の推進につきまして格別の御協力、御支援を頂き、厚くお礼申し上げます。

×さて、○○○○向上のため、関係各位の御協力を得て建設を進めておりました○○会館が、この度完成の運びとなりました。

×つきましては、次のとおり落成式を行いますので、御多忙のこととは存じますが、御臨席を賜りますよう御案内いたします。

××令和○年○月○日

×○○　○○　様

山形県知事　○○　○○×

記

1　×日　　時×令和〇年〇月〇日（〇）午後〇時から午後〇時まで

2　×場　　所×〇〇会館

　　　　　　　　〇〇市〇〇町〇丁目〇番〇号

　　　　　　　　電話〇〇〇（〇〇〇）〇〇〇〇

3　×内　　容

×(1)×〇〇〇〇〇〇〇〇〇〇

×(2)×〇〇〇〇〇〇〇〇〇〇

×なお、御出席の有無を〇月〇日までに、同封のはがきでお知らせください。

(3)　講師に対する礼状

×拝啓×〇〇の候ますます御清祥のこととお喜び申し上げます。

×この度の〇〇研修会では、長時間にわたり有意義な御講話を頂き、厚くお礼申し上げます。

×おかげをもちまして、多大な成果を収めることができ、主催者として心から感謝しております。研修生においては、今後〇〇〇の重要性を認識し、御指導いただきました多くの事柄を〇〇〇のために役立てることができるものと確信しております。

×今後とも、本県の〇〇〇の発展のため、御指導くださいますようお願い申し上げます。

×まずは、略儀ながら書中をもってお礼を申し上げます。

　　　　　　　　　　　　　　　　　　　　　　　　　　　　　　敬具×

××令和〇年〇月〇日

×〇〇　〇〇　様

　　　　　　　　　　　　　　　　　　　　山形県〇〇部長　　〇〇　〇〇×

(4)　講師の所属長に対する礼状

×この度の○○研修会には、貴○の○○○○氏を講師として派遣していた
だき、厚くお礼申し上げます。
×おかげをもちまして、多大な成果を収めることができましたことに心か
ら感謝しております。
×今後とも、本県の○○○の発展のため、御指導くださいますようお願い
申し上げます。
××令和○年○月○日

×○○○○○
×○○　○○　様

　　　　　　　　　　　　　　　　　　　　山形県○○部長　○○　○○×

(5)　調査先への礼状

×○○の候ますます御清祥のこととお喜び申し上げます。
×この度、貴県（所）へ○○事務の調査のため職員を派遣しました節は、
御多用中にもかかわらず、丁寧な御指導を頂き、厚くお礼申し上げます。
×御指導を頂きました事柄は、早速事務の参考にさせていただきたいと思
いますので、今後ともよろしくお願い申し上げます。
×職員の皆様にもよろしくお伝えください。
××令和○年○月○日

×○○県○○部○○課長
×○○　○○　殿

　　　　　　　　　　　　　　　山形県○○部○○課長　○○　○○×

(6)　審議会等委員への礼状

×拝啓×○○の候ますます御清祥のこととお喜び申し上げます。

×日頃から本県の○○○推進のために多大な御協力を賜り厚くお礼申し上げます。

×さて、この度○月○日付けで、任期満了により○○○○委員の委嘱を解かせていただくことになりました。

×御在任中は、卓越した見識と豊かな経験により○○○○について格別の御指導を頂き、深く感謝申し上げます。

×今後とも一層の御指導、御支援を賜りますよう心からお願い申し上げ、お礼の言葉といたします。

×末筆ながら、御健康と御多幸をお祈りいたします。

敬具×

××令和○年○月○日

×○○　○○　様

山形県知事　○○　○○×

第2　賞状、表彰状、感謝状

1　意　義

(1)　賞　状

　　賞状は、展覧会、品評会などで優秀な成績を収めたものを賞する場合に用います。

(2)　表彰状

　　表彰状は、一般の規範となるような個人又は団体などの功績をたたえ、一般に顕彰する場合に用います。

(3)　感謝状

　　県の事務や事業の遂行に積極的に協力し、又は援助したものに対し、感

234

謝の意を表す場合に用います。

2　作成上の注意

(1)　形　式

ア　全体のバランス、美しさなどに注意します。

イ　書き出しは、1字分空けることはしません。

ウ　受賞者の氏名等には、敬称「様」（団体等の名称には「殿」、児童や生徒には「さん」又は「君」）を付けます（94ページ参照）。

エ　受賞者の敬称又は氏名の下は1字分空けます。

オ　本文中に、句読点は用いません。文の区切りがあっても改行はせず、1字分空けて続けて書きます。

カ　文中に作品名などを示す場合は、「　」を用いても差し支えありません。

キ　展覧会などに対する賞状は、原則として主催者名を記載します。ただし、次のような場合は主催者名を省略することができます。

　(ア)　県が主催者である場合

　(イ)　展覧会などの名称から主催者が把握できる場合

　(ウ)　主催者の数が多く、又は主催者の名称が長く、記載することにより本文全体のバランスが損なわれる場合

ク　縦書きの賞状等には縦印、横書きの場合は横印を押印します。

(2)　文体、用字、用語

ア　文章は、なるべく短く区切り、一般的な言葉を用い、分かりやすい表現で的確に表現します。

イ　文体は、通常「ます体」を用います。

ウ　受賞者によって文章や字句を工夫します。特に、児童や生徒の場合は、それにふさわしい言葉や文字を用います。

エ　受賞者の呼称は、次のように用います。「右の者」、「貴下」などは用いません。

　　　個人の場合………「あなた」

　　　団体等の場合………「貴社」、「貴市（町、村）」、「貴協会」、「貴

　　　　　　　　　　　　　組合」、「貴団体」、「貴会」、「貴校」など

　オ　山形県表彰規則（昭和24年4月県規則第26号）及び山形県職員表彰規

　　程（昭和35年4月県訓令第7号）に基づく表彰状に知事印を押印する場

　　合は、表彰審査委員会の審査結果の通知の写しを添付して、公印管理者

　　に文書の審査を依頼します。

　　　使用する知事印は、公印規程別表1により規定されています。

3　文　例

(1)　賞　状

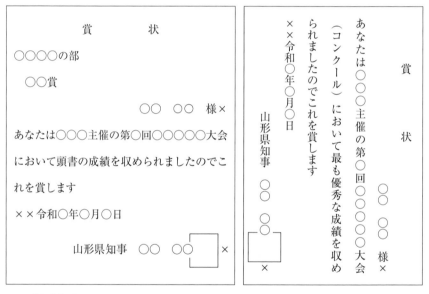

（注意）「○○○○の部」は、文面で「第○回○○○○○大会○○○○の

　　　　部」と書き表す方法もあります。

(2)　表彰状

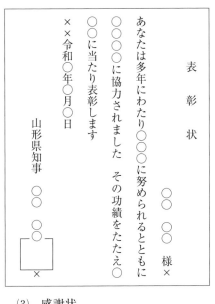

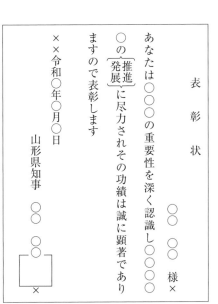

(3)　感謝状

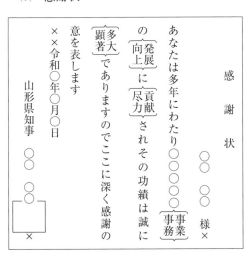

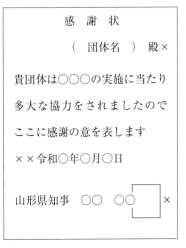

第3　挨拶文

1　意　義

　式典などに際し、主催者や来賓が、式典の意義や祝いの言葉などを述べる場合に用いる文書をいい、次のようなものがあります。

(1)　式　辞

　　主催者が、式典の始めに、その式典の意義などを述べる場合に用います。

(2)　祝　辞

　　式典などに招待された来賓が、その式典などを祝う言葉を述べる場合に用います。

(3)　告　辞

　　学校、研修機関などの卒業式や修了式などで、その機関の長が卒業生や修了生に対し、別れの言葉や将来の心構え、激励などを述べる場合に用います。

(4)　訓　辞

　　式典などで、所属の職員や在学生などに対し、将来の心構えや戒めの言葉を述べる場合に用います。

(5)　答　辞

　　告辞や訓辞を受けた者が、謝恩、感謝、決意などの言葉を述べる場合に用います。

(6)　弔　辞

　　葬儀などに際し、故人の生前の業績をたたえ、その死を悼み、故人を弔う場合に用います。

2　作成上の注意

(1)　式典などの性格、挨拶を述べる人や参列者の立場、挨拶を述べる順などを考え、その場にふさわしい内容、表現にします。

(2)　文章は、簡潔で心の込もった表現にします。

⑶　挨拶文は、読み上げるので、耳で聞いてよく分かる言葉を用いるように
　　します。同音異義語や難解な言葉には十分注意しなければなりません。

⑷　聞き手が分かりやすいように、抽象論ではなく、事例を挙げるなどし
　　て、具体的に表現することも大切です。

⑸　文章の長さは、話す時間を考えて調整します。１分間に読める文字数は
　　300字程度が目安です。

⑹　文体は「ます体」とします。

⑺　挨拶文には、次のような避けたい言葉があります。

　　ア　祝事に避けたい言葉

別れる	切れる	離れる	終わる	去る	退く	失う	破れる	流れる
再び	断る	出る	冷える	帰る	戻る	再度	壊れる	

　　イ　弔事で避けたい言葉

重々	重ねる	重ね重ね	度々	返すがえすも	再び	追って

3　文　例

（1）　式　辞

第○回山形県○○○大会を開催するに当たりまして、一言御挨拶申し上げます。

最初に、本日このように盛大な大会を開催できますことは、ここにお集まりの皆様方を始めとする関係者の方々の、○○○に対する深い御理解と御協力のたまものであると厚くお礼を申し上げます。

また、この度表彰を受けられました皆様には、○○○を通して、山形県民の健康と福祉の向上に貢献されましたその長年の御功労に対し、この機会に深く敬意を表する次第でございます。今後とも、更に一層それぞれの使命、責務に精進され、御活躍くださいますようお願い申し上げます。

さて、皆様御承知のとおり、今月は「○○○月間」でございます。

この大会は、今後の○○○社会における○○○の在り方を考え、県民に○○○の役割を広く知っていただくことを目的として、○年から開催しており、大きな成果を得ているものでございます。

今大会も、各○○○の積極的な参加を得て、○○の実演や○○の展示などを準備しております。

是非、これまで以上に多くの方々に御来場いただき、○○○についての御理解を深めていただきたいと思います。

結びに、本日ここにお集まりの皆様方の御健康と御多幸をお祈りいたしますとともに、○○○を通じまして、その推進に今後とも御協力を賜りますよう申し上げまして御挨拶といたします。

令和○年○月○日

山形県知事　　○○　○○×

(2)　祝　辞

　　本日、ここに、○○○会が創立○○周年を迎え、盛大に記念式典が開催
されますことを心からお祝い申し上げます。

　　また、○○○会長を始め会員の皆様には、日頃から県政の推進に格別の
御支援、御協力を賜り厚くお礼申し上げます。貴会におかれましては、○
○年に発足以来、○○年間の長きにわたり本県の○○○に大きく寄与して
こられました。

　　これもひとえに皆様方の不断の努力による活動であると深く感謝の意を
表する次第でございます。

　　さて、○○○といわれる近年、○○○等、ますます厳しさを増してくる
中で○○○の果たされる役割は一層重要なものとなってきております。

　　○○○会の皆様におかれましては、本県○○○の発展のため、より一層
の御尽力を賜りますようお願い申し上げます。

　　結びに、○○○会の更なる御発展と会員の皆様方の御健勝、御活躍を心
から祈念いたしましてお祝いの言葉とさせていただきます。

　　令和○年○月○日

　　　　　　　　　　　　　　　　　　　山形県知事　　○○　　○○×

第4 証明書

1 意 義

証明書とは、特定の事実や法律関係の存在の有無を公に証明するために発行する文書をいいます。

証明書に用いる文書には、証明書と証書があります。

(1) 証明書

申請又は願いに基づいて、行政機関が特定の事実の存否を公に認めるために用いる文書です。

(2) 証 書

何らかの事実又は法律関係の存在を公に認めるために用いる文書です。

証書には、合格証書、修了証書、各種免許状などがあります。

2 作成上の注意

(1) 様式が法令等で定められている場合は、これに従って作成します。

(2) 受証者には敬称を付けません。

(3) 証明書には、文末に「相違ないこと」を記載して証明する「奥書証明」という方法もあります。

(4) 合格証書、修了証書、卒業証書などの証書には、句読点を用いません。

(5) 文体は、原則として「ます体」を用います。

3 文 例

(1) 証明書

証　明　書

住　所

氏　名

×前記の者に対し、○○年○月○日に○○法（○○年法律第○号）第○条の規定により○○許可をしたことを証明します。

××令和○年○月○日

山形県知事　○○　○○□　×

(2)　証明書に奥書して証明する例

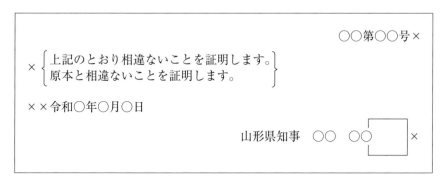

○○第○○号×

×｛上記のとおり相違ないことを証明します。
　原本と相違ないことを証明します。｝

××令和○年○月○日

山形県知事　○○　○○□　×

(3)　証書（修了証書）

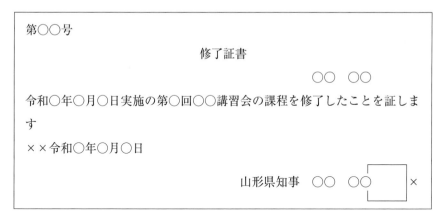

第○○号

修了証書

○○　○○

令和○年○月○日実施の第○回○○講習会の課程を修了したことを証します

××令和○年○月○日

山形県知事　○○　○○□　×

資　料

1　山形県公文書等の管理に関する条例

平成31年３月15日山形県条例第14号

目次

　　第１章　総則

（目的）

第１条　この条例は、県及び地方独立行政法人の諸活動及び歴史的事実の記録である公文書等が、健全な民主主義の根幹を支える県民共有の知的資源として、県民が主体的に利用し得るものであることに鑑み、公文書等の管理に関する基本的事項を定めることにより、公文書等の適正な管理、歴史公文書の適切な保存及び利用等を図り、もって県政が適正かつ効率的に運営されるようにするとともに、県及び地方独立行政法人の有するその諸活動を現在及び将来の県民に説明する責務が全うされるようにすることを目的とする。

（定義）

第２条　この条例において「実施機関」とは、知事、教育委員会、選挙管理委員会、人事委員会、監査委員、公安委員会、警察本部長、労働委員会、収用委員会、海区漁業調整委員会、内水面漁場管理委員会、企業管理者及び病院事業管理者をいう。

2　この条例（第21条第１項を除く。）において「地方独立行政法人」とは、県が設立団体である地方独立行政法人法（平成15年法律第118号）第２条第１項に規定する地方独立行政法人をいう。

3　この条例において「公文書」とは、実施機関の職員が職務上作成し、又は取得した文書（図画及び写真その他情報が記録された規則で定める記録媒体を含む。第22条を除き、以下同じ。）であって、当該実施機関の職員が組織的に用いるものとして、当該実施機関が保有しているものをいう。ただし、次に掲げるものを除く。

⑴　官報、県公報、白書、新聞、雑誌、書籍その他不特定多数の者に販売することを目的として発行されるもの

⑵　特定歴史公文書

⑶　山形県立図書館、山形県立博物館その他の規則で定める施設において、規則で定めるところにより、一般の利用に供することを目的として特別の管理がされているもの（前２号に掲げるものを除く。）

4　この条例において「法人文書」とは、地方独立行政法人の役員又は職員が職務上作成し、又は取得した文書であって、当該地方独立行政法人の役員又は職員が組織的に用いるものとして、当該地方独立行政法人が保有しているものをいう。ただし、次に掲げるものを除く。

⑴　官報、県公報、白書、新聞、雑誌、書籍その他不特定多数の者に販売することを目的として発行されるもの

⑵　特定歴史公文書

⑶　規則で定める施設において、規則で定めるところにより、一般の利用に供することを目的として特別の管理がされているもの（前２号に掲げるものを除く。）

5　この条例において「歴史公文書」とは、公文書及び法人文書のうち、歴史資料として重要な文書として、規則で定める基準に適合するものをいう。

6　この条例において「特定歴史公文書」とは、歴史公文書のうち、次に掲げるものをいう。

⑴　第８条第１項の規定により知事に移管されたもの

⑵　第11条第4項の規定により知事に移管されたもの

7　この条例において「公文書等」とは、次に掲げるものをいう。

⑴　公文書

⑵　法人文書

⑶　特定歴史公文書

（他の法令との関係）

第3条　公文書等の管理については、法律若しくはこれに基づく命令又は他の条例に特別の定めがある場合を除くほか、この条例の定めるところによる。

　　　第2章　公文書の管理

　　　第1節　文書の作成

第4条　実施機関の職員は、第1条の目的の達成に資するため、当該実施機関における経緯も含めた意思決定に至る過程並びに当該実施機関の事務及び事業の実績を合理的に跡付け、又は検証することができるよう、処理に係る事案が軽微なものである場合を除き、次に掲げる事項その他第10条第1項に規定する文書管理規程で定める事項について、文書を作成しなければならない。

⑴　条例の制定又は改廃及びその経緯

⑵　行政運営若しくは政策の基本的な事項を定める方針又は計画の策定又は改正

⑶　複数の実施機関による申合せ又は他の実施機関若しくは地方公共団体に対して示す基準の設定及びその経緯

⑷　個人又は法人の権利義務の得喪及びその経緯

⑸　職員の人事に関する事項

　　　第2節　公文書の整理等

（整理）

第5条　実施機関の職員が公文書を作成し、又は取得したときは、当該実施機関は、規則で定めるところにより、当該公文書について系統的に分類し、名称を付するとともに、保存期間及び保存期間の満了する日を設定しなければならない。

2　実施機関は、能率的な事務又は事業の処理及び公文書の適切な保存に資するよう、単独で管理することが適当であると認める公文書を除き、適時に、相互に密接な関連を有する公文書（保存期間を同じくすることが適当であるものに限る。）を一の集合物（以下「公文書ファイル」という。）にまとめなければならない。

3　前項の場合において、実施機関は、規則で定めるところにより、当該公文書ファイルについて系統的に分類し、名称を付するとともに、保存期間及び保存期間の満了する日を設定しなければならない。

4　実施機関は、第1項及び前項の規定により設定した保存期間及び保存期間の満了する日を、規則で定めるところにより、延長することができる。

5　実施機関は、公文書ファイル及び単独で管理している公文書（以下「公文書ファイル等」という。）について、保存期間（延長された場合にあっては、延長後の保存期間。以下同じ。）の満了前のできる限り早い時期に、保存期間が満了したときの措置として、歴史公文書に該当するものにあっては知事への移管の措置を、それ以外のものにあっては廃棄の措置をとるべきことを定めなければならない。

（保存）

第6条　実施機関は、公文書ファイル等について、当該公文書ファイル等の保存期間の満了する日までの間、その内容、時の経過、利用の状況等に応じ、適切な保存及び利用を確保するために必要な場所において、適切な記録媒体により、識別を容易にするための措置を講じた上で保存しなければならない。

2　前項の場合において、実施機関は、当該公文書ファイル等の集中管理の推進に努めなければならない。

（公文書ファイル管理簿）

第7条　実施機関は、公文書ファイル等の管理を適切に行うため、規則で定めるところにより、公文書ファイル等の分類、名称、保存期間、保存期間の満了する日、保存期間が満了したときの措置及び保存場所その他の必要な事項（山形県情報公開条例（平成9年12月県条例第58号。以下「情報公開条例」

という。）第6条に規定する不開示情報に該当するものを除く。）を帳簿（以下「公文書ファイル管理簿」という。）に記載しなければならない。ただし、規則で定める期間未満の保存期間が設定された公文書ファイル等については、この限りでない。

2　実施機関は、公文書ファイル管理簿について、規則で定めるところにより、当該実施機関の事務所に備えて一般の閲覧に供するとともに、電子情報処理組織を使用する方法その他の情報通信の技術を利用する方法により公表しなければならない。

（移管又は廃棄）

第8条　実施機関は、保存期間が満了した公文書ファイル等について、第5条第5項の規定による定めに基づき、知事に移管し、又は廃棄しなければならない。

2　実施機関は、前項の規定により、保存期間が満了した公文書ファイル等を廃棄しようとするときは、第2条第5項の基準に適合するか否かについて山形県公文書等管理委員会（第30条に規定する山形県公文書等管理委員会をいう。第24条において同じ。）の意見を聴かなければならない。

3　実施機関は、前項の意見を踏まえ、公文書ファイル等を廃棄する場合には、あらかじめ、知事に協議し、その同意を得なければならない。この場合において、知事の同意が得られないときは、当該実施機関は、当該公文書ファイル等について、新たに保存期間及び保存期間の満了する日を設定しなければならない。

4　実施機関は、第1項の規定により知事に移管する公文書ファイル等について、第15条第1項第1号に掲げる場合に該当するものとして知事が利用の制限を行うことが適切であると認める場合には、その旨の意見を付さなければならない。

（管理状況の報告等）

第9条　実施機関は、公文書ファイル管理簿の記載状況その他の公文書の管理の状況について、毎年度、知事に報告しなければならない。

2　知事は、毎年度、前項の報告を取りまとめ、その概要を公表しなければな

らない。

3 　知事は、第1項に定めるもののほか、公文書の適正な管理を確保するために必要があると認める場合には、実施機関に対し、公文書の管理について、その状況に関する報告若しくは資料の提出を求め、又は当該職員に実地調査をさせることができる。

（文書管理規程）

第10条　実施機関は、公文書の管理が第4条から前条までの規定に基づき適正に行われることを確保するため、文書管理規程（公文書の管理に関する定めをいう。以下同じ。）を設けなければならない。

2 　文書管理規程には、公文書に関する次に掲げる事項を記載しなければならない。

⑴　作成に関する事項

⑵　整理に関する事項

⑶　保存に関する事項

⑷　公文書ファイル管理簿に関する事項

⑸　移管又は廃棄に関する事項

⑹　管理状況の報告に関する事項

⑺　前各号に掲げるもののほか、公文書の管理が適正に行われることを確保するために必要な事項

3 　実施機関は、文書管理規程を設けたときは、遅滞なく、これを公表しなければならない。これを変更したときも、同様とする。

　　　第3章　法人文書の管理

（法人文書の管理に関する原則）

第11条　地方独立行政法人は、第4条から第6条までの規定に準じて、法人文書を適正に管理しなければならない。

2 　地方独立行政法人は、法人文書ファイル等（能率的な事務又は事業の処理及び法人文書の適切な保存に資するよう、相互に密接な関連を有する法人文書を一の集合物にまとめたもの並びに単独で管理している法人文書をいう。以下同じ。）の管理を適切に行うため、法人文書ファイル等の分類、名称、

保存期間、保存期間の満了する日、保存期間が満了したときの措置及び保存場所その他の必要な事項（情報公開条例第6条に規定する不開示情報に該当するものを除く。）を帳簿（以下「法人文書ファイル管理簿」という。）に記載しなければならない。ただし、地方独立行政法人が定める期間未満の保存期間が設定された法人文書ファイル等については、この限りでない。

3　地方独立行政法人は、法人文書ファイル管理簿について、当該地方独立行政法人の事務所に備えて一般の閲覧に供するとともに、電子情報処理組織を使用する方法その他の情報通信の技術を利用する方法により公表しなければならない。

4　地方独立行政法人は、保存期間が満了した法人文書ファイル等について、歴史公文書に該当するものにあっては知事に移管し、それ以外のものにあっては廃棄しなければならない。

5　地方独立行政法人は、前項の規定により知事に移管する法人文書ファイル等について、第15条第1項第1号に掲げる場合に該当するものとして知事が利用の制限を行うことが適切であると認める場合には、その旨の意見を付さなければならない。

　（管理状況の報告等）

第12条　地方独立行政法人は、法人文書ファイル管理簿の記載状況その他の法人文書の管理の状況について、毎年度、知事に報告しなければならない。

2　知事は、毎年度、前項の報告を取りまとめ、その概要を公表しなければならない。

　（法人文書管理規程）

第13条　地方独立行政法人は、法人文書の管理が前2条の規定に基づき適正に行われることを確保するため、第10条第2項の規定を参酌して、法人文書管理規程（法人文書の管理に関する定めをいう。以下同じ。）を設けなければならない。

2　地方独立行政法人は、法人文書管理規程を設けたときは、遅滞なく、これを公表しなければならない。これを変更したときも、同様とする。

　　第4章　特定歴史公文書の保存、利用等

（特定歴史公文書の保存等）

第14条　知事は、特定歴史公文書について、第27条の規定により廃棄されるに至る場合を除き、永久に保存しなければならない。

2　知事は、特定歴史公文書について、その内容、保存状態、時の経過、利用の状況等に応じ、適切な保存及び利用を確保するために必要な場所において、適切な記録媒体により、識別を容易にするための措置を講じた上で保存しなければならない。

3　知事は、特定歴史公文書に個人情報（個人に関する情報であって、当該情報に含まれる氏名、生年月日その他の記述等により特定の個人を識別することができるもの（他の情報と照合することができ、それにより特定の個人を識別することができることとなるものを含む。）をいう。以下同じ。）が記録されている場合には、当該個人情報の漏えいの防止のために必要な措置を講じなければならない。

4　知事は、規則で定めるところにより、特定歴史公文書の分類、名称、移管をした実施機関又は地方独立行政法人の名称、移管を受けた時期及び保存場所その他の特定歴史公文書の適切な保存を行い、及び適切な利用に資するために必要な事項を記載した目録を作成し、これを公表しなければならない。

　（特定歴史公文書の利用請求及びその取扱い）

第15条　知事は、保存している特定歴史公文書について前条第4項の目録の記載に従い利用の請求があった場合には、次に掲げる場合を除き、これを利用させなければならない。

　⑴　当該特定歴史公文書に次に掲げる情報が記録されている場合

　　イ　情報公開条例第6条第1項第1号に掲げる情報

　　ロ　情報公開条例第6条第1項第2号に掲げる情報

　　ハ　情報公開条例第6条第1項第3号又は第6号イ若しくはホに掲げる情報

　　ニ　公にすることにより、人の生命、身体、財産又は社会的地位の保護、犯罪の予防、鎮圧又は捜査、公訴の維持、刑の執行その他公共の安全と秩序の維持に支障を及ぼすおそれがあると当該特定歴史公文書を移管し

た実施機関が認めるに足りる相当の理由がある情報

(2)　当該特定歴史公文書の原本を利用に供することにより当該原本の破損若しくはその汚損を生ずるおそれがある場合又は当該特定歴史公文書を保存する知事が当該原本を現に使用している場合

2　知事は、前項に規定する利用の請求（以下「利用請求」という。）に係る特定歴史公文書が同項第1号に該当するか否かについて判断するに当たっては、当該特定歴史公文書が公文書又は法人文書として作成又は取得されてからの時の経過を考慮するとともに、当該特定歴史公文書に第8条第4項又は第11条第5項の規定による意見が付されている場合には、当該意見を参酌しなければならない。

3　知事は、第1項第1号に掲げる場合であっても、同号イからニまでに掲げる情報が記録されている部分を容易に区分して除くことができるときは、利用請求をしたもの（以下「利用請求者」という。）に対し、当該部分を除いた部分を利用させなければならない。ただし、当該部分を除いた部分に有意の情報が記録されていないと認められるときは、この限りでない。

（本人情報の取扱い）

第16条　知事は、前条第1項第1号ロの規定にかかわらず、同号ロに掲げる情報により識別される特定の個人（以下この条において「本人」という。）から、当該情報が記録されている特定歴史公文書について利用請求があった場合において、規則で定めるところにより本人であることを示す書類の提示又は提出があったときは、本人の生命、身体、健康、生活又は財産を害するおそれがある情報が記録されている場合を除き、当該特定歴史公文書につき同号ロに掲げる情報（本人に関する個人情報に限る。）が記録されている部分についても、利用させなければならない。

（利用請求の方法）

第17条　利用請求をしようとするものは、次に掲げる事項を記載した書面（以下「請求書」という。）を知事に提出しなければならない。

(1)　氏名又は名称及び住所又は事務所若しくは事業所の所在地並びに法人その他の団体にあってはその代表者の氏名

(2)　第14条第4項の目録に記載された当該利用請求に係る特定歴史公文書の名称

(3)　前2号に掲げるもののほか、規則で定める事項

2　知事は、請求書に形式上の不備があると認めるときは、利用請求者に対し、相当の期間を定めて、その補正を求めることができる。この場合において、知事は、利用請求者に対し、補正の参考となる情報を提供するものとする。

（利用請求に対する決定等）

第18条　知事は、利用請求に係る特定歴史公文書の全部又は一部を利用させるときは、その旨の決定をし、利用請求者に対し、その旨及び特定歴史公文書の利用に関し規則で定める事項を書面により通知しなければならない。

2　知事は、利用請求に係る特定歴史公文書の全部を利用させないときは、その旨の決定をし、利用請求者に対し、その旨を書面により通知しなければならない。

（利用決定等の期限）

第19条　前条各項の決定（以下「利用決定等」という。）は、請求書が提出された日から起算して30日以内にしなければならない。ただし、第17条第2項の規定により補正を求めた場合にあっては、当該補正に要した日数は、当該期間に算入しない。

2　前項の規定にかかわらず、知事は、事務処理上の困難その他正当な理由があるときは、同項に規定する期間を30日を限度として延長することができる。この場合において、知事は、利用請求者に対し、遅滞なく、その旨、同項の期間内に利用決定等をすることができない理由及び延長する期間を書面により通知しなければならない。

（利用決定等の期限の特例）

第20条　利用請求に係る特定歴史公文書が著しく大量であるため、当該請求書が提出された日から起算して60日以内にその全てについて利用決定等をすることにより事務又は事業の実施に著しい支障が生ずるおそれがある場合には、前条の規定にかかわらず、知事は、利用請求に係る特定歴史公文書のう

ちの相当の部分につき当該期間内に利用決定等をし、残りの特定歴史公文書
については、相当の期間内に利用決定等をすれば足りる。この場合におい
て、知事は、同条第１項に規定する期間内に、利用請求者に対し、次に掲げ
る事項を書面により通知しなければならない。

⑴　本条を適用する旨及びその理由

⑵　残りの特定歴史公文書について利用決定等をする期限

　　（第三者に対する意見書提出の機会の付与等）

第21条　利用請求に係る特定歴史公文書に県、国、公文書等の管理に関する法
　　律（平成21年法律第66号）第２条第２項に規定する独立行政法人等、他の地
　　方公共団体、地方独立行政法人法第２条第１項に規定する地方独立行政法人
　　及び利用請求者以外のもの（以下「第三者」という。）に関する情報が記録
　　されている場合には、知事は、当該特定歴史公文書を利用させるか否かにつ
　　いての決定をするに当たって、当該情報に係る第三者に対し、利用請求に係
　　る特定歴史公文書の名称その他規則で定める事項を通知して、意見書を提出
　　する機会を与えることができる。

２　知事は、第三者に関する情報が記録されている特定歴史公文書の利用をさ
　　せようとする場合であって、当該情報が情報公開条例第６条第１項第２号ハ
　　又は第３号ただし書に規定する情報に該当すると認めるときは、利用させる
　　旨の決定に先立ち、当該第三者に対し、利用請求に係る特定歴史公文書の名
　　称その他規則で定める事項を書面により通知して、意見書を提出する機会を
　　与えなければならない。ただし、当該第三者の所在が判明しない場合は、こ
　　の限りでない。

３　知事は、特定歴史公文書であって第15条第１項第１号ニに該当するものと
　　して第８条第４項の規定により意見を付されたものを利用させる旨の決定を
　　する場合には、あらかじめ、当該特定歴史公文書を移管した実施機関に対
　　し、利用請求に係る特定歴史公文書の名称その他規則で定める事項を書面に
　　より通知して、意見書を提出する機会を与えなければならない。

４　知事は、第１項又は第２項の規定により意見書を提出する機会を与えられ
　　た第三者が当該特定歴史公文書を利用させることに反対の意思を表示した意

見書を提出した場合において、当該特定歴史公文書を利用させる旨の決定を
するときは、その決定の日と利用させる日との間に少なくとも２週間を置か
なければならない。この場合において、知事は、その決定後直ちに、当該意
見書（第24条第３項第２号において「反対意見書」という。）を提出した第
三者に対し、利用させる旨の決定をした旨及びその理由並びに利用させる日
を書面により通知しなければならない。

　　（利用の方法）

第22条　知事が特定歴史公文書を利用させる場合には、文書、図画及び写真に
ついては閲覧又は写しの交付の方法により、第２条第３項に規定する規則で
定める記録媒体についてはその種別、情報化の進展状況等を勘案して規則で
定める方法により行う。ただし、閲覧の方法により特定歴史公文書を利用さ
せる場合にあっては、当該特定歴史公文書の保存に支障を生ずるおそれがあ
ると認めるときその他正当な理由があるときに限り、その写しを閲覧させる
方法により、これを利用させることができる。

　　（費用負担）

第23条　前条の規定により写しの交付又は同条に規定する規則で定める方法に
より特定歴史公文書を利用するものは、当該写しの作成及び送付又はこれら
に準ずるものとして規則で定めるものに要する費用を負担しなければならな
い。

　　（審査請求及び山形県公文書等管理委員会への諮問）

第24条　利用請求に対する処分又は利用請求に係る不作為について不服がある
ものは、知事に対し、審査請求をすることができる。

２　利用請求に対する処分又は利用請求に係る不作為に係る審査請求について
は、行政不服審査法（平成26年法律第68号）第９条第１項本文の規定は、適
用しない。

３　利用請求に対する処分又は利用請求に係る不作為に係る審査請求があった
ときは、知事は、次の各号のいずれかに該当する場合を除き、山形県公文書
等管理委員会に諮問しなければならない。

⑴　審査請求が不適法であり、却下する場合

⑵　裁決で、審査請求の全部を認容し、当該審査請求に係る特定歴史公文書の全部を利用させることとする場合（当該特定歴史公文書の利用について反対意見書が提出されている場合を除く。）

（利用の促進）

第25条　知事は、特定歴史公文書（第15条の規定により利用させることができるものに限る。）について、展示その他の方法により積極的に一般の利用に供するよう努めなければならない。

（移管元実施機関等による利用の特例）

第26条　特定歴史公文書を移管した実施機関又は地方独立行政法人が知事に対してそれぞれの所掌事務又は業務を遂行するために必要であるとして当該特定歴史公文書について利用請求をした場合には、第15条第1項第1号の規定は、適用しない。

（特定歴史公文書の廃棄）

第27条　知事は、特定歴史公文書として保存されている文書が歴史資料として重要でなくなったと認める場合には、当該文書を廃棄することができる。

（保存及び利用の状況の公表）

第28条　知事は、特定歴史公文書の保存及び利用の状況について、毎年度、その概要を公表しなければならない。

（特定歴史公文書の保存等に関する定め）

第29条　知事は、特定歴史公文書の保存、利用及び廃棄が第14条から第23条まで及び第25条から前条までの規定に基づき適切に行われることを確保するため、特定歴史公文書に係る次に掲げる事項に関する定めを設け、これを公表しなければならない。

⑴　保存に関する事項

⑵　第23条に規定する費用負担その他一般の利用に関する事項

⑶　特定歴史公文書を移管した実施機関又は地方独立行政法人による当該特定歴史公文書の利用に関する事項

⑷　廃棄に関する事項

⑸　保存及び利用の状況の公表に関する事項

第5章　山形県公文書等管理委員会

（設置）

第30条　この条例の規定によりその権限に属させられた事項を調査審議させるため、山形県公文書等管理委員会（以下「委員会」という。）を置く。

（組織）

第31条　委員会は、委員5人以内で組織する。

（委員）

第32条　委員は、学識経験のある者のうちから、知事が任命する。

2　委員の任期は、2年とする。ただし、補欠又は増員により任命された委員の任期は、前任者又は現任者の残任期間とする。

3　委員は、再任されることを妨げない。

4　委員又は委員であった者は、職務上知り得た秘密を漏らしてはならない。

（委員長）

第33条　委員会に委員長を置き、委員の互選により定める。

2　委員長は、会務を総理し、委員会を代表する。

3　委員長に事故があるとき又は委員長が欠けたときは、委員長があらかじめ指名する委員が、その職務を代理する。

（会議）

第34条　委員会の会議（以下「会議」という。）は、委員長が招集する。

2　委員長は、会議の議長となる。

3　会議は、委員の過半数の出席がなければ、開くことができない。

4　委員会の議事は、出席した委員の過半数で決し、可否同数のときは、議長の決するところによる。

（庶務）

第35条　委員会の庶務は、総務部において処理する。

（委任）

第36条　この条例に定めるもののほか、委員会の運営に関し必要な事項は、委員長が委員会に諮って定める。

（委員会への諮問）

第37条　実施機関及び地方独立行政法人は、文書管理規程及び法人文書管理規程の制定又は改廃の立案をしようとするときには、委員会に諮問しなければならない。

2　知事は、次に掲げる場合には、委員会に諮問しなければならない。

(1)　この条例に基づく規則及び第29条に規定する定めの制定又は改廃の立案をしようとするとき。

(2)　第27条の規定による廃棄をしようとするとき。

（資料の提出等の求め）

第38条　委員会は、その所掌事務を遂行するため必要があると認める場合には、実施機関若しくは地方独立行政法人又は知事に対し、資料の提出、意見の開陳、説明その他必要な協力を求めることができる。

第6章　雑則

（訴訟に関する書類等の取扱い）

第39条　次の各号に掲げるものについては、当該各号に定める規定は、適用しない。

(1)　刑事訴訟法（昭和23年法律第131号）第53条の2第3項に規定する訴訟に関する書類（次項において「訴訟書類」という。）　第2章の規定

(2)　刑事訴訟法第53条の2第4項に規定する押収物　この条例の規定

2　実施機関は、知事と協議して定めるところにより、当該実施機関が保有する訴訟書類で歴史資料として重要なもの（以下この条において「歴史的訴訟書類」という。）の適切な保存のために必要な措置を講ずるものとする。

3　知事は、前項の協議による定めに基づき、歴史的訴訟書類について、知事において保存する必要があると認める場合には、当該歴史的訴訟書類を保有する実施機関との合意により、その移管を受けることができる。

4　前項の規定により知事に移管された歴史的訴訟書類については、特定歴史公文書とみなして、第4章の規定を適用する。ただし、同項の規定による実施機関との合意において利用の制限を行うこととされている歴史的訴訟書類について利用の請求があったときは、第15条の規定にかかわらず、知事は、利用を制限するものとする。

（職員に対する研修）

第40条　実施機関及び地方独立行政法人は、それぞれ、当該実施機関又は当該地方独立行政法人の職員に対し、公文書等の管理を適正かつ効果的に行うために必要な知識及び技能を習得させ、及び向上させるために必要な研修を行うものとする。

2　知事は、実施機関及び地方独立行政法人の職員に対し、歴史公文書の適切な保存及び移管を確保するために必要な知識及び技能を習得させ、及び向上させるために必要な研修を行うものとする。

（組織の見直しに伴う公文書等の適正な管理のための措置）

第41条　実施機関は、当該実施機関について統合、廃止等の組織の見直しが行われる場合には、その管理する公文書について、統合、廃止等の組織の見直しの後においてこの条例の規定に準じた適正な管理が行われることが確保されるよう必要な措置を講じなければならない。

2　地方独立行政法人は、当該地方独立行政法人について民営化等の組織の見直しが行われる場合には、その管理する法人文書について、民営化等の組織の見直しの後においてこの条例の規定に準じた適正な管理が行われることが確保されるよう必要な措置を講じなければならない。

　　　　第7章　罰則

第42条　第32条第4項の規定に違反して秘密を漏らした者は、1年以下の懲役又は50万円以下の罰金に処する。

　　　　附　則

（施行期日）

1　この条例は、平成32年4月1日から施行する。ただし、第5章の規定（第37条第2項第2号の規定を除く。）及び次項の規定は、公布の日から施行する。

（準備行為）

2　この条例の規定による規則その他の規程の制定のため必要な手続その他の行為は、この条例の施行前においても、行うことができる。

（経過措置）

3　この条例の規定は、この条例の施行の日以後に作成し、又は取得した文書について適用する。

4　実施機関は、この条例の施行の際自ら定めた基準により保存期間を定めて保存している簿冊等（能率的な事務又は事業の処理及び文書の適切な保存に資するようまとめられた相互に密接な関連を有する文書の集合物又は単独で管理することが適当であると認められた文書をいう。以下同じ。）で当該保存期間を満了してなお保存しているものについては、第8条の規定の例により、知事に移管し、又は廃棄するよう努めるものとする。

5　実施機関は、この条例の施行の際自ら定めた基準により保存期間を定めて保存している簿冊等で当該保存期間を満了していないものについては、当該保存期間を第5条第1項又は第3項の規定により定めた保存期間とみなして、同条第4項及び第8条の規定の例により取り扱うよう努めるものとする。

6　地方独立行政法人が、この条例の施行の際現に保存している文書であって、歴史公文書に相当するものがある場合は、第11条第4項の規定の例により、知事に移管することができる。

7　この条例の施行の際現に知事が歴史公文書に相当するものとして特別の管理をしているもの及び附則第4項から前項までの規定により知事に移管した文書については、特定歴史公文書とみなす。

8　知事は、公文書館法（昭和62年法律第115号）第4条に規定する公文書館が設置されるまでの間、特定歴史公文書を保存し、及び一般の利用に供すること等の業務を行うための施設（以下「公文書センター」という。）を設けるものとする。

9　公文書センターの設置及び運営に関し必要な事項は、知事が別に定める。
　　（山形県情報公開条例の一部改正）

10　情報公開条例の一部を次のように改正する。
　　　〔次のよう略〕
　　（山形県個人情報保護条例の一部改正）

11　山形県個人情報保護条例（平成12年10月県条例第62号）の一部を次のよう

に改正する。

　〔次のよう略〕

2　山形県公文書等の管理に関する条例施行規則

令和2年3月27日山形県規則第21号

（趣旨）

第1条　この規則は、山形県公文書等の管理に関する条例（平成31年3月県条例第14号。第8条第2項第2号及び第7項第1号並びに別表第1を除き、以下「条例」という。）の施行に関し必要な事項を定めるものとする。

（定義）

第2条　この規則において使用する用語は、条例において使用する用語の例による。

（条例第2条第3項の規則で定める記録媒体）

第3条　条例第2条第3項の規則で定める記録媒体は、フィルム（マイクロフィルム、スライドフィルム、ネガフィルム及び映画フィルムをいう。以下同じ。）及び電磁的記録媒体（電子的方式、磁気的方式その他人の知覚によっては認識することができない方式で情報が記録された物であって、当該情報を再生し、又は用紙に出力するために特別の装置又はプログラム（電子計算機に対する指令であって、一の結果を得ることができるように組み合わされたものをいう。以下同じ。）を必要とするものを除く。以下同じ。）とする。

（条例第2条第3項第3号の規則で定める施設）

第4条　条例第2条第3項第3号の規則で定める施設は、山形県立図書館及び山形県立博物館とする。

（条例第2条第3項第3号及び第4項第3号の一般の利用に供することを目的として特別の管理がされている文書の範囲）

第5条　条例第2条第3項第3号及び第4項第3号の一般の利用に供することを目的として特別の管理がされている文書は、次に掲げる方法により、特別の管理がされているものとする。

(1)　当該文書が専用の場所において適切に保存されていること。

(2)　当該文書の目録が作成され、かつ、当該目録が一般の閲覧に供されてい

ること。

(3) 次に掲げるものを除き、一般の利用の制限が行われていないこと。

イ　当該文書に山形県情報公開条例（平成9年12月県条例第58号）第6条第1項第1号から第3号までに掲げる情報が記録されていると認められる場合にあっては、当該文書（当該情報が記録されている部分に限る。）の一般の利用を制限すること。

ロ　当該文書の全部又は一部を一定の期間公にしないことを条件に法人その他の団体（県及び地方独立行政法人を除く。）又は個人から寄贈又は寄託を受けている場合にあっては、当該期間が経過するまでの間、当該文書の全部又は一部の一般の利用を制限すること。

ハ　当該文書の原本を利用させることにより当該原本の破損若しくはその汚損を生ずるおそれがある場合又は当該文書を保有する施設において当該原本が現に使用されている場合にあっては、当該原本の一般の利用の方法又は期間を制限すること。

(4) 当該文書の利用の方法及び期間に関する定めがあり、かつ、当該定めが一般の閲覧に供されていること。

(5) 当該文書に個人情報が記録されている場合にあっては、当該個人情報の漏えいの防止のために必要な措置を講じていること。

（条例第2条第4項第3号の規則で定める施設）

第6条　条例第2条第4項第3号の規則で定める施設は、山形県公立大学法人又は公立大学法人山形県立保健医療大学の設置する図書館とする。

（歴史公文書の基準）

第7条　条例第2条第5項の規則で定める基準は、次の各号に掲げる基準のいずれかに該当することとする。

(1) 県の機関及び地方独立行政法人の組織及び機能並びに政策の検討過程、決定、実施及び実績に関する重要な情報が記録されていること。

(2) 県民の権利及び義務に関する重要な情報が記録されていること。

(3) 県民を取り巻く社会環境、自然環境等に関する重要な情報が記録されていること。

⑷　県の歴史、文化、学術、事件等に関する重要な情報が記録されていること。

⑸　前各号に掲げるもののほか、歴史資料として重要な情報が記録されていること。

（公文書ファイル等の分類、名称及び保存期間）

第8条　実施機関は、当該実施機関における能率的な事務及び事業の処理に資するとともに、県の有する諸活動を現在及び将来の県民に説明する責務が全うされるよう、条例第5条第1項及び第3項の規定により、公文書及び公文書ファイルについて、当該実施機関の事務及び事業の性質、内容等に応じて系統的に分類し、分かりやすい名称を付さなければならない。

2　条例第5条第1項の保存期間は、次の各号に掲げる公文書の区分に応じ、当該各号に定める期間とする。

⑴　別表第1公文書の類型の欄に掲げる公文書（次号に掲げるものを除く。）同表保存期間の欄に掲げる期間

⑵　法律若しくはこれに基づく命令又は他の条例による保存期間の定めがある公文書　当該法律若しくはこれに基づく命令又は当該他の条例で定める期間

⑶　前2号に掲げる公文書以外のもの　別表第1の規定を参酌し、実施機関の事務及び事業の性質、内容等に応じて実施機関が定める期間

3　実施機関は、別表第1公文書の類型の欄に掲げる公文書以外の公文書が歴史公文書に該当する場合には、1年以上の保存期間を設定しなければならない。

4　条例第5条第1項の保存期間の起算日は、公文書を作成し、又は取得した日（以下「公文書作成取得日」という。）の属する年度の翌年度の4月1日とする。ただし、公文書作成取得日から1年以内の日であって4月1日以外の日を起算日とすることが公文書の適切な管理に資すると実施機関が認める場合にあっては、その日とする。

5　条例第5条第3項の保存期間は、公文書ファイルにまとめられた公文書の保存期間とする。

6　条例第5条第3項の保存期間の起算日は、公文書を公文書ファイルにまとめた日のうち最も早い日（以下「公文書ファイル作成日」という。）の属する年度の翌年度の4月1日とする。ただし、公文書ファイル作成日から1年以内の日であって4月1日以外の日を起算日とすることが公文書の適切な管理に資すると実施機関が認める場合にあっては、その日とする。

7　次に掲げる公文書及び当該公文書がまとめられた公文書ファイルであって、業務に常時利用する必要があるものについては、第2項から前項までの規定にかかわらず、保存期間を無期限とし、業務に常時利用する公文書ファイル等として必要な期間利用することができる。

⑴　条例、規則等の解釈又は運用の基準に関するもの

⑵　現に業務に利用されている帳簿及びデータベース（情報の集合物であって、それらの情報を電子計算機を用いて検索することができるように体系的に構成したものをいう。）

⑶　前2号に掲げるものに類するもの

8　前項に規定する公文書ファイル等について業務に常時利用する必要がなくなったときは、当該公文書ファイル等については、同項の規定にかかわらず、第2項から第6項までの規定を適用する。この場合において、当該公文書ファイル等に係る第4項に規定する公文書作成取得日及び第6項に規定する公文書ファイル作成日については、業務に常時利用する必要がなくなった日とする。

（保存期間の延長）

第9条　実施機関は、条例第5条第4項の規定に基づき、次の各号に掲げる公文書ファイル等について保存期間を延長する場合は、当該公文書ファイル等の区分に応じ、それぞれ当該各号に定める期間が経過する日までの間、当該公文書ファイル等を保存しなければならない。この場合において、一の区分に該当する公文書ファイル等が他の区分にも該当するときは、それぞれの期間が経過する日のいずれか遅い日までの間、保存しなければならない。

⑴　現に監査、検査等の対象になっているもの　当該監査、検査等が終了するまでの間

　⑵　現に係属している訴訟における手続上の行為をするために必要とされる
　　もの　当該訴訟が終結するまでの間

　⑶　現に係属している不服申立てにおける手続上の行為をするために必要と
　　されるもの　当該不服申立てに対する裁決又は決定の日の翌日から起算し
　　て１年間

　⑷　山形県情報公開条例第４条第１項の規定による開示の請求があったもの
　　　同条例第７条第１項又は第２項の決定の日の翌日から起算して１年間

　⑸　山形県個人情報保護条例（平成12年10月県条例第62号）第11条第１項の
　　規定による開示の請求又は同条例第17条第１項の規定による訂正の請求が
　　あったもの　同条例第13条第１項（同条例第19条において準用する場合を
　　含む。）の決定の日の翌日から起算して１年間

２　実施機関は、保存期間が満了した公文書ファイル等について、その職務の
　遂行上必要があると認めるときは、その必要な限度において、一定の期間を
　定めて公文書ファイル等の保存期間を延長することができる。この場合にお
　いて、当該公文書ファイル等の保存期間が30年を超えるときは、当該公文書
　ファイル等を保存する実施機関は、あらかじめ、知事に協議し、その同意を
　得なければならない。

　（公文書ファイル管理簿の記載事項）

第10条　条例第７条第１項の規定により公文書ファイル管理簿に記載しなけれ
　ばならない事項は、次に掲げる事項とする。

　⑴　分類

　⑵　名称

　⑶　保存期間

　⑷　保存期間の満了する日

　⑸　保存期間が満了したときの措置

　⑹　保存場所

　⑺　公文書作成取得日（公文書ファイルにあっては、公文書ファイル作成
　　日。次号において同じ。）の属する年度その他これに準ずる期間

　⑻　公文書作成取得日における主務課の名称

(9)　媒体の種別

(10)　主務課の名称

（条例第7条第1項ただし書の規則で定める期間）

第11条　条例第7条第1項ただし書の規則で定める期間は、1年とする。

（公文書ファイル管理簿の閲覧場所の公表）

第12条　実施機関は、条例第7条第2項の事務所の場所について公表しなければならない。公表した事務所の場所を変更したときも、同様とする。

第13条～第25条　〔略〕

　　　附　　則

この規則は、令和2年4月1日から施行する。

別表第1

事項	業務の区分	公文書の類型	保存期間
1　県の施策及び事業に関する公文書	(1)　県の施策及び事業に関する計画及び方針に関する事項	イ　県の施策及び事業に関する計画及び方針（当該計画及び方針の期間が5年以上のもの又は法令若しくは条例に基づくものに限る。）に関するもので重要なものに関する公文書	30年
		ロ　県の施策及び事業に関する計画及び方針（イに規定する計画及び方針を除く。）に関するもので重要なものに関する公文書	10年
	(2)　協定等に関する事項	国、他の地方公共団体、民間企業等との協定、協約、覚書、申合せ等に関するもので重要なものに関する公	30年

		文書	
2　例規等に関する公文書	(1)　条例、規則及び訓令の制定、改廃等に関する事項	イ　条例、規則及び訓令（例規扱いとなるものを含む。以下同じ。）の制定又は改廃並びにそれらの重要な経緯に関する公文書	30年
		ロ　条例、規則及び訓令の解釈及び運用の基準の制定又は改廃並びにそれらの重要な経緯に関する公文書	30年
	(2)　公示等に関する事項	イ　重要な告示の制定又は改廃及びそれらの重要な経緯に関する公文書	30年
		ロ　重要な要綱、要領等の制定又は改廃及びそれらの重要な経緯に関する公文書	10年
		ハ　告示以外の公示に関する公文書	5年
3　行政組織及び人事に関する公文書	(1)　行政組織及び職員定数に関する事項	行政組織及び職員定数の決定並びにその重要な経緯に関する公文書	30年
	(2)　職員の人事に関する事項	イ　職員の任免、服務、分限、懲戒、給与、勤務時間その他の勤務条件の制度の新設又は改廃及びそれらの重要な経緯に関する公文書	30年
		ロ　職員の任免、賞罰及び履歴に関する公文書	30年

		ハ 職員研修に関する公文書	3年
		ニ 恩給、年金、退職手当及び職員の給与、諸手当、公務災害補償等の認定及び裁定に関する公文書	30年
		ホ 職員の給与、諸手当等に関する公文書	5年
		ヘ 職員の服務に関するもので重要なものに関する公文書	5年
		ト 職員の福利厚生に関する公文書	3年
4 財政に関する公文書	(1) 予算及び決算に関する事項	歳入又は歳出の予算又は決算に関するもので重要なものに関する公文書	30年
	(2) 起債に関する事項	起債に関するもので重要なものに関する公文書	30年
	(3) 財政状況に関する事項	財政状況に関するもので重要なものに関する公文書	30年
	(4) 財務会計に関する事項	イ 歳入、歳出その他現金出納に関する公文書	5年
		ロ 財務会計に関する公文書	5年
		ハ 定期監査に関する公文書	5年
5 補助金、助成金等に関する公文書	補助金、助成金等に関する事項	イ 補助金、助成金、貸付金、出資等の制度の新設又は改廃及びそれらの重要な経緯に関する公文書	30年

		ロ　補助金、助成金、貸付金、出資等に関するもので重要なものに関する公文書	10年
6　公共事業に関する公文書	公共事業に関する事項	イ　大規模又は重要な公共事業の決定並びにその重要な経緯、実施及び評価に関する公文書	30年
		ロ　公共事業に関するもので重要なものに関する公文書	10年
7　監査及び検査に関する公文書	(1)　住民監査及び包括外部監査に関する事項	住民監査及び包括外部監査に関するもので重要なものに関する公文書	30年
	(2)　会計検査に関する事項	会計検査院の会計検査に関するもので重要なものに関する公文書	30年
8　県議会に関する公文書	県議会に関する事項	イ　県議会に関するもので特に重要なものに関する公文書	30年
		ロ　県議会に関するもので重要なものに関する公文書	10年
9　行政委員会、審議会及び重要な会議に関する公文書	(1)　行政委員会に関する事項	行政委員会の審議経過及び結果に関する公文書	30年
	(2)　審議会、委員会等の設置、議事の決定等に関する事項	イ　審議会、委員会等の設置及びその重要な経緯に関する公文書	10年

			ロ　附属機関の委員の任命 に関する公文書	30年
			ハ　重要な政策等の事項を 審議する県の附属機関の 審議経過及び結果に関す る公文書	30年
		(3)　重要な会議等 に関する事項	イ　重要な会議に関する公 文書	10年
			ロ　重要な調査会、研究会 等に関する公文書	10年
10　選挙に関 する公文書	選挙に関する事項	選挙に関するもので重要な ものに関する公文書		30年
11　県広報に 関する公文 書	(1)　知事記者会 見、記者発表等 に関する事項	知事記者会見、記者発表等 に関するもので重要なもの に関する公文書		30年
	(2)　県広報に関す る事項	県広報に関するもので重要 なものに関する公文書		10年
12　請願、陳 情、要望等 に関する公 文書	請願、陳情、要望 等に関する事項	イ　請願、陳情、要望等に 関するもので重要なもの に関する公文書		10年
		ロ　広聴等に関する公文書		3年
13　栄典及び 表彰に関す る公文書	栄典及び表彰に関 する事項	イ　叙勲、褒章等の国の表 彰に関するもので重要な ものに関する公文書		30年
		ロ　県民栄誉賞等の重要な 知事表彰の授与に関する 公文書		30年
		ハ　表彰の授与に関するも ので重要なものに関する 公文書		5年
		ニ　県の重要な表彰制度の		30年

		制定又は改廃及びそれらの重要な経緯に関する公文書	
14　統計、調査及び試験研究に関する公文書	(1)　統計、調査等に関する事項	統計、調査等に関するもので重要なものに関する公文書	30年
	(2)　試験研究機関における試験及び研究に関する事項	試験及び研究に関するもので重要なものに関する公文書	30年
15　公有財産に関する公文書	(1)　県有財産に関する事項	イ　県有財産の取得及び処分並びにそれらの重要な経緯に関する公文書	30年
		ロ　県有財産の管理に関するもので重要なものに関する公文書	10年
	(2)　県が管理する国有財産に関する事項	県が管理する国有財産に関するもので重要なものに関する公文書	30年
16　個人、法人等の権利義務の得喪に関する公文書	(1)　許可、認可、命令等の行政処分に関する事項	イ　許可、認可、命令等の行政処分の審査基準、処分基準、行政指導指針及び標準処理期間の設定並びにその重要な経緯に関する公文書	30年
		ロ　許可、認可、命令等の行政処分の決定に関するもので重要なものに関する公文書	30年
	(2)　勧告、指導、検査等に関する事項	勧告、指導、検査等に関する公文書	5年

		(3) 行政代執行に関する事項	行政代執行に関するもので重要なものに関する公文書	30年
17 争訟等に関する公文書	(1) 訴訟に関する事項	訴訟に関するもので重要なものに関する公文書	30年
	(2) 審査請求に関する事項	審査請求に関するもので重要なものに関する公文書	30年
	(3) 紛争等の解決に関する事項	調停、あっせん、和解、仲裁その他紛争等の解決に関するもので重要なものに関する公文書	30年
18 市町村の行政区画、地方制度等に関する公文書	(1) 県及び市町村の廃置分合、改称、境界変更等に関する事項	県及び市町村の廃置分合、改称、境界変更等に関する決定及び報告並びにそれらの重要な経緯に関する公文書	30年
	(2) 権限移譲、共同処理等に関する事項	国から県への権限移譲、県から市町村への権限移譲、広域化に伴う共同処理等の決定及び引継ぎ並びにそれらの重要な経緯に関する公文書	30年
19 防災及び危機管理に関する公文書	防災及び危機管理に関する事項	防災及び危機管理に関するもので重要なものに関する公文書	30年
20 式典、行事等及び災害、事件等に関する公文書	(1) 式典、行事等に関する事項	式典、行事等に関するもので重要なものに関する公文書	30年
	(2) 災害、事件等に関する事項	災害、事件等に関するもので重要なものに関する公文書	30年

21　県の歴史、伝統等の文化遺産に関する公文書	県の歴史、伝統等の文化遺産に関する事項	文化財、伝統その他文化遺産に関するもので重要なものに関する公文書	30年
22　その他の公文書	⑴　台帳等に関する事項	台帳、帳簿、名簿等で重要なもの	30年
	⑵　公文書の移管等に関する事項	公文書の移管及び廃棄の状況が記録された公文書	30年
	⑶　情報公開及び個人情報保護に関する事項	情報公開及び個人情報保護に関する公文書	10年
	⑷　通知、照会等に関する事項	通知、照会等に関する公文書	3年

別表第2〔略〕

別記様式〔略〕

3 山形県公文書管理規程

令和2年3月27日山形県訓令第2号

最終改正：令和2年4月1日山形県訓令第11号

目次

　　第1章　総則

（目的）

第1条　この規程は、山形県公文書等の管理に関する条例（平成31年3月県条例第14号。第26条第1項第2号及び第3項、第32条第1項第1号、第33条第1号並びに第40条並びに別表第1を除き、以下「条例」という。）第10条第

１項の規定に基づき、別に定めるものを除くほか、公文書の管理について必要な事項を定めることを目的とする。

（定義）

第２条　この規程において、次の各号に掲げる用語の意義は、当該各号に定めるところによる。

⑴　本庁　山形県行政組織規則（昭和39年４月県規則第35号）第４条に規定する本庁をいう。

⑵　総合支庁　山形県行政機関の設置等に関する条例（昭和44年３月県条例第２号）第２条第１項に規定する総合支庁（総務企画部総務課、村山総合支庁総務企画部西村山総務課及び北村山総務課並びに置賜総合支庁総務企画部西置賜総務課が置かれる庁舎以外の庁舎にある内部組織（以下「独立庁舎の組織」という。）を除く。）をいう。

⑶　出先機関　別表第２第３項の表出先機関名の欄に掲げる出先機関をいう。

⑷　文書主管課　次に掲げる組織の区分に応じ、それぞれに定める課又は組織をいう。

　　イ　本庁　総務部学事文書課（以下「学事文書課」という。）

　　ロ　総合支庁　総務企画部総務課、村山総合支庁総務企画部西村山総務課及び北村山総務課並びに置賜総合支庁総務企画部西置賜総務課

　　ハ　独立庁舎の組織　文書事務を所管する組織

　　ニ　出先機関　文書事務を所管する組織

⑸　文書　職員が職務上作成し、又は取得した文書（図画及び写真その他情報が記録された山形県公文書等の管理に関する条例施行規則（令和２年３月県規則第21号。以下「施行規則」という。）第３条に規定する記録媒体を含む。）をいう。

⑹　公文書　条例第２条第３項に規定する公文書をいう。

⑺　公文書ファイル　条例第５条第２項に規定する公文書ファイルをいう。

⑻　公文書ファイル管理簿　条例第７条第１項に規定する公文書ファイル管理簿をいう。

(9) 電子文書　電磁的記録（電子的方式、磁気的方式その他人の知覚によっては認識することができない方式で作られた記録をいう。）のうち、電子計算機による情報処理の用に供されるものをいう。

(10) 電子公文書　電子文書である公文書をいう。

(11) 起案　決裁を受けるための原案を作成することをいう。

(12) 回覧　起案を必要としないものを単に閲覧に供することをいう。

(13) 保存　処理の完結した公文書を収納しておくことをいう。

(14) 保管　保存のうち、処理の完結した日の属する年度の翌年度の末日まで公文書を主務課において収納しておくことをいう。

(15) 総合行政ネットワーク文書　総合行政ネットワークの電子文書交換システムにより交換される電子公文書をいう。

(16) 電子署名　電子文書に記録することができる情報について行われる措置であって、次のいずれにも該当するものをいう。

　　イ　当該情報が当該措置を行った者の作成に係るものであることを示すためのものであること。

　　ロ　当該情報について改変が行われていないかどうかを確認することができるものであること。

(17) 電子決裁システム　公文書の決裁、保存等を行うための電子情報処理組織をいう。

　　第2章　管理体制

（総括文書管理者）

第3条　公文書の適正な管理のため、総括文書管理者を置く。

2　総括文書管理者は、総務部次長をもって充てる。

3　総括文書管理者は、次に掲げる事務を行うものとする。

　(1)　公文書ファイル管理簿の調製

　(2)　公文書の管理に関する文書管理者との調整及び必要な改善措置の実施

　(3)　公文書の管理に関する研修の実施

　(4)　組織の新設又は改廃に伴う公文書の管理に係る必要な措置の実施

　(5)　前各号に掲げるもののほか、公文書の管理に関する事務の総括

（副総括文書管理者）

第４条　総括文書管理者を補佐するため、副総括文書管理者を置く。

2　副総括文書管理者は、総務部学事文書課長（以下「学事文書課長」という。）をもって充てる。

（文書管理者）

第５条　本庁及び総合支庁の課、独立庁舎の組織並びに出先機関に文書管理者を置く。

2　文書管理者は、本庁及び総合支庁の課長並びに独立庁舎の組織及び出先機関の長をもって充てる。

3　文書管理者は、所掌事務に関する文書管理の責任者として、その管理する公文書について、次に掲げる事務を行うものとする。

　⑴　保存

　⑵　保存期間が満了したときの措置の設定

　⑶　公文書ファイル管理簿への記載

　⑷　移管又は廃棄

　⑸　管理状況の点検等

　⑹　文書の作成、文書分類表の作成等による公文書の整理その他公文書の管理に関する職員の指導等

（文書取扱主任者）

第６条　本庁及び総合支庁の課、独立庁舎の組織並びに出先機関に文書取扱主任者を置く。

2　文書取扱主任者は、本庁の課にあっては課長補佐又は課長補佐に準ずる職にある者（これらの者を２名以上置く場合にあっては、課長が指名する者）を、総合支庁の課にあっては課長又は課長が指名する者をもって充て、独立庁舎の組織及び出先機関にあってはこれらの長が指名する。

3　文書取扱主任者は、前条第３項各号に掲げる事務について文書管理者を補佐するとともに、次に掲げる事務を行うものとする。

　⑴　文書取扱担当者の指揮監督

　⑵　起案をされた文書（以下「起案文書」という。）の審査

(3) 山形県公印規程（昭和35年４月県訓令第12号）第７条第４項に規定する審査

（文書取扱副主任者）

第７条　本庁及び総合支庁の課、独立庁舎の組織並びに出先機関に文書取扱副主任者を置く。

2　文書取扱副主任者は、本庁の課にあっては庶務係長（庶務係長を置かない課にあっては、課長が指名する者）をもって充て、総合支庁の課にあっては課長が、独立庁舎の組織及び出先機関にあってはこれらの長が指名する。

3　文書取扱副主任者は、前条第３項各号に掲げる事務について文書取扱主任者の事務を補助するものとする。

（文書取扱担当者）

第８条　本庁及び総合支庁の課、独立庁舎の組織並びに出先機関に文書取扱担当者を置く。

2　文書取扱担当者は、本庁及び総合支庁の課にあっては課長が、独立庁舎の組織及び出先機関にあってはこれらの長が指名する。

3　文書取扱担当者は、文書取扱主任者の指示を受けて、次に掲げる事務を行うものとする。

(1) 文書の収受（担当者が直接送達を受けた電子文書の収受を除く。）

(2) 文書の発送の手続（担当者が直接発送する電子文書の発送の手続を除く。）

(3) 公文書の整理及び保存

（職員の責務）

第９条　職員は、条例の趣旨にのっとり、関連する法令、規則その他の規程並びに総括文書管理者及び文書管理者の指示に従い、公文書を適正に管理しなければならない。

　　　第３章　文書の事務

　　　　第１節　総則

（事務処理の原則）

第10条　事務の処理は、公文書によって行うことを原則とする。

2　公文書による事務の処理は、別に定めるところにより、起案により決裁を受け、又は回覧をすることにより行う。

3　公文書による事務の処理は、迅速かつ適正に行わなければならない。

（公文書の取扱いの原則等）

第11条　公文書は、常に丁寧に取り扱うとともに、その受渡しを確実に行い、汚損が甚だしいときは、適宜の方法により補修し、常に公文書の内容が明らかであるようにしておかなければならない。

2　秘密文書は、特に細密な注意を払って取り扱い、部外の者の目に触れる箇所に放置してはならない。

（文書主管課における文書事務）

第12条　文書主管課においては、次に掲げる事務を処理する。

⑴　送達を受けた文書（主務課で直接送達を受けた文書を除く。）を受領し、文書取扱担当者に配布すること。

⑵　親展、書留、小包等により発送する文書、電子文書等その性質又は目的が文書主管課において封入、包装又は発送をするのに適しないものを除き、文書を封入し、包装し、及び発送すること。

第2節　文書の作成

（文書作成の義務）

第13条　職員は、文書管理者の指示に従い、条例第4条の規定に基づき、条例第1条の目的の達成に資するため、経緯も含めた意思決定に至る過程並びに事務及び事業の実績を合理的に跡付け、又は検証することができるよう、処理に係る事案が軽微なものである場合を除き、文書を作成しなければならない。

2　職員は、別表第1の業務の区分の欄に掲げられた業務については、同表の公文書の類型の欄の規定を参酌して、文書を作成しなければならない。

（正確な文書作成）

第14条　文書の作成に当たっては、文書の正確性を確保するため、その内容について原則として複数の職員による確認を経た上で、文書管理者が確認しなければならない。

2　文書の作成に関し、上位の職員から指示があった場合は、その指示を行った者の確認を受けなければならない。

第15条　職員は、送り仮名の付け方（昭和48年内閣告示第2号）、現代仮名遣い（昭和61年内閣告示第1号）、外来語の表記（平成3年内閣告示第2号）、常用漢字表（平成22年内閣告示第2号）等により、分かりやすい用字用語で的確かつ簡潔に文書を作成しなければならない。

2　職員は、文書の作成に当たって反復利用が可能な様式、資料等を、山形県イントラ情報システムを活用し、他の職員の利用に供するものとする。

3　公文書は、次に掲げるものを除き、左横書きとする。

⑴　法令により縦書きと定められたもの

⑵　他の官庁で様式を縦書きと定めたもの

⑶　学事文書課長が特に縦書きを適当と認めたもの

　　　　第3節　文書の収受

（文書の配布）

第16条　文書（電子文書を除く。）の送達を受けたときは、文書主管課において封皮により主務課を確認し、直ちに主務課の文書取扱担当者に配布しなければならない。ただし、封皮のみでは主務課が確認できないものについては、開封の上、封皮を添えて配布しなければならない。

2　書留の取扱いによる文書の送達を受けたときは、文書主管課において、封皮に受付日付印（別記様式第1号）を押印し、書留文書送達簿（別記様式第2号）に所要の事項を記入し、及び主務課の文書取扱担当者に配布する際に受領印を書留文書送達簿に徴しなければならない。

3　総合行政ネットワーク文書の送達を受けたときは、直ちに山形県基幹高速通信ネットワークで運用される電子メールにより主務課の文書取扱担当者に配布しなければならない。

第17条　文書取扱担当者は、文書の配布を受けたとき及び直接文書の送達を受けたときは、収受の手続をとる必要がないと文書取扱主任者が認める文書を除き、当該文書の余白（ファクシミリ装置を用いて送信された文書及び電子文書にあっては、当該文書を用紙に出力したものの余白）に受付日付印を押

印しなければならない。

2　直接文書の送達を受けた者は、前項の規定の例により当該文書を収受しなければならない。

第18条　文書取扱担当者は、電子署名が行われた総合行政ネットワーク文書の送達を受けたときは、電子署名の検証を行うとともに、当該文書を用紙に出力したものの余白に朱書きで「電子署名検証済」と記入し、証明印を押印しなければならない。

（誤って配布された文書の取扱い）

第19条　文書取扱担当者（直接文書の送達を受けた者を含む。次条において同じ。）は、誤って文書が配布されたとき又は送達されたときは、これを当該文書の主務課が明らかなときは当該主務課に、明らかでないときは文書主管課に回付しなければならない。

（収受した文書の処理）

第20条　文書取扱担当者は、収受した文書で次に掲げるものについては文書取扱主任者に、その他の文書については担当の係長（これに準じる職にある者を含む。以下「担当係長」という。）又は名あて者に配布しなければならない。

(1)　許可、認可等に関する文書

(2)　審査請求書

(3)　次に掲げる文書（文書管理者が軽易と認めるものを除く。）

　　イ　中央官庁関係の通知で市町村又は県民等に対する周知が必要なもの

　　ロ　市町村又は県民等からの申請又は協議に係る文書

　　ハ　補助金等の交付、債権の免除若しくは猶予、貸付金の貸付又は各種証明書の交付に係る文書

(4)　前3号に掲げる文書のほか、文書管理者が重要と認める文書

2　文書取扱主任者は、前項の規定により文書の配布を受けたときは、収受文書管理簿（別記様式第3号）に所要の事項を記入し、定例なものを除き、文書管理者に提示して処理上の指示を受け、担当係長に配布しなければならない。

3　担当係長は、前項の規定により起案を要する文書の配布を受けたときは、起案を行う者に処理期限、合議の有無等必要な事項を示して、当該文書を配布しなければならない。

（勤務時間外の文書の取扱い）

第21条　勤務時間外に送達された文書（電子文書を除く。）は、文書主管課の長（以下「文書主管課長」という。）が指名する者において受領し、次に掲げる方法により処理し、文書取扱担当者に引き継がなければならない。

⑴　内容証明及び配達証明並びに持参人が権利の得喪に関係ある旨を表明した文書は、当該文書の封皮又は余白に到着の日時を記入しておくこと。

⑵　書留の取扱いによる文書は、書留文書送達簿に所要の事項を記入すること。

⑶　前2号以外の文書は、結束しておくこと。

2　前項に規定する文書主管課長が指名する者は、受領した文書で緊急の処理を要すると認められるものについては、直ちに名あて者又は関係者に連絡しなければならない。

（郵便料金の不足又は未納の場合の取扱い）

第22条　文書主管課又は前条第1項に規定する文書主管課長が指名する者において郵便料金の不足又は未納の郵便物の送達を受けた場合は、発信者が官公庁であるとき又は公務に関し特に必要と認めたときに限り、その不足又は未納の料金を支払って受領することができる。

　　　第4節　文書の起案及び決裁

（文書の起案）

第23条　文書の起案をするときは、起案用紙（別記様式第4号）を用いなければならない。ただし、2枚目以後の用紙については、起案用紙以外の用紙を用いることができる。

2　前項の規定にかかわらず、電子決裁システムを使用して文書の起案をするときは、起案用紙を用いることを要しない。

3　定例に属する文書は、あらかじめ、学事文書課長の承認したものに限り、例文伺用紙（別記様式第5号）を用いて処理することができる。

4　学事文書課長は、例文伺登録簿（別記様式第6号）を備え、前項による承認の都度所要の事項を記録しておかなければならない。

5　軽易な文書は、収受文書の余白に処理案を設ける等適宜の方法で処理することができる。

（起案文書等の処理）

第24条　文書取扱担当者は、起案文書で課長の査閲を受けたものの回付を受けた場合は、当該起案文書を次の査閲又は合議に係る文書取扱担当者に回付しなければならない。

2　前項の規定は、部長若しくは次長又はこれらに相当する職にある者の査閲を受けた起案文書の処理について準用する。

第25条　決裁が終わった起案文書（以下「決裁文書」という。）は、起案を行った者（以下「起案者」という。）がその回付を受けるものとする。

2　回覧が終わった公文書は、当該回覧を開始した者がその回付を受けるものとする。

（法令案の合議）

第26条　起案文書で次に掲げる事項を内容とするものは、学事文書課長に合議しなければならない

⑴　法令の解釈に関するもの

⑵　条例、規則、告示、公告（山形県公報に登載することが必要なものに限る。）及び訓令（第23条第3項の規定による承認を受けたものを除く。）に関するもの

⑶　審査請求及び訴訟に関するもので重要なもの

⑷　契約に関するもので重要なもの

⑸　その他重要、異例、新例に属するもの

2　学事文書課長は、必要と認めるときは、主務課長に対して参考資料等の提示を求めることができる。

3　学事文書課長は、条例、規則その他の規程の制定及び改廃について必要があると認めるときは、主務課長に対して適当な処置を講じることを求めることができる。

（意見調整）

第27条　他の部（会計局を含む。）又は課（以下「部課」という。）の所掌事務
　　に関係がある部課の間における意見の調整は、起案文書による合議の方法に
　　より行わなければならない。ただし、あらかじめ事前協議の方法によりこれ
　　をすることによって起案文書による合議に替えることができる。

（合議文書の処理）

第28条　起案者は、合議を経た後に当該合議に係る事項を変更しようとすると
　　き又は決裁の趣旨が当初の起案と異なるときは、合議をした部課の長にその
　　経過を報告しなければならない。

2　合議を受けた部課で、当該合議に係る事項の処理の結果を知る必要がある
　　ときは、起案文書のその部課の名称の上部に「要再告」と朱書きしておかな
　　ければならない。この場合において起案者は、その部課に当該事項の処理の
　　結果を報告しなければならない。

（決裁）

第29条　決裁を行う者は、起案文書の回付を受けたときは、遅滞なく決裁を終
　　えるように努めなければならない。

（持ち回り決裁等）

第30条　起案文書のうち緊急に処理する必要があるもの、秘密を要するものそ
　　の他重要なものについては、起案者その他起案に係る事項について説明でき
　　る者が起案文書を持ち回って決裁を受けることができる。

第31条　起案文書について緊急等やむを得ない事情により、りん議を経ず他の
　　方法により決裁を受けて事務の処理を行った場合は、処理経過等を明らかに
　　しておかなければならない。

　　　　第5節　公文書の施行

（記号及び番号）

第32条　決裁文書に基づいて施行する公文書（以下「施行文書」という。）に
　　は、次に掲げる方法により記号及び番号を付けなければならない。

⑴　条例、規則、告示及び訓令には、それぞれ「山形県」の文字を冠し、そ
　　の種類ごとに法令番号簿（別記様式第7号）により歴年による一連番号を

付けること。

⑵　訓、内訓、庁達、達及び指令には、その種類ごとに別表第2による記号（電子決裁システムを使用した公文書にあっては、電子決裁システムにより付される記号）及び会計年度による一連番号を付けること。

⑶　前2号に規定する公文書以外の公文書には、別表第2による記号及び会計年度による一連番号を付けること。

2　前項の規定にかかわらず、同項第3号に規定する公文書で次の各号に掲げるものは、当該各号に定める方法で処理することができる。

⑴　辞令、賞状、契約書その他これらに類する公文書　記号及び番号を省略する方法

⑵　山形県財務規則（昭和39年3月県規則第9号）第122条第3項に規定する電子入札に係る公文書　記号及び番号を省略し、当該電子入札に使用する同条第2項に規定する電子情報処理組織により付される番号を用いる方法

⑶　電子決裁システムを使用した公文書　電子決裁システムにより付される記号及び番号を用いる方法

⑷　公文書の内容が軽易と認められるもの　番号を省略し、号外とする方法

（公文書番号の管理）

第33条　公文書の番号は、次の各号に掲げる区分に応じ、当該各号に定める課が管理しなければならない。

⑴　条例、規則、告示及び訓令に係るもの　学事文書課

⑵　その他の公文書に係るもの　主務課

（決裁文書の処理）

第34条　施行文書には、施行年月日を記入しなければならない。

2　起案者は、施行文書に番号を付けたときは、当該施行文書に係る番号及び施行年月日を、当該施行文書に係る決裁文書及び公文書番号簿（別記様式第8号）に転記しなければならない。ただし、電子決裁システムその他の電子情報処理組織により番号が付されるときは、公文書番号簿に転記することを要しない。

（公文書の浄書）

第35条　公文書の浄書は、主務課において行う。

2　前項の規定にかかわらず、本庁の印刷室の印刷機による浄書は、学事文書課長が別に定めるところにより学事文書課において行うものとする。

（公印の押印）

第36条　施行文書（電子公文書を除く。次項において同じ。）には、山形県公印規程に定める手続に従い公印を押印しなければならない。ただし、発送部数の特に多いものについては、同訓令第8条に規定する手続に従い、公印の押印に代えて公印の印影を印刷することができる。

2　前項の規定にかかわらず、次に掲げる施行文書については、原則として公印の押印を省略するものとする。

⑴　書簡文書等押印しないことが通例とされる公文書

⑵　往復文書（法令上の効力を有するもの等その内容が特に重要なものを除く。）

⑶　前2号に掲げる公文書のほか、学事文書課長が特に公印の押印を省略することを適当と認めた公文書

3　前項の規定により公印の押印を省略する場合は、必要に応じて、施行文書の発信者名の下に「（公印省略）」と表示するものとする。

（電子署名の実施）

第37条　施行文書（電子公文書に限る。）には、学事文書課長の定めるところにより、電子署名を行わなければならない。ただし、前条第2項各号に掲げる施行文書については電子署名の実施を省略することができる。

（文書の発送）

第38条　文書の発送は、郵送その他適切な方法により行わなければならない。

2　文書を書留で発送するときは、文書主管課長が別に定める手続により行わなければならない。

3　電子文書を発送するときは、学事文書課長が別に定める手続により行わなければならない。

（発送の手続）

第39条　文書取扱担当者は、発送を要する文書（電子文書その他主務課で直接発送する文書を除く。）を、文書主管課長が定める時刻までに文書主管課に回付しなければならない。

（公報登載）

第40条　条例、規則、告示、公告及び訓令その他公示を必要とする事案で、山形県公報に登載することが必要なものについて決裁が終わったときは、直ちに山形県公報発行規則（昭和37年2月県規則第6号）第8条の規定による登載の手続をとらなければならない。

　　　第4章　公文書の整理

（職員の整理義務）

第41条　職員は、公文書の整理に関し次に掲げる事務を行わなければならない。

⑴　作成し、又は取得した公文書について、事務及び事業の性質、内容等に応じて次条第1項に規定する文書分類表に基づき分類し、分かりやすい名称を付するとともに、保存期間及び保存期間の満了する日を設定すること。

⑵　単独で管理することが適当であると認める公文書を除き、適時に、相互に密接な関連を有する公文書（保存期間を同じくすることが適当であるものに限る。）を公文書ファイルにまとめること。

⑶　公文書ファイルについて、事務及び事業の性質、内容等に応じて次条第1項に規定する文書分類表に基づき分類し、分かりやすい名称を付するとともに、保存期間及び保存期間の満了する日を設定すること。

⑷　公文書ファイルには、公文書索引（別記様式第9号）を付け、所要の事項を記載すること。ただし、保存期間を第43条第1項第5号若しくは第6号又は同条第2項のいずれかに規定する期間に設定した公文書には、公文書索引を付けることを省略することができること。

⑸　公文書ファイルの厚さは、原則として6センチメートル以内とし、表紙及び背表紙（別記様式第10号）を付けること。

2　職員は、公文書について、個人が管理している文書と明確に区分して管理

しなければならない。

3　第1項第4号及び第5号の規定にかかわらず、電子公文書ファイル（電子公文書のみで構成される公文書ファイルをいう。）については、その性質に応じて、適切に整理を行わなければならない。

4　第1項及び前項の規定にかかわらず、電子決裁システムを使用した決裁文書は、電子決裁システムを使用して、事務内容の別による区分に従い分類し、及び保存しなければならない。

5　文書取扱主任者は、ファクシミリ装置を用いて文書を送信し、又は受信したときは、当該ファクシミリ装置により出力された送信又は受信の記録を6箇月間保存しなければならない。

（文書分類表の整備）

第42条　文書管理者は、別表第1の業務の区分の欄及び公文書の類型の欄の規定並びに別表第3に基づき、作成し、又は取得した公文書を系統的に分類し、標準的な保存期間を設定するため、文書分類表を作成しなければならない。

2　文書管理者は、前項の規定により文書分類表を作成し、又は変更したときは、速やかに当該文書分類表を総括文書管理者に提出しなければならない。

3　総括文書管理者は、必要があると認めたときは、文書管理者に対し文書分類表の変更について指示し、又は当該文書分類表を自ら変更することができる。

（保存期間）

第43条　第41条第1項第1号に規定する保存期間（以下「公文書の保存期間」という。）の設定においては、前条第1項に規定する文書分類表に従い、原則として、次に掲げるいずれかの保存期間に設定しなければならない。

⑴　30年

⑵　10年

⑶　5年

⑷　3年

⑸　1年

⑹　１年未満

2　前項の規定にかかわらず、施行規則第８条第７項各号のいずれかに該当する公文書及び当該公文書がまとめられた公文書ファイルであって、業務に常時利用する必要があるものは、保存期間を無期限とすることができる。

3　公文書の保存期間の設定及び文書分類表の作成においては、条例第２条第５項の歴史公文書（以下「歴史公文書」という。）は、１年以上の保存期間を定めなければならない。

4　公文書の保存期間の設定及び文書分類表の作成においては、歴史公文書に該当しないものであっても、県政が適正かつ効率的に運営され、県民に説明する責務が全うされるよう、意思決定過程並びに事務及び事業の実績の合理的な跡付け又は検証に必要となる公文書は、原則として１年以上の保存期間を定めなければならない。

5　第１項の規定により、１年未満の保存期間を設定することができる公文書は、前２項に定めるものを除き、次に掲げるものとする。

　⑴　別途正本又は原本が管理されている公文書の写し

　⑵　定型的又は日常的な業務連絡、日程表等

　⑶　出版物又は公表物を編集した公文書

　⑷　所掌事務に関する事実関係の問合せへの応答を記録した公文書

　⑸　明白な誤りがある等の事由により客観的な正確性の観点から利用に適さなくなった公文書

　⑹　意思決定の途中段階で作成したもので、当該意思決定に与える影響がないものとして、長期間の保存を要しない公文書

　⑺　文書分類表において、保存期間を１年未満と設定することが適当なものとして具体的に定められた公文書

6　前項各号に掲げるいずれかに該当する公文書であっても、重要又は異例な事項に関する情報を含む場合等の事由により合理的な跡付け又は検証に必要となる公文書の保存期間は、１年以上としなければならない。

7　公文書の保存期間の起算日は、公文書を作成し、又は取得した日（以下「公文書作成取得日」という。）の属する年度の翌年度の４月１日とする。

ただし、公文書作成取得日から1年以内の日であって4月1日以外の日を起算日とすることが公文書の適切な管理に資すると文書管理者が認める場合にあっては、その日とする。

8　第41条第1項第3号に規定する保存期間（以下「公文書ファイルの保存期間」という。）は、公文書ファイルにまとめられた公文書に設定した保存期間と同一の期間とする。

9　公文書ファイルの保存期間の起算日は、公文書を公文書ファイルにまとめた日のうち最も早い日（以下「公文書ファイル作成日」という。）の属する年度の翌年度の4月1日とする。ただし、公文書ファイル作成日から1年以内の日であって4月1日以外の日を起算日とすることが公文書の適切な管理に資すると文書管理者が認める場合にあっては、その日とする。

10　第2項に規定する公文書（以下「常用文書」という。）及び当該常用文書がまとめられた公文書ファイルについて業務に常時利用する必要がなくなったときは、当該常用文書及び公文書ファイルについては、同項の規定にかかわらず、第1項及び第3項から前項までの規定を適用する。この場合において、当該常用文書に係る第7項に規定する公文書作成取得日及び前項に規定する公文書ファイル作成日については、業務に常時利用する必要がなくなった日とする。

第5章　公文書ファイル等の保存

（公文書ファイル等の保存）

第44条　文書管理者は、公文書ファイル及び単独で管理している公文書（以下「公文書ファイル等」という。）について、当該公文書ファイル等の保存期間の満了する日までの間、適切に保存しなければならない。ただし、次条の規定により文書主管課長又は他の文書管理者に引き継いだ場合は、この限りでない。

（公文書ファイル等の引継ぎ）

第45条　保管をすべき期間を経過した公文書ファイル等（常用文書及び電子公文書を除き、保存期間が1年を超えるものに限る。）は、保存文書引継書（別記様式第11号）を添付し、文書管理者において文書主管課長に原則とし

て引き継がなければならない。

2　文書管理者は、分掌する事務を分掌しないこととなったとき（当該事務が廃止されたときを除く。）は、速やかに当該事務を新たに分掌することとなる文書管理者に当該事務に係る公文書ファイル等を引き継がなければならない。

（引継ぎを受けた公文書ファイル等の保存）

第46条　文書主管課長は、前条第1項の規定により引継ぎを受けたときは、保存期間その他必要な事項を調査し、整理し、書庫に保存をしなければならない。

（保存文書の閲覧又は貸出し等）

第47条　書庫に保存をされた公文書ファイル等（以下「保存文書」という。）を閲覧し、又は貸出しを受けようとするときは、文書主管課長が別に定める手続をとらなければならない。

2　貸出しを受けた保存文書は、転貸してはならない。

3　貸出しを受けた保存文書について、汚損、紛失その他の事故が生じたときは、貸出しを受けた者は、直ちにその旨を文書主管課長に届け出なければならない。

（公文書ファイル等の集中管理）

第48条　文書主管課長は、第45条第1項の規定により引継ぎを受けた公文書ファイル等について、適切に保存するとともに、集中管理を行わなければならない。

第6章　公文書ファイル管理簿

（公文書ファイル管理簿への記載）

第49条　文書管理者は、少なくとも毎年度1回、管理する公文書ファイル等（保存期間が1年以上のものに限る。第51条において同じ。）の現況について、施行規則第10条各号に掲げる事項を公文書ファイル管理簿に記載しなければならない。

2　前項の記載に当たっては、山形県情報公開条例（平成9年12月県条例第58号）第6条第1項各号に掲げる情報に該当するものが含まれる場合には、当

該情報を明示しないようにしなければならない。

（公文書ファイル管理簿の公表）

第50条　公文書ファイル管理簿は、文書主管課に備えて一般の閲覧に供するとともに、インターネットで公表しなければならない。

　　　　第7章　公文書ファイル等の移管、廃棄又は保存期間の延長

（保存期間が満了したときの措置）

第51条　文書管理者は、公文書ファイル等について、別表第1の規定に基づき、保存期間の満了前のできる限り早い時期に、条例第5条第5項の保存期間が満了したときの措置（以下「レコードスケジュール」という。）を定めなければならない。

2　レコードスケジュールを定めるに当たっては、公文書ファイル管理簿への記載により行わなければならない。

3　文書管理者は、レコードスケジュールを定めるに当たっては、必要に応じて、学事文書課長に助言を求めることができる。

4　総括文書管理者は、必要があると認めたときは、文書管理者に対しレコードスケジュールの変更について指示し、又は当該レコードスケジュールを自ら変更することができる。

（移管及び廃棄）

第52条　文書管理者は、保存期間が満了した公文書ファイル等（以下「期間満了ファイル等」という。）について、レコードスケジュールに基づき、条例附則第8項に規定する公文書センターに移管し、又は廃棄しなければならない。

2　文書管理者は、前項の規定により、期間満了ファイル等を移管するときは、学事文書課長に引き継がなければならない。

3　文書管理者は、前項の規定により引き継ぐ期間満了ファイル等について、条例第15条第1項第1号に掲げる場合に該当するものとして利用の制限を行うことが適切であると認めるときは、利用制限を行うべき箇所及びその理由を具体的に記載した意見書を添えて、学事文書課長に引き継がなければならない。

4　文書管理者は、第1項の規定により、期間満了ファイル等を廃棄しようと
するときは、あらかじめ、総括文書管理者を通じて、条例第30条に規定する
山形県公文書等管理委員会（以下「委員会」という。）の意見を聴かなけれ
ばならない。

5　総括文書管理者は、前項の規定により委員会の意見を聴く前に、歴史公文
書に該当すると認めた期間満了ファイル等について、文書管理者に対しレ
コードスケジュールの変更について指示し、又は当該レコードスケジュール
を自ら変更しなければならない。

6　前項の規定は、第4項の規定により、委員会が歴史公文書に該当すると意
見した場合の期間満了ファイル等について準用する。

7　文書管理者は、第4項の規定により、委員会の意見を聴いた期間満了ファ
イル等について廃棄しようとするときは、知事に協議し、その同意を得なけ
ればならない。この場合において、知事の同意が得られないときは、当該文
書管理者は、当該期間満了ファイル等について、新たに保存期間及び保存期
間の満了する日を設定しなければならない。

8　文書管理者は、保存期間が1年以上の期間満了ファイル等について、移管
し、又は廃棄したときは、当該期間満了ファイル等に係る公文書ファイル管
理簿の記載を削除するとともに、移管廃棄簿（期間満了ファイル等を移管
し、又は廃棄した場合に、その名称、移管又は廃棄を行った日その他の必要
な事項を記載した帳簿をいう。）に所要の事項を記載しなければならない。

　（保存期間の延長）

第53条　文書管理者は、期間満了ファイル等が施行規則第9条第1項各号のい
ずれかに該当する場合は、同項に定めるところにより、保存期間を延長しな
ければならない。

2　文書管理者は、施行規則第9条第2項に基づき、期間満了ファイル等につ
いて、保存期間を延長する場合は、延長する期間及び延長の理由を、総括文
書管理者に報告しなければならない。

3　文書管理者は、期間満了ファイル等について、30年を超えて保存しようと
するときは、あらかじめ知事に協議し、その同意を得なければならない。こ

の場合において、知事の同意が得られないときは、当該文書管理者は、当該期間満了ファイル等について、レコードスケジュールを変更する等必要な措置を講じなければならない。

第8章　文書の廃棄の方法

第54条　期間満了ファイル等を廃棄する場合は、文書管理者が自ら廃棄しなければならない。ただし、文書主管課長が第48条の規定により集中管理を行っている期間満了ファイル等は、文書管理者による確認の上、文書主管課長が廃棄しなければならない。

2　個人情報等が記載された秘密文書及び印影等他に利用されるおそれのある文書を廃棄する場合は、裁断等の適切な処理を行わなければならない。

第9章　点検及び管理状況の報告等

（点検）

第55条　文書管理者は、自ら管理責任を有する公文書の管理状況について、少なくとも毎年度1回、点検を行い、その結果を総括文書管理者に報告しなければならない。

2　総括文書管理者は、点検の結果等を踏まえ、公文書の管理について必要な措置を講じなければならない。

（管理状況の報告）

第56条　総括文書管理者は、公文書ファイル管理簿の記載状況その他の公文書の管理の状況について、毎年度、知事に報告しなければならない。

（紛失等への対応）

第57条　公文書ファイル等の紛失又は誤廃棄が発生し、又は発生するおそれがある場合には、その事実を知った職員は、速やかに当該公文書ファイル等を管理する文書管理者に報告しなければならない。

2　文書管理者は、紛失又は誤廃棄が明らかとなった場合は、速やかに被害の拡大防止等のために必要な措置を講じるとともに、直ちに総括文書管理者に報告しなければならない。

3　総括文書管理者は、前項の規定による報告を受け、被害の拡大防止等のために必要な措置がさらに必要と認める場合には、速やかに当該措置を講じな

ければならない。

　　　第10章　研修

（研修の実施）

第58条　総括文書管理者は、職員に対し、公文書の管理を適正かつ効果的に行うために必要な知識及び技能を習得させ、又は向上させるために必要な研修を行うものとする。

（研修への参加）

第59条　文書管理者は、総括文書管理者及びその他の機関が実施する公文書の管理等に関する研修に職員を積極的に参加させなければならない。

　　　第11章　雑則

（文書の管理の特例）

第60条　文書管理者は、文書の管理について、第2章から前章までの規定により難いものがあるときは、あらかじめ総括文書管理者の承認を得て、特例を設けることができる。

2　文書管理者は、前項の規定により設けた特例を廃止するときは、あらかじめ総括文書管理者にその旨を届け出なければならない。

（雑則）

第61条　この訓令に定めるもののほか、この訓令の施行について必要な事項は、総括文書管理者が定める。

　　　附　　則

（施行期日）

1　この訓令は、令和2年4月1日から施行する。

（山形県文書管理規程の廃止）

2　山形県文書管理規程（昭和43年4月県訓令第7号）は、廃止する。

（経過措置）

3　この訓令の規定は、この訓令の施行の日（以下「施行日」という。）以後に作成し、又は取得した文書について適用するものとし、施行日前に作成し、又は取得した文書の管理については、なお従前の例による。

4　施行日前にこの訓令による廃止前の山形県文書管理規程の規定によりなさ

れた承認その他の行為は、この訓令の相当規定によりなされた承認その他の
行為とみなす。

（山形県公印規程の一部改正）

5　山形県公印規程（昭和35年4月県訓令第12号）の一部を次のように改正す
る。

〔次のよう略〕

（山形県職員服務規程の一部改正）

6　山形県職員服務規程（昭和37年4月県訓令第18号）の一部を次のように改
正する。

〔次のよう略〕

附　則〔令和2年4月1日山形県訓令第11号〕

この訓令は、公布の日から施行する。

別表第1

事項	業務の区分	公文書の類型	保存期間	保存期間満了時の措置
1　県の施策及び事業に関する公文書	(1)　県の施策及び事業に関する計画及び方針に関する事項	イ　県の施策及び事業に関する計画及び方針（当該計画及び方針の期間が5年以上のもの又は法令若しくは条例に基づくものに限る。）に関するもので重要なものに関する公文書	30年	移管
		ロ　県の施策及び事業に関する計画及び方針（イに規定する計画及び方針を除く。）に関す	10年	移管

		るもので重要なものに関する公文書		
		ハ　県の施策及び事業に関する計画及び方針に関する公文書	5年	廃棄
		ニ　県の施策及び事業に関する計画及び方針に関するもので軽易なものに関する公文書	3年	廃棄
	(2)　複数の実施機関による申合せに関する事項	イ　複数の実施機関による申合せの決定及びその重要な経緯に関する公文書	10年	移管
		ロ　複数の実施機関による申合せに関する公文書	5年	廃棄
	(3)　民間との協定、協議、申合せ等に関する事項	イ　民間との協定、協議、申合せ等の決定及びその重要な経緯に関する公文書	30年	移管
		ロ　民間との協定、協議、申合せ等に関する公文書	10年	廃棄
	(4)　後援、共催等に関する事項	県の名義後援又は共催に関する公文書	3年	廃棄
2　例規等に関する	(1)　条例、規則及び訓令	イ　条例、規則及び訓令（例規扱いと	30年	移管

公文書	の制定、改廃等に関する事項	なるものを含む。以下同じ。）の制定又は改廃並びにそれらの重要な経緯に関する公文書		
		ロ　条例、規則及び訓令の解釈及び運用の基準の制定又は改廃並びにそれらの重要な経緯に関する公文書	30年	移管
		ハ　条例、規則及び訓令の解釈及び運用の基準に関する公文書	10年	廃棄
	(2)　公示等に関する事項	イ　重要な告示の制定又は改廃及びそれらの重要な経緯に関する公文書	30年	移管
		ロ　告示に関する公文書	10年	廃棄
		ハ　重要な要綱、要領等の制定又は改廃及びそれらの重要な経緯に関する公文書	10年	移管
		ニ　要綱、要領等に関する公文書	10年	廃棄
		ホ　告示以外の公示に関する公文書	5年	廃棄
	(3)　公印の管理に関する	公印の管理に関する公文書	5年	廃棄ただし、歴史

事項			資　　　　料
			資料として重要な価値を有するものは、移管
⑷　国の行政機関及び本県の通知等に関する事項	イ　国の行政機関からの通知等の公文書で例規となる特に重要なものに関する公文書	30年	移管
	ロ　国の行政機関からの通知等の公文書のうち重要なものに関する公文書	10年	廃棄
	ハ　本県の通知等の公文書で例規となる特に重要なものに関する公文書	30年	移管
	ニ　本県の通知等の文書のうち重要なものに関する公文書	10年	移管
⑸　他の地方公共団体に対して示す基準に関する事項	イ　他の地方公共団体に対して示す基準の制定又は改廃及びそれらの重要な経緯に関する公文書	30年	移管
	ロ　他の地方公共団体に対して示す基準に関する公文書	10年	移管
	ハ　他の地方公共団体に対して示す基	5年	廃棄

			準に関するもので軽易なものに関する公文書		
3　行政組織及び人事に関する公文書	(1)　行政組織及び職員定数に関する事項	イ　行政組織及び職員定数の決定並びにその重要な経緯に関する公文書（総務部人事課所管のものに限る。）	30年	移管
		ロ　行政組織機構及び職員定数に関する公文書（総務部人事課所管のものに限る。）	10年	廃棄
		ハ　行政組織機構及び職員定数に関する公文書	5年	廃棄
	(2)　職員の人事に関する事項	イ　職員の任免、服務、分限、懲戒、給与、勤務時間その他の勤務条件の制度の新設又は改廃及びそれらの重要な経緯に関する公文書	30年	移管
		ロ　副知事、地方公営企業の管理者、教育長及び行政委員会の委員の任免に関する公文書	30年	移管
		ハ　職員の任免、賞罰及び履歴に関す	30年	廃棄

		る公文書（総務部人事課所管のものに限る。）		
		ニ　職員の任免、賞罰及び履歴に関する公文書（ハに規定するものを除く。）	3年	廃棄
		ホ　人事一般に関するもので軽易なものに関する公文書	1年	廃棄
		ヘ　人事評価に関する公文書	5年	廃棄
		ト　職員研修に関する公文書	3年	廃棄
		チ　恩給、年金、退職手当及び職員の給与、諸手当、公務災害補償等の認定及び裁定に関する公文書（総務部総務厚生課所管のものに限る。）	30年	廃棄
		リ　職員の給与、諸手当等に関する公文書	5年	廃棄
		ヌ　給与一般に関するもので軽易なものに関する公文書	1年	廃棄
		ル　非常勤職員及び臨時職員の雇用に関する公文書	3年	廃棄

			ヲ 非常勤職員及び臨時職員に関するもので軽易なものに関する公文書	1年	廃棄
			ワ 職員の服務に関するもので重要なものに関する公文書	5年	廃棄
			カ 職員の服務に関する公文書	3年	廃棄
			ヨ 服務一般に関するもので軽易なものに関する公文書	1年	廃棄
			タ 職員の福利厚生に関する公文書	3年	廃棄
4 財政に関する公文書	(1) 予算及び決算に関する事項	イ 歳入又は歳出の予算又は決算に関するもので重要なものに関する公文書（総務部財政課所管のものに限る。）	30年	移管
			ロ 歳入又は歳出の予算又は決算に関する公文書	5年	廃棄
			ハ 歳入又は歳出の予算又は決算に関するもので軽易なものに関する公文書	3年	廃棄
	(2) 起債に関する事項	イ 起債に関するもので重要なものに	30年	移管

	関する公文書		
	ロ　起債に関する公文書	5年	廃棄
(3)　財政状況に関する事項	財政状況に関するもので重要なものに関する公文書	30年	移管
(4)　財務会計に関する事項	イ　歳入、歳出その他現金出納に関する公文書	5年	廃棄
	ロ　財務会計に関する公文書	5年	廃棄
	ハ　財務会計に関するもので軽易なものに関する公文書	3年	廃棄
	ニ　定期監査に関する公文書	5年	廃棄
(5)　県税等に関する事項	イ　県税等の賦課及び徴収に関するもので重要なものに関する公文書	10年	廃棄
	ロ　県税等の賦課及び徴収に関する公文書	5年	廃棄
	ハ　県税等の賦課及び徴収に関するもので軽易なものに関する公文書	3年	廃棄
	ニ　県税等の賦課及び徴収に関するもので特に軽易なものに関する公文書	1年	廃棄

5 補助金、助成金等に関する公文書	補助金、助成金等に関する事項	イ 補助金、助成金、貸付金、出資等の制度の新設又は改廃及びそれらの重要な経緯に関する公文書	30年	移管
		ロ 補助金、助成金、貸付金、出資等に関するもので重要なものに関する公文書	10年	移管
		ハ 補助金、助成金、貸付金、出資等に関する公文書	5年	廃棄
		ニ 補助金、助成金、貸付金、出資等に関するもので軽易なものに関する公文書	3年	廃棄
6 公共事業に関する公文書	公共事業に関する事項	イ 大規模又は重要な公共事業の決定並びにその重要な経緯、実施及び評価に関する公文書	30年	移管
		ロ 公共事業に関するもので重要なものに関する公文書	10年	移管
		ハ 工事の設計書、工事に関する命令書及び検査書	10年	移管
		ニ 公共事業に関する公文書	5年	廃棄

		ホ　公共事業に関するもので軽易なものに関する公文書	3年	廃棄
		ヘ　公共事業に関するもので特に軽易なものに関する公文書	1年	廃棄
7　監査及び検査に関する公文書	(1)　住民監査及び包括外部監査に関する事項	イ　住民監査及び包括外部監査に関するもので重要なものに関する公文書	30年	移管
		ロ　住民監査及び包括外部監査に関する公文書	10年	廃棄
	(2)　会計検査に関する事項	会計検査院の会計検査に関する公文書	5年	廃棄ただし、特に重大な指摘等があったものは、移管
8　県議会に関する公文書	県議会に関する事項	イ　県議会に関するもので特に重要なものに関する公文書（総務部財政課所管のものに限る。）	30年	移管
		ロ　県議会に関するもので重要なものに関する公文書（総務部財政課所管のものに限る。）	10年	廃棄
		ハ　県議会に関する公文書	5年	廃棄

9 審議会及び重要な会議に関する公文書	(1) 審議会、委員会等の設置、議事の決定等に関する事項	イ 審議会、委員会等の設置及びその重要な経緯に関する公文書	10年	廃棄
		ロ 附属機関の委員の任命に関する公文書	30年	廃棄 ただし、重要な政策等の事項を審議する附属機関に関するものは、移管
		ハ 重要な政策等の事項を審議する県の附属機関の審議経過及び結果に関する公文書	30年	移管
		ニ 諮問、答申等に関する公文書	10年	廃棄
		ホ 諮問、答申等に関するもので軽易なものに関する公文書	5年	廃棄
	(2) 重要な会議等に関する事項	イ 特に重要な会議に関する公文書	10年	移管
		ロ 重要な会議に関する公文書	10年	廃棄
		ハ 重要な調査会、研究会等に関する公文書	10年	移管
	(3) 会議等に関する事項	協議が行われる会議等に関する公文書	3年	廃棄

310

10　県広報に関する公文書	(1)　知事記者会見、記者発表等に関する事項	知事記者会見、記者発表等に関するもので重要なものに関する公文書	30年	移管
	(2)　県広報に関する事項	イ　県広報に関するもので重要なものに関する公文書	10年	移管
		ロ　県広報に関する公文書	3年	廃棄
11　請願、陳情、要望等に関する公文書	請願、陳情、要望等に関する事項	イ　請願、陳情、要望等に関するもので重要なものに関する公文書	10年	移管
		ロ　請願、陳情、要望等に関する公文書	3年	廃棄
		ハ　広聴等に関する公文書	3年	廃棄
12　栄典及び表彰に関する公文書	栄典及び表彰に関する事項	イ　叙位、叙勲及び褒章に関するもので重要なものに関する公文書	30年	移管
		ロ　重要な省庁大臣表彰等の国の表彰に関するもので重要なものに関する公文書	10年	移管
		ハ　県の重要な表彰制度の制定及び改廃並びにそれらの重要な経緯に関する公文書	30年	移管

		ニ 表彰制度に関する公文書	10年	廃棄
		ホ 県民栄誉賞等の重要な知事表彰の授与に関する公文書	30年	移管
		ヘ 表彰の授与に関するもので重要なものに関する公文書	5年	廃棄
		ト 表彰の授与に関する公文書	3年	廃棄
13 統計、調査及び試験研究に関する公文書	(1) 統計、調査等に関する事項	イ 統計、調査等に関するもので重要なものに関する公文書	30年	移管
		ロ 統計、調査等に関する公文書	3年	廃棄
	(2) 試験研究機関における試験及び研究に関する事項	イ 試験及び研究に関するもので重要なものに関する公文書	30年	移管
		ロ 試験及び研究に関する公文書	10年	廃棄
		ハ 試験及び研究に関するもので軽易なものに関する公文書	3年	廃棄
14 公有財産に関する公文書	(1) 県有財産に関する事項	イ 県有財産の取得及び処分並びにそれらの重要な経緯に関する公文書	30年	移管

		ロ　県有財産の管理に関するもので特に重要なものに関する公文書	30年	移管
		ハ　農地の買収売渡計画に関するもので重要なものに関する公文書	30年	移管
		ニ　土地工作物の収用使用に関するもので重要なものに関する公文書	30年	移管
		ホ　県有財産の管理に関するもので重要なものに関する公文書	10年	廃棄
		ヘ　県有財産の管理に関する公文書	5年	廃棄
		ト　県有財産の管理に関するもので軽易なものに関する公文書	3年	廃棄
		チ　県有財産の管理に関するもので特に軽易なものに関する公文書	1年	廃棄
	(2)　県が管理する国有財産に関する事項	県が管理する国有財産に関するもので重要なものに関する公文書	30年	移管
15　個人、法人等の	(1)　許可、認可、命令等	イ　許可、認可、命令等の行政処分の	30年	移管

権利義務の得喪に関する公文書	の行政処分に関する事項	審査基準、処分基準、行政指導指針及び標準処理期間の設定並びにそれらの重要な経緯に関する公文書		
		ロ　許可、認可、命令等の行政処分の決定に関するもので重要なものに関する公文書	30年	移管
		ハ　許可、認可、命令等の行政処分の決定に関する公文書	5年	廃棄
		ニ　許可、認可、命令等の行政処分に関する公文書	3年	廃棄
	(2)　勧告、指導、検査等に関する事項	勧告、指導、検査等に関する公文書	5年	廃棄
	(3)　行政代執行に関する事項	イ　行政代執行に関するもので重要なものに関する公文書	30年	移管
		ロ　行政代執行に関する公文書	10年	廃棄
16　争訟等に関する公文書	(1)　訴訟に関する事項	イ　訴訟に関するもので重要なものに関する公文書	30年	移管
		ロ　訴訟に関する公	10年	移管

		文書		
	(2) 審査請求に関する事項	イ 審査請求に関するもので重要なものに関する公文書	30年	移管
		ロ 審査請求に関する公文書	10年	廃棄
	(3) 紛争等の解決に関する事項	イ 調停、あっせん、和解、仲裁その他紛争等の解決に関するもので重要なものに関する公文書	30年	移管
		ロ 調停、あっせん、和解、仲裁その他紛争等の解決に関する公文書	10年	廃棄
17 市町村の行政区画、地方制度等に関する公文書	(1) 県及び市町村の廃置分合、改称、境界変更等に関する事項	イ 県及び市町村の廃置分合、改称、境界変更等に関する決定及び報告並びにそれらの重要な経緯に関する公文書	30年	移管
		ロ 県及び市町村の廃置分合、改称、境界変更等に関する公文書	10年	移管
		ハ 県及び市町村の廃置分合、改称、境界変更等に関するもので軽易なものに関する公文書	5年	廃棄

	(2) 権限移譲、共同処理等に関する事項	イ 国から県への権限移譲、県から市町村等への権限移譲、広域化に伴う共同処理等の決定及び引継ぎ並びにそれらの重要な経緯に関する公文書	30年	移管
		ロ 国から県への権限移譲、県から市町村等への権限移譲、広域化に伴う共同処理等に関する公文書	10年	移管
		ハ 国から県への権限移譲、県から市町村等への権限移譲、広域化に伴う共同処理等に関するもので軽易なものに関する公文書	5年	廃棄
18 防災及び危機管理に関する公文書	防災及び危機管理に関する事項	イ 警戒区域等の指定に関する公文書	30年	移管
		ロ 防災及び危機管理に関するもので重要なものに関する公文書	30年	移管
		ハ 防災及び危機管理に関する公文書	10年	廃棄
19 式典、行事等及び災害、	(1) 式典、行事等に関する事項	イ 式典、行事等に関するもので重要なものに関する公	30年	移管

事件等に関する公文書		文書		
		ロ　式典、行事等に関する公文書	10年	廃棄
		ハ　行幸啓等への対応に関する公文書	30年	移管
		ニ　皇室行事に関する公文書	30年	移管
	(2)　災害、事件等に関する事項	イ　災害対策本部その他の対策本部を設置した場合の災害等の対応に関する公文書	30年	移管
		ロ　災害、事件等に関するもので重要なものに関する公文書	30年	移管
		ハ　災害、事件等に関する公文書	5年	廃棄
20　県の歴史、伝統等の文化遺産に関する公文書	県の歴史、伝統等の文化遺産に関する事項	イ　文化財、伝統その他文化遺産に関するもので重要なものに関する公文書	30年	移管
		ロ　県史編さんの資料となった公文書	10年	移管
21　その他の公文書	(1)　台帳等に関する事項	イ　台帳、帳簿、名簿等で重要なもの	30年	移管
		ロ　台帳、帳簿、名簿等	10年	廃棄
		ハ　台帳、帳簿、名簿等で軽易なもの	5年	廃棄

	ニ　台帳、帳簿、名簿等で特に軽易なもの	3年	廃棄
	ホ　各種試験の願書で重要なもの及び各種試験の答案	5年	廃棄
	ヘ　各種試験の願書	3年	廃棄
(2)　公文書の移管等に関する事項	イ　公文書の移管及び廃棄の状況が記録された公文書	30年	移管
	ロ　公文書の収受及び発送の記録に関する公文書	1年	廃棄
	ハ　官報及び県公報の原本（総務部学事文書課所管のものに限る。)	30年	移管
(3)　情報公開及び個人情報保護に関する事項	情報公開及び個人情報保護に関する公文書	10年	廃棄
(4)　通知、照会等に関する事項	イ　通知、照会等に関する公文書	3年	廃棄
	ロ　通知、照会等に関するもので軽易なものに関する公文書	1年	廃棄
(5)　前各項に掲げる事項以外の事項	イ　前各項に掲げるものに類するものその他30年間保存する必要があると認められる公文書	30年	前各項において保存期間が満了したときの措置が廃棄である公文書

				等に類するものにあっては廃棄、それ以外のものにあっては移管
		ロ　前各項に掲げるものに類するものその他10年間保存する必要があると認められる公文書	10年	前各項において保存期間が満了したときの措置が廃棄である公文書等に類するものにあっては廃棄、それ以外のものにあっては移管
		ハ　前各項に掲げるものに類するものその他5年間保存する必要があると認められる公文書	5年	廃棄
		ニ　前各項に掲げるものに類するものその他3年間保存する必要があると認められる公文書	3年	廃棄
		ホ　前各項に掲げるものに類するものその他1年間保存する必要があると認められる公文書	1年	廃棄

別表第2〔略〕

別表第3〔略〕

別記様式〔略〕

4　常用漢字表

内閣告示第2号

　一般の社会生活において現代の国語を書き表すための漢字使用の目安を、次の表のように定める。

　なお、昭和56年内閣告示第1号は、廃止する。

　平成22年11月30日

内閣総理大臣　菅　直人

常　用　漢　字　表

　前　書　き

1　この表は、法令、公用文書、新聞、雑誌、放送など、一般の社会生活において、現代の国語を書き表す場合の漢字使用の目安を示すものである。

2　この表は、科学、技術、芸術その他の各種専門分野や個々人の表記にまで及ぼそうとするものではない。ただし、専門分野の語であっても、一般の社会生活と密接に関連する語の表記については、この表を参考とすることが望ましい。

3　この表は、都道府県名に用いる漢字及びそれに準じる漢字を除き、固有名詞を対象とするものではない。

4　この表は、過去の著作や文書における漢字使用を否定するものではない。

5　この表の運用に当たっては、個々の事情に応じて適切な考慮を加える余地のあるものである。

　表の見方及び使い方

1　この表は、「本表」と「付表」とから成る。

2　「本表」には、字種2136字を掲げ、字体、音訓、語例等を併せ示した。

3から12まで　（省略）

13　「付表」には、いわゆる当て字や熟字訓など、主として1字1字の音訓としては挙げにくいものを語の形で掲げた。便宜上、その読み方を平仮名で示し、五十音順に並べた。

> （注意）　常用漢字表は、文化庁のホームページに掲載されています。

5　公用文用字・用語・送り仮名の表記例

（参考文献）

1　文部科学省公用文送り仮名用例集
2　送り仮名の付け方（昭和48年6月18日内閣告示第2号）
3　常用漢字表（平成22年11月30日内閣告示第2号）
4　公用文における漢字使用等について（平成22年11月30日内閣訓令第1号）
5　法令における漢字使用等について（平成22年11月30日内閣法制局総総第208号）
　　なお、公用文作成のために活用がしやすいよう、以下のように示しています。
　［　］読み方
　（　）その語の使い方に関わる参考事項等
　　×　使用しない表記

あ	赤い	商う	揚げ物	味付け
	赤組	秋晴れ	（時間を）空ける	足止め
相・・・	…（に）飽かして	空き瓶	（夜が）明ける	足取り
相合い傘	明かす	空き間	（窓を）開ける	足並み
合い鍵	明らむ	秋祭り	（品物を）上げる	足踏み
相変わらず	赤らむ	空き家	（一例を）挙げる	あしらう
合気道	赤らめる	明らかだ	（船荷を）揚げる	味わい
挨拶	明かり	諦め	明渡し	味わう
相性	上がり	諦める	明渡し期日	明日
合図	上がり口	飽きる	明け渡す	預かり
相対する	（物価が）上がる	（席が）空く	憧れ	預り金
相づち	（成果が）挙がる	（背の）明く	憧れる	（荷物を）預かる
相手	（歓声が）揚がる	（幕が）開く	浅い	預入金
合いの手	明るい	明くる（朝）	朝起き	預け金
合服	明るさ	揚げ足	浅漬け	預ける
合間	明るみ	明け方	浅はかだ	汗ばむ
曖昧	明るむ	挙げ句	欺く	焦り
（計算が）合う	飽き	明け暮れ	鮮やかだ	焦る
（客と）会う	空き缶	上げ潮	足	遊び
（災難に）遭う	空き巣	開けたて	（机の）脚	遊ぶ
青い	空き地	（国を）挙げて	足掛かり	価
仰ぐ	商い	明け離れる	足掛け	値

値する	集まり	浴びせる	怪しげだ	表れ
あだ討ち	集まる	浴びる	妖しげだ	現れ
与える	厚み	危ない	怪しむ	(言葉に)表れる
温かい(料理)	集める	油揚げ	操り人形	(太陽が)現れる
暖かい(心)	…宛て(の通知)	脂ぎる	操る	著れる
温かだ	当てこすり	油差し	過ち	有り(有り・無し)
暖かだ	当て込む	油染みる	誤り	有り明け
温かみ	宛先	油漬け	(適用を)誤る	有り合わせ
暖かみ	当て字	甘い	謝る	在り方(存在の
(心が)温まる	当て職(×充て	甘える	歩み	意)
(空気が)暖まる	職)	天下り	歩み寄り	あり方(所有の
(料理を)温める	宛名	雨曇り	歩む	意)
(室内を)暖める	当て外れ	余す	荒々しい	有り難い
当たって	(日に)当てる	雨垂れ	(気が)荒い	有り難み
頭打ち	(費用に)充てる	天の川	(仕事が)粗い	ありがとう
頭割り	宛てる	甘み	洗い髪	有り金
新しい	後	雨漏り	洗い粉	有様
新しさ	跡	甘やかす	洗いざらい	在りし日
辺り	痕	雨宿り	洗いざらし	有田焼
当たり	後押し	余り	洗い張り	ある(日)
当たり障り	跡形	余りに	洗い物	(問題が)ある
当たり前	後片付け	余る	洗う	(財源が)有る
当たる	後継ぎ	編み上げ	あらかじめ	(車に)在る
厚い(壁)	跡継ぎ	編上靴	荒稼ぎ	あるいは
暑い(夏)	跡付け	編み上げる	荒削り、粗削り	歩く
熱い(湯)	跡取り	編み方	荒らす	アルコール漬け
扱い	後払い	網引き	争い	荒れ狂う
扱う	後回し	編み物	争う	荒れ性
厚かましい	後戻り	編む	新ただ	荒れ地
暑がる	穴埋め	雨上がり	改まる	荒れ肌
厚さ	あなた	雨降り	改めて	荒れ果てる
暑さ	侮り	危うい	改める	荒れる
熱さ	侮る	危うく	荒波	淡い
あっせん(×あっ	暴き出す	怪しい	(言葉に)表す	合わす
旋)	暴く	妖しい	(姿を)現す	合わせ鏡
…(に)あっては	暴れる	怪しがる	(書物を)著す	あわせて(接続詞)

併せて(副詞)	言い訳	生き死に	勇み肌	(果物の)傷み
合わせ目	言渡し	生き字引	勇む	悼み
合わせる	言い渡す	行き過ぎ	意志(を貫く)	(腰が)痛む
併せる	言う	行き過ぎる	意思(決定)	(家が)傷む
慌ただしい	…(と)いう…	行き倒れ	維持管理	(死を)悼む
慌ただしさ	家持ち	行き違い	石畳	痛める
泡立ち	癒える	息詰まる	石突き	傷める
泡立つ	生かす(×活か	行き詰まる	石造り	至り
慌てる	す)	憤り	意地っ張り	至る
哀れ	いかす(×活か	憤る	(講師を)委嘱	至る所
哀れだ	す)	息抜き	椅子	一時
哀れみ	いかが	生き残り	いずれ	一時逃れ
哀れむ	怒らす	生き残る	忙しい	一時払い
暗葉^{きょ}	怒り	生き恥	忙しさ	著しい
案分(按分)^{あん}	怒る	息巻く	急ぎ	著しさ
い	生き	生き物	急ぎ足	位置づけ(×付
	行き	生きる	急ぐ	け)
居合わせる	異義(を持つ語)	生き別れ	いそ伝い	いち早く
言い合い	異議(を申し立	…(て)いく	いそ釣り	一枚刷り
言い合う	てる)	行く	痛い	一夜漬け
言い落とす	行き当たり	逝く	板囲い	一律
言い換え	行き当たる	居食い	委託	一輪挿し
言い返す	生き生きと	戦[いくさ]	抱く	いつ
言い方	生き写し	行く先	痛さ	いつか
言い出す	生き埋め	幾つ	板敷き	一騎打ち
言い違い	勢い	幾ら	致す	慈しみ
言い付ける	生きがい	生け垣	頂	慈しむ
言い伝え	行き帰り	生け捕り	頂き物	一向
言い伝える	生き返る	生け花	(返事して)いた	一戸建ち
言い直し	行き掛かり	生ける	だく	一戸建て
言い抜け	行き掛け	憩い	(お返事を)頂く	一切
言い残す	息切れ	憩う	至って	一緒
言い分	息苦しい	潔い	板挟み	逸する
言い回し	意気込み	いささか	板張り	一層
言い漏らし	行き先	勇ましい	痛ましい	一足飛び
言い漏らす	いきさつ	勇み足	(傷の)痛み	一旦

五つ	忌まわしい	入れ替わり	植える	受入年月日
一点張り	意味合い	入れ替わる	飢える	受け入れる
一本立ち	忌み言葉	入れ知恵	魚釣り	受け売り
一本釣り	忌む	入れ違い	魚釣用具	請負
偽り	芋掘り	入れ物	う飼い	請け負う
偽る	嫌がる	(手に)入れる	伺い	受け口
井戸替え	嫌気	色合い	(進退)伺	受け答え
営み	癒やし	色揚げ	(話を)伺う	受皿
営む	卑しい	いろいろ(×色々)	(様子を)うか	請け書
井戸掘り	卑しさ	色変わり	がう	承る
糸巻き	卑しむ	色刷り	浮かす	受け継ぎ
挑む	卑しめる	色づく	浮かび上がる	受け継ぐ
否	癒やす	色づけ	浮かぶ	受付
居直る	嫌だ	彩り	浮かべる	受付係
田舎[いなか]	いよいよ	彩る	受かる	受け付ける
稲光	意欲	色分け	浮かれる	受け止める
否む	入り	祝い	浮き	受取
否めない	入会権	祝い酒	浮足	受取人
…(や)否や	入り海	祝い物	浮き浮き	受け取る
居並ぶ	入り江	祝う	浮き貸し	受払金
居抜き	入り口(×入口)	いわゆる(連体	浮雲	請け人
犬死に	入り組む	詞)	浮き沈み	受け身
稲刈り	入り込む	咽喉	浮名	受持ち
居眠り	入り日	隠蔽	浮袋	受け持つ
居残り	入り浸る		浮き彫り	請け戻し
命懸け	入り船	**う**	憂き目	請け戻す
命乞い	煎り豆	憂い	浮世	受ける
命取り	…(て)いる	初々しい	浮世絵	請ける
命拾い	(気に)入る	上	う曲	受渡し
祈り	射る	…(の)上	浮く	動かす
祈る	(家に)居る	飢え	受け	動き
息吹	要る	植木	請け合い	動く
今し方	煎る	植え込み	請け合う	憂さ晴らし
戒め	鋳る	飢え死に	受入れ	牛追い
戒める	入替え	植付け	受入額	牛飼い
いまだ	入れ替える	植え付ける	受入先	失う

324

後ろ	打ち切る	写る	敬い	売値
後ろ暗い	打ち消し	映る	敬う	売場
後ろ姿	打ち消す	移る	裏打ち	売払い
後ろ向き	打ち込む	腕押し	裏書	売り払う
後ろめたい	打ち据える	腕比べ	裏切り	売り物
薄明かり	打ち出し	疎い	裏切り者	売渡し
薄い	打ち出す	疎ましい	裏切る	売渡価格
薄曇り	打ち続く	疎む	裏付け	売渡先
薄暗い	打ち解ける	促す	占い	売り渡す
渦巻	打ち抜く	畝織	占う	売る
渦巻く	内払	奪い取る	恨み	得る
薄まる	打ちひも	奪う	恨む	潤い
薄める	打ち身	産着	恨めしい	潤う
薄らぐ	打ち水	馬乗り	羨ましい	潤す
薄れる	打ち破る	埋まる	羨む	潤わす
薄笑い	内訳	生まれ	売り	潤む
うそ	(心を)打つ	生まれ変わる	売上げ	麗しい
謡	(銃を)撃つ	生まれつき	売上金	麗しさ
歌い手	(賊を)討つ	生まれる	売上高	売れ
(条文に)うたう	美しい	産まれる	売惜しみ	憂い
歌う	美しさ	産み月	売り買い	愁い
謡う	写し	海鳴り	売り掛け	憂え
疑い	移替え	生む	売掛金	憂え顔
疑う	写し方	産む	売り切れ	愁える
疑わしい	写す	埋め合わせ	売り切れる	憂える
(その)うち	映す	埋め合わせる	売り食い	売れ口
内(と外)	移す	埋め草	売り子	うれしい
打ち明け話	訴え	埋立て	売り声	売れ高
打ち明ける	訴える	埋立区域	売り込み	売れっ子
打合せ	うつ伏せ	埋立事業	売り込む	売れ残り
打合せ会	写り	埋立地	売出し	売れ残る
打ち合わせる	映り	埋め立てる	売出発行	売行き
討ち入り	移り香	梅干し	売り出す	売れる
打ち返す	移り変わり	埋める	売り立て	熟れる
打切り	移り変わる	埋もれ木	売手	うろ覚え
打切補償	移り気	埋もれる	売主	上書き

うわさ話	縁続き	大慌て	拝む	贈物
上敷き	縁結び	多い	沖合	送る
上澄み		覆い	沖合漁業	贈る
上背	**お**	大いに	起き上がる	遅れ
浮つく		大入り	置きごたつ	後れ毛
上包み	追い打ち	覆う	置き去り	後れる
上積み	追い掛ける	大写し	沖釣り	遅れる
上塗り	老い朽ちる	大掛かり	置き手紙	…(に)おける
上回る	追越し	大きい	補い	起こす
上向き	追い越す	大きさ	補う	(産業を)興す
植わる	追い込み	大きな	起き抜け	厳かだ
	老い込む	大食い	置場	怠り
え	追い込む	大騒ぎ	置き引き	怠る
	生い茂る	雄々しい	起き伏し	行い
絵入り	追い銭	大仕掛け	置き土産	行う
描き出す	追い出す	仰せ	置物	行われる
描く	生い立ち	大勢	起きる	起こり
餌	追い付く	大助かり	…(て)おく	起こる
餌食	追い詰める	大立ち回り	置く	興る
枝伝い	追い抜く	大立者	奥書	怒る
餌付け	追い剥ぎ	大詰め	臆説	押さえ
恵方参り	追い羽根	大通り	臆測	抑え
絵巻物	追い払う	大降り	奥付	押さえる
笑む	老い松	大回り	奥まる	抑える
偉い	追い回す	大向こう	お悔やみ	お下がり
選び出す	負い目	おおむね	奥行き	幼い
選ぶ	老いる	公	小暗い	幼子
偉ぶる	追分	おおよそ	遅らす	幼なじみ
襟飾り	負う	大喜び	送り	治まり
えり好み	追う	大笑い	送り仮名	納まり
襟止め	生う	おかげ	送り先	修まる
えり抜き	扇	尾頭付き	送り状	収まる
襟巻	終える	(権利を)侵す	送り届ける	治まる
得る	大当たり	(過ちを)犯す	おくり名	納まる
獲る	大暴れ	(危険を)冒す	送り主	納め
縁切り	大荒れ	拝み倒す	送り迎え	納め物
縁組				

(学業を)修める	押し花	落ちる	叔母(父母の妹)	思いやり
(目録に)収める	惜しむ	追って(副詞)	お化け	思う
(領地を)治める	お湿り	おって(接続詞)	お払い箱	重苦しい
(品物を)納める	押し戻し	追っ手	帯	面白い
押し	押し戻す	追って書き	帯揚げ	主だ
伯父(父母の兄)	押し問答	脅かす	帯締め	重たい
叔父(父母の弟)	押し寄せる	おとぎ話	帯留	表通り
押し合い	(会長に)推す	音沙汰	脅かし	表向き
押し合う	(印を)押す	落とし	脅かす	主な
押し上げる	遅い	脅し	帯びる	主に
惜しい	襲う	落とし物	覚え	重み
押し入る	遅咲き	脅し文句	覚書	趣
押し入れ	お供え	落とす	覚える	赴く
押売	恐らく	脅す	溺れる	面持ち
教え	…(の)おそれ	訪れ	お巡りさん	お守り
押し絵	畏れ(敬う)	訪れる	お目見え	思わく
教え子	(敵に)恐れ(を	大人並み	思い	思わしい
教える	なす)	踊らす	重い	思わず
押し掛ける	虜	劣り	思い上がる	重んずる
惜しがる	恐れ入る	踊り	思い当たる	親子連れ
お仕着せ	畏れる	躍り上がる	思い入れ	親譲り
押し切る	恐れる	踊り子	思い浮かべる	泳ぎ
惜しげ	恐ろしい	踊り場	思い起こす	泳ぐ
押し込む	教わる	劣る	思い返す	およそ
推し進める	お互いに	踊る	思い掛けない	及び
押し倒す	穏やかだ	躍る	思い切り	及び腰
押し出し	落ち合う	衰え	思い切る	及ぶ
押出機	陥る	衰える	思い込む	及ぼす
押し出す	落ち口	驚かす	思い出す	折
押し付け	落ち込む	驚き	思い立つ	織り
押し付けがま	落ち着き	驚く	思い違い	…織(工芸品)
しい	落ち着く	同い年	思い付き	折り合い
押し付ける	落ち度	同じ	思い付く	折り合う
押し詰まる	落ち葉	同じだ	思い詰める	折り襟
お忍び	落ち穂	各、各々	思い出	折々
推し量る	落ち目	伯母(父母の姉)	思い残す	折り返し

折返線	卸売	買い占める	帰り	係員
折り返す	卸商	回送	返り討ち	係り結び
折り重なる	卸問屋	買い出し	返り咲き	…(に)係る
折り方	卸値	買いだめ	返り点	(迷惑が)掛かる
織り方	下ろす	買い付け	帰り道	(電線が)架かる
折りかばん	卸す	買手	省みる	(命が)懸かる
折り紙付き	降ろす	改定	顧みる	かかわらず
折から	おろそか	(書籍の)改訂	(挨拶に)代える	関わる
折り込み	終わり	買取り	(言い)換える	夏期
織り込む	終わる	買主	(メンバーを)	夏季
折り畳み式	恩返し	飼い主	替える	鍵
折り畳む	音引き	買値	(予定を)変える	書き誤り
折詰		飼い猫	(原点に)返る	書き入れ
折り鶴	**か**	回復	(初心に)帰る	書き入れ時
折り箱	蛾	(病気が)快復	顔合わせ	書き入れる
折節	買い	壊滅	顔出し	書き置き
折り曲げる	買上げ	買戻し	顔だち	書き下ろし
折り目	買上金	買い戻す	顔つき	書換え
織元	買上品	買物	顔ぶれ	書き換える
織物	買い上げる	壊乱	顔負け	書き方
下りる	飼い犬	かいわい	顔見せ	書き下し
降りる	買入れ	買う	顔向け	書き込み
おる	買い入れる	飼う	香り	書き込む
折る	買受け	(飛び)交う	(文化の)薫り	かぎ裂き
織る	買受人	代え	香る	書き初め
俺	買い受ける	換え	(風)薫る	書き出し
折れ合う	買換え	替え	抱える	書付
お礼	買掛金	替え歌	掲げる	書留
折れ曲がる	外貨建債券	返し	欠かす	書き留める
折れ目	買い切り	返す	輝かしい	書き取り
折れる	買い食い	帰す	輝かす	書き取る
…(は)おろか	買い込む	替え玉	輝き	書き直す
愚かしい	改ざん	替え地	輝く	書き抜き
愚かだ	概算払	かえって	係	書き抜く
愚か者	概して	替え刃	掛	垣根越し
卸	買占め	返り	掛かり合う	かき回す

かき乱す	崖崩れ	風向き	かす漬け	傾く
書き物	掛け声	飾り	嫁する	傾ける
限り	賭け事	飾り棚	課する	固め
限る	駆け込む	飾り付け	風当たり	固める
書き分ける	掛け算	飾る	稼ぎ	型破り
書き割り	掛け軸	瑕疵	稼ぎ高	偏り
書く	掛け図	貸し	稼ぎ人	偏る
欠く	掛け捨て	貸方	稼ぐ	語らい
描く	駆け出し	貸切り	風通し	語らう
嗅ぐ	駆け出す	貸金	風邪引き	語り合う
格上げ	掛け茶屋	賢い	数え年	語り草
角刈り	掛け取り	賢さ	数える	語り手
格差	掛け値	貸越し	肩上げ	語り物
較差	駆け引き	貸越金	固い(決心)	語る
隠し芸	陰干し	貸し下げ	(口が)堅い	傍ら
隠し事	駆け回る	貸室	硬い(文章)	片割れ
隠し立て	掛け持ち	貸席	(許し)難い	片割れ月
拡充強化	掛け物	貸倒れ	型絵染	勝ち
隠す	陰り	貸倒引当金	片思い	勝ち戦
覚醒	掛ける	貸出し	肩書	勝ち気
格付	欠ける	貸出金	片仮名	勝ち星
画引き	駆ける	貸出票	肩代わり	勝ち負け
楽屋落ち	架ける	貸し出す	敵討ち	勝ちみ
隠れる	懸ける	貸地	堅苦しい	勝つ
掛け	陰る	貸賃	片言交じり	かつ(×且つ)
欠け	籠	貸付け	肩凝り	画期的
賭け	囲い	貸付金	固さ	褐色
掛け合い	囲う	貸し付ける	硬さ	担ぐ
掛け合う	苛酷な	貸手	固唾	括弧
駆け足	過誤払	かじ取り	肩透かし	かつて
掛け売り	囲み	貸主	片隅	勝手
掛け襟	囲む	貸本	片付く	勝手口
駆け落ち	傘立て	貸家	片付ける	勝手に
掛け替え	重なる	箇条書	塊	葛藤
掛けがね	重ね着	貸渡業	固まる	活発
掛金	重ねる	貸す	傾き	稼動

門付け	壁掛け	借り	駆る	考え
門並み	壁塗り	刈り	軽い	考え方
蚊取り線香	構う	狩り	軽々と	考え直す
仮名	構え	(さくらんぼ)狩	軽焼き	考える
かなう(×叶う)	構える	り	彼[かれ]	鑑み(→考慮し
仮名書き	鎌倉彫	狩り犬	枯れ枝	て)
金切り声	…(ても)かまわ	刈り入れ	枯れ木	管渠(きょ)
悲しい	ない	借入れ	枯れ葉	缶切
悲しげ	構わない	借入金	彼ら	玩具
悲しさ	我慢	借り入れる	枯れる	(業務を)監視
金縛り	かみ合う	借受け	辛うじて	(計器を)看視
悲しみ	髪洗い	借受人	軽やかだ	感じる
悲しむ	紙入れ	借り受ける	川遊び	肝腎
かなた(×彼方)	髪飾り	借換え	乾かす	漢数字(一つ・
仮名遣い	紙切れ	借り貸し	渇き	二つ)
仮名付き	紙包み	借方	皮切り	関する
奏でる	紙挟み	借り着	(喉が)渇く	感ずる
仮名交じり	髪結い	借り切る	(空気が)乾く	甲高い
要	醸し出す	借り越し	川越し	感づく
必ず	醸す	借越金	(書を)交わす	缶詰
必ずしも	通い	刈り込み	為替	…(の)観点に
兼ね合い	通い帳	刈り込む	川沿い	立って
金入れ	通う	仮住まい	川伝い	芳しい
金貸し	通わす	駆り立てる	川聞き	芳しさ
金遣い	辛い	借り手	川向こう	頑張る
金包み	唐織	刈取り	(名刺)代わり	涵(かん)養
金詰まり	空出張	刈取機	(角)換わり	
かねて	枯らす	仮に	(代)替わり	**き**
金回り	ガラス切り	仮縫い	(移り)変わり	気合
金持ち	絡まる	借主	変わり種	来合わせる
兼ねる	空回り	狩り場	変わり者	黄色い
かの(有名な)	辛み	借り物	(会長に)代わる	気受け
彼女	絡み付く	借りる	(配置が)換わる	消える
かば焼き	絡む	仮渡金	(入れ)替わる	気後れ
かばん	絡める	刈る	(顔色が)変わる	機械編み
株分け	仮	狩る	勘案し(→考慮し)	着替え

330

気掛かり	聞こえ	気詰まり	清まる	切り張り
気兼ね	聞こえる	気取り	清める	霧吹き
気構え	兆し	気抜け	清らかだ	切り札
気軽だ	兆す	絹張り	嫌い	切り干し
気変わり	刻み	木登り	嫌う	切り回す
疑義	刻む	気乗り	切らす	切り身
聞き誤る	期限厳守の上	黄ばむ	切り	切り盛り
聞き合わせる	岸伝い	気晴らし	切上げ	切る
聞き入れる	築き上げる	厳しい	切り上げる	斬る
聞き納め	築く	厳しさ	切り売り	着る
聞き落とし	傷つく	寄附	切替え	切れ
聞き覚え	傷つける	木彫り	切替日	切れ味
聞き書き	きずな（×絆）	気任せ	切り替える	切れ切れだ
聞き方	期する	気まぐれ	切り株	切れ込み
聞き苦しい	規正	決まり	切り紙	亀裂
聞き込み	（入場）規制	決まる	切り刻む	切れ続き
聞き過ごす	（計器の）規整	気短だ	切り傷	切れ端
聞き捨て	着せる	決め	切り口	切れ目
聞き違い	競う	決め手	切り子	切れる
聞き伝え	毀損	決める	切り込む	際
聞き手	鍛え方	気持ち	切下げ	際立つ
聞き取る	鍛える	肝に銘じる	切り下げる	極まり
聞き耳	（支障を）来す	客扱い	切捨て	窮まり
効き目	気立て	客止め	切り捨てる	極まる
聞き物	汚い	客引き	切り出す	窮まる
聞き役	汚らしい	逆戻り	義理立て	極み
木切れ	北向き	気休め	切り詰める	窮み
聞き分ける	来る	嗅覚	切土	窮め
（応用が）利く	気遣う	休暇願	切り通し	極め付き
（暖房が）効く	気疲れ	急だ	切取り	極めて
（物音を）聞く	気付く	清い	切り取る	極める
（意見を）聴く	着付け	恐喝	切り抜き	窮める
気配り	気付	…（に）供する	切り抜く	究める
木組み	喫する	京染め	切り抜ける	禁錮
気組み	切手	橋りょう	切り花	
期限付	切符	曲乗り	切離し	

```
く
```

331

具合	腐れ縁	口減らし	(酒を)酌む	繰入れ
悔い	(ふて)腐れる	口汚し	雲隠れ	繰入金
食い合う	草分け	朽ちる	雲行き	繰入限度額
食い上げ	串刺し	覆す	曇り	繰入率
食い荒らす	くじ引	覆る	曇り空	繰り入れる
悔い改める	くじ引券	靴下留	曇る	繰替え
食い合わせ	崩し書き	靴擦れ	悔しい	繰替金
食い入る	崩す	靴直し	悔しがる	繰り返し
食い込み	崩れる	靴磨き	悔し泣き	繰り返す
食い込む	砕く	配る	悔やみ	繰越し
食い過ぎ	砕ける	首飾り	悔やみ状	繰越金
食い倒す	(資料を)下さい	(赤の)組	悔やむ	繰り言
食い倒れ	…(て)ください	(活字の)組み	…くらい(ぐら	繰り込む
食い違い	(返事を)下さる	組合	い)	繰下げ
食い違う	下し	組合せ	(数の)位	繰り下げる
食い付く	(判決を)下す	組み合わせる	暗い	繰り出す
食い逃げ	果物	組入れ	位する	繰延べ
食い延ばす	下り	組入金	位取り	繰延資産
悔いる	下り坂	組み入れる	蔵入れ	繰り延べる
食う	下る	組み討ち	食らう	繰戻し
遇する	口開け	組替え	暗がり	…(て)くる
くぎ付け	口当たり	組み替える	暮らし	来る
くぎ抜き	口入れ	組み方	倉敷料	繰る
区切り	朽ち木	酌み交わす	暮らし向き	狂い
句切り	口利き	組曲	暮らす	狂い咲き
区切る	口切り	組み込む	蔵出し	狂う
句切る	口答え	組み写真	蔵払い	狂おしい
臭い	口出し	組立て	蔵開き	苦しい
草刈り	口頼み	組立工	比べる	苦しがる
臭さ	口付き	組み立てる	暗闇	苦しさ
草取り	口伝え	組長	倉渡し	苦し紛れ
草深い	口止め	くみ取便所	繰上げ	苦しみ
臭み	口直し	くみ取る	繰上償還	苦しむ
腐らす	朽ち葉	組み版	繰り上げる	苦しめる
腐り	朽ち果てる	組み物	繰り合わせ	車止め
腐る	口ぶり	組む	繰り合わせる	車寄せ

狂わしい	消印	見当違い	（県）公報	心変わり
狂わす	消しゴム	現に	被る	心組み
暮れ	消し炭	権利義務	小売	志
暮れ方	消し止める	**こ**	小売商	志す
くれぐれも	けじめ	御…（漢字の場	勾留	心頼み
暮れる	消す	合）	肥	心付く
黒い	削りくず	ご…（平仮名の	声変わり	心尽くし
玄人	削る	場合）	肥える	心付け
黒焦げ	桁	小商い	（山を）越える	心積もり
黒さ	結構（です）	御案内のとおり	（想像を）超える	心細い
黒ずむ	桁違い	恋	氷	心任せ
黒塗り	蹴散らす	濃い	凍り付く	心持ち
黒光り	決壊	請い	氷詰め	試み
黒み	決して	恋い焦がれる	凍る	試みに
黒焼き	欠如している	恋しい	木隠れ	試みる
加える	欠席届	恋しがる	焦がす	心持ち
詳しい	決着	恋い慕う	木枯らし	快い
詳しさ	月賦払	恋する	焦がれる	濃さ
食わす	毛並み	恋人	小刻み	こし入れ
食わず嫌い	毛抜き	恋文	ごく	腰折れ
食わせ物（者）	懸念	恋う	焦げ茶色	腰掛け
企て	煙い	乞う	こけら落とし	腰だめ
企てる	煙	請う	焦げる	腰抜け
加わる	煙る	強姦 かん	ここ	越す
け	蹴り	神々しい	個々	超す
経緯	蹴り倒す	行使する	凍え死に	御存じ（×御存
形骸化	蹴る	こうして	凍え死ぬ	知）
蛍光灯	険しい	校正刷り	凍える	応え
係属	舷	碁打ち	九つ	答え
軽蔑	見解	勾配	心当たり	応える
毛織物	現金払	広範	心当て	答える
汚す	検査済証	交付	心得違い	木立
汚らわしい	検定済み	公布	心得る	こだわる
汚れ	研さん	公平公正	心覚え	ごちそう
汚れる	拳銃	広報（活動）	心掛け	小作り
	原動機付自転車		心構え	小包

…(する)こと	五目並べ	歳	先駆け	(手に)提げる
言付かる	子持ち	才(年齢を表す	先借り	下げ渡し
言付ける	こも包み	場合に許容)	先立つ	下げ渡す
言づて	子守	最後(の手段)	先取り	ささいな(×些
異なる	籠もる	最期(の言葉)	先取特権	細な)
殊に	肥やし	幸い	先走り	支え
…ごとに(×毎	肥やす	幸いだ	先走る	支える
に)	御用納め	幸いに	先払い	ささげる
殊の外	御用聞き	遮る	先触れ	刺さる
事始め	御用始め	逆恨み	先回り	差し上げる
子供	懲らしめる	栄え	咲き乱れる	差し当たり
断り	(工夫を)凝らす	栄える	先行き	刺し網
断り状	懲らす	逆落とし	先渡し	差し入れ
断る	御覧(のとおり)	逆さ	先んずる	差し入れる
この際	凝り	捜し当てる	柵	挿絵
この度	凝り固まる	捜し出す	咲く	差し置く
好ましい	凝り性	捜し物	(引き)裂く	差押え
好み	懲りる	(落し物を)捜す	(時間を)割く	差押命令
好む	凝る	深す	(文書)作成	差し押さえる
拒む	これ	逆立ち	作製(物品を作	差し掛かる
御無沙汰	頃	逆立てる	ること)	差し金
昆布巻き	転がす	遡る	作付け	挿し木
小降り	転がる	逆巻く	作付面積	桟敷
小振り	転げる	酒盛り	探り	座敷
御弊担ぎ	殺し	逆らう	探り足	差し込み
細かい	殺す	盛り	探る	差し込む
細かだ	転ぶ	下がり	下げ	刺し殺す
困り者	怖い	盛り場	蔑む	差し障り
困る	怖がる	盛る	酒飲み	指図
込み合う	壊す	下がる	叫び	差し迫る
混み合う	壊れる	盛んだ	叫び声	差し出し口
込み上げる	根比べ	盛んに	叫ぶ	差出人
ごみ取り	献立	さき(に)(以前	裂け目	差し出す
(つづり)込む	今般(→この度)	の意)	裂ける	差し支え
混む	根負け	先(後先の意)	避ける	差し支える
込める		咲き	(軒に)下げる	差し遣わす

さ

差し出口	さて	三色刷り	時間割	下請
差止め	砂糖入り	散布	時期（幅のある	下請工事
差し止める	砂糖漬	山ろく	期間）	舌打ち
差し伸べる	里帰り		時機（到来）	従う
差し挟む	諭し	し	時季（シーズン	従える
差し控える	諭す		の意）	下書き
差引き	悟り	試合	敷居	したがって（接
差引勘定	悟る	仕上がり	敷金	続詞）
差引簿	裁き	仕上げ	敷地	仕出し
差し引く	裁く	仕上機械	敷布	親しい
刺身	寂しい［さびし	仕上工	敷物	下敷き
差し向かい	い］	幸せ	仕切り	親しく
差し向き	寂しがる	幸せだ	敷く	親しみ
差戻し	寂しげだ	虐げる	軸受	親しむ
差し戻す	さび止め	強いて	字配り	仕出屋
差し渡し	寂れる	強いる	仕組み	下調べ
（身を）刺す	冷ます	仕入れ	刺激	舌足らず
（光が）差す	覚ます	仕入価格	茂み	滴り
指す（指し示す）	妨げ	仕入先	茂る	滴る
（花瓶に）挿す	妨げる	仕打ち	仕込み	下積み
授かる	五月雨	塩辛い	始終	仕立て
授ける	寒い	仕送り	支出済額	仕立て上がり
誘い	寒がる	潮煙	静かだ	下手投げ
誘い水	冷める	仕納め	静けさ	仕立物
誘う	覚める	塩断ち	静々と	仕立屋
定かだ	皿洗い	塩漬け	（心が）静まる	下縫い
定まり	さらに（接続詞）	潮干狩り	（騒ぎが）鎮まる	下塗り
定まる	更に（副詞）	塩引き	沈む	下働き
定め	去る	塩焼き	沈める	下回る
定めし	騒がしい	仕返し	静める	下向き
定めて	騒がす	仕掛花火	鎮める	下読み
定める	騒ぎ	仕掛品	資する	慕わしい
札入れ	騒ぐ	しかし	仕損じ	質入れ
座付き	爽やか	しかしながら	肢体	質入証券
五月晴れ	（壁に）触る	仕方	次第	失踪
早速［さっそく］	（気に）障る	叱る	慕う	実に

尻尾	渋る	絞める	所用	吸い込む
字詰め	絞り	締める	白ける	吸い出す
支店詰	絞り上げる	霜枯れ	知らせ	吸い取る
品切れ	絞り染め	下肥	調べ	吸い物
品定め	(知恵を)絞る	霜降り	調べる	吸う
地鳴り	搾る	霜焼け	白む	数名
死に金	仕舞	諮問	白焼き	据置き
死に際	…(て)しまう	中[じゅう]	知り合い	据置期間
死に絶える	始末する	臭気止め	知り合う	据え置く
死に物狂い	締まり	従前	尻上がり	末頼もしい
し尿	閉まる	十人並み	尻押し	据付け
死に別れ	絞まる	十分	尻切れ	据え付ける
死ぬ	締まる	主たる(→主な)	退く	末っ子
しのぐ	地回り	朱塗り	退ける	据える
忍ばせる	染み	春慶塗	知る	透かし
忍び	染み抜き	しゅんエ、しゅ	印	透かし彫り
忍び足	(色が)染みる	ん功	記す	透かす
忍び歩き	(目に)しみる	条件付	知れる	好き
忍び込む	仕向地	条件付採用	白い	隙
忍び泣き	事務取扱	性懲りもなく	白光り	透き写し
忍ぶ	事務引継	状差し	仕分	好き嫌い
しばしば	しめ飾り	(県議会を)招集	進行係	透き通る
支払	締切り	(国会を)召集	腎臓	…(に)すぎない
支払人	締切日	精進揚げ	進退伺	杉並木
支払元受高	締め切る	丈夫	陣立て	隙間
支払う	締めくくり	使用済み	進捗	透き間
しばらく	示し	使用済燃料	寝殿造り	隙見
縛る	示し合わせる	称する	じん肺	透き見
字引	湿す	焼酎	信用貸し	すき焼き
地引き網	示す	正札付き		過ぎる
地響き	締め出す	徐々に	**す**	好く
渋い	湿らす	暑中伺い	酸い	透く
渋さ	湿り	所得割	吸い上げ	救い
渋抜き	湿る	諸般の	吸い上げる	救い主
渋塗り	占める	処方箋	吸い殻	救う
渋み	閉める	所要(→必要)	吸い口	巣くう

336

少ない	ずつ	速やかに	背負う	添い寝
少なからず	酢漬け	炭焼き	席貸し	沿う
少なくとも	酸っぱい	住む	脊柱	添う
少なめ	捨て石	澄む	せき止め	総掛かり
優れる	捨て売り	済む	関取	象牙彫り
助太刀	捨て金	素焼き	関守	倉庫荒らし
透ける	すてき（素敵は	刷り	切ない	総じて
少し	許容）	刷り上がり	切に	早々に
少しも	捨てぜりふ	刷り上がる	瀬戸引き	曽祖父
過ごす	既に	擦り傷	背中合わせ	相当
巣籠もり	捨て値	すり減らす	銭入れ	候文
健やかだ	捨場	刷り物	背伸び	添え書き
筋合い	捨て鉢	刷る	狭まる	添え手紙
筋書	捨て身	擦る	狭める	添え物
筋違い	捨てる	鋭い	是非	添える
筋向こう	素通し	鋭さ	瀬踏み	遡及
素性	素通り	…するとともに	狭い	俗受け
涼しい	砂遊び	擦れる	狭苦しい	即時払い
涼しさ	砂書き	据わり	迫る	底積み
すす掃き	砂煙	座込み	責め	そこで（接続詞）
すす払い	すなわち	座る	攻め落とす	損なう
進み	素早い	据わる	攻める	底抜け
涼み	全て	寸法書き	責める	損ねる
涼み台	滑り		競り合い	底冷え
進む	滑る	**せ**	競り合う	底光り
涼む	統べる	精いっぱい	競り市	そして（接続詞）
勧め	住まい	逝去	競り売り	注ぐ
進め	住まう	背比べ	競る	唆す
（入会を）勧める	澄まし顔	（器具・部品の）	世話焼き	育ち
（交渉を）進める	澄ます	製作	せんえつ	育つ
（良書を）薦める	済ます	（美術作品の）制	全壊	育ての親
すすり泣き	済み	作	千切り	育てる
巣立ち	住み込み	（借金の）清算	栓抜	率先
巣立つ	住み込む	（費用の）精算	千枚通し	外囲い
廃る	墨染め	整頓	**そ**	外構え
廃れる	炭取り	背負い投げ		外回り

備え	反らす	互い	出し物	立ち会う
備置き	空頼み	互い違い	多少	立ち上がり
備付け	空泣き	互いに	出す	立ち上がる
備付品	空喜び	高跳び	足す	立ち居
備え付ける	反り	高飛び	助かる	裁ち板
供え物	反る	高ぶる	助け	立ち居振る舞い
供える	それ	高まり	助け船	立入り
備える	そろう	高まる	助ける	立入禁止
備わる	添わる	高める	携える	立入検査
その(ほか)	存じます	耕す	携わる	立ち入る
その他[た](並列・対等の関係)	**た**	高らかだ	尋ね人	太刀打ち
		高笑い	(道を)尋ねる	立ち売り
その他の(後者に包含の関係)	体当たり	抱き合う	(史跡を)訪ねる	立ち往生
	代替わり	抱き合わせ	ただ	立ち後れ
その旨	代金引換	抱き込み	ただいま	立ち泳ぎ
そば	大した	抱き込む	たたえる	立ち枯れ
素朴	大して	炊き出し	戦い	立ち木
粗末な	堆積	たき付け	闘い	立ち消え
染まる	大切に	炊く	戦う	立ち聞き
背く	大体	抱く	闘う	断ち切る
背ける	大抵	宅扱い	ただし(接続詞)	立ち食い
染め	大分	類い(まれな)	正しい	立ち腐れ
…染(工芸品)	大変	たくさん	ただし書	立ち去る
染め上がり	平らかだ	巧みだ	正しさ	立ち続け
染め上がる	平らげる	手操る	正す	立ち所に
染め色	平らだ	蓄え	直ちに	立ち止まる
染め替え	田植	蓄える	畳	立ち直り
染め返し	堪え忍ぶ	他国	畳表	立ち直る
染め返す	絶えず(副詞)	足し	畳替え	立ち並ぶ
染め替える	絶え間	山車[だし]	畳む	裁ち縫い
染め付け	堪える	出し入れ	漂う	立ち退き先
染め直す	絶える	確かさ	漂わす	立ち退く[たちのく]
染め抜く	耐える	確かだ	(私)たち(×達)	
染物	倒す	確かに	立会い	立場
染める	倒れる	確かめる	立会演説	立ち働く
空合い	高い	出し汁	立会人	立ち話

338

立ち番	立て直し	(この)度	頼る	力比べ
立ち回り	立て直す	度重なる	たらい回し	力添え
立ち回り先	建値	旅立ち	垂らす	力付ける
立ち回る	立て場	旅立つ	足りる	力任せ
立ち見	立て引き	度々	足る	力負け
立見席	立て膝	旅疲れ	誰	力持ち
裁ち物	立札	多分	垂れる	契り
立ち役	建前	食べかけ	戯れ	契る
立ち寄る	建て増し	食べ盛り	戯れる	逐一
建つ	奉る	食べ過ぎ	断じて	千々に
断つ	建物	食べ残し	段違い	縮まる
絶つ	立て役者	食べ物	端的に	縮む
裁つ	建てる	食べる	段取り	縮める
立つ	立てる	玉(にきず)		縮らす
田作り	例え	(電気の)球	**ち**	縮れ毛
立つ瀬	例えば	卵焼き	小さい	縮れる
尊い	例え話	玉突き	小さな	血続き
貴い	例える	玉乗り	知恵比べ	血止め
尊ぶ	たどる	霊祭り	誓い	ちなみに
貴ぶ	棚上げ	黙り込む	近い	血迷う
竜巻	棚卸し	黙る	違い	ち密
…立て	棚卸資産	たまもの(×賜	誓い言	茶入れ
立て板	種明かし	物)	違い棚	茶漬け
立替え	種切れ	賜る	誓う	茶摘み
立替金	楽しい	手向け	違う	茶飲み茶わん
立替払	楽しがる	ため	違える	茶話
立て替える	楽しげだ	ため池	近く	茶わん蒸し
縦書き	楽しさ	駄目押し	近頃	宙返り
立て掛ける	楽しみ	試し	近しい	帳消し
立て看板	楽しむ	試す	近々	帳尻
建具	頼み	矯め直す	近づき	徴収済額
立て込む	頼む	矯める	近づく	頂戴
立て付け	頼もしい	保つ	近づける	帳付け
立て続け	たばこ	絶やす	近回り	腸詰め
建坪	手挟む	便り	近寄る	ちょうど
建て直し	束ねる	頼り	力落とし	貼付

ちょう結び	仕える	突き飛ばす	繕い物	突っ張る
散らかす	(愛想を)尽かす	突き止める	繕う	包み
散らかる	捕まえる	月並み	(○月○日)付け	包み紙
散らし書き	捕まる	次に	付け合わせる	包む
散らす	漬かる	突き抜ける	告げ口	つづる（×綴る）
散らばる	疲れ	尽き果てる	付け加える	都度
散り散りに	疲れる	突き放す	付け足し	集い
ちり取り	遣わす	月払	付け届け	集う
散る	突き	継ぎ目	漬け菜	務まる
賃上げ	…付き(例外:	築山	漬物	勤まる
賃貸し	条件付)	尽きる	付け焼き	務め
賃借り	次[つぎ]	月割り	付け焼き刃	勤め
	継ぎ	(味方に)付く	(後を)つける	勤め口

<table>
<tr><td>つ</td><td>付き合い</td><td>(杖を)突く</td><td>(条件を)付ける</td><td>勤め先</td></tr>
</table>

	付き合う	(手紙が)着く	(仕事に)就ける	努めて
費え	突き当たり	(職に)就く	(席に)着ける	勤め人
費える	突き合わせる	次ぐ	(ぬかに)漬ける	(解決に)努める
(利潤の)追求	継ぎ合わせる	接ぐ	告げる	(議長を)務める
(責任の)追及	月後れ	継ぐ	伝う	(会社に)勤める
(真理の)追究	月遅れ	尽くす	伝え	綱引き
…(に)ついて	突き落とす	償い	伝える	綱渡り
次いで(副詞)	月掛	償う	拙い	常に
ついては(接続	月掛貯金	作り	伝わる	角突き合い
詞)	接ぎ木	造り	培う	募る
費やす	月ぎめ	作り方	土煙	潰し
通行止め	付添い	作り事	土運び	潰す
…(を)通じて	付添人	造り酒屋	続き	潰れる
通常払い	付き添う	作り付け	続き物	つぼ焼き
使い	継ぎ足し	作り直し	続く	爪先
使い方	突き出す	作り話	続ける	爪弾く
使い込み	月足らず	作り物	突っ込む	つまみ食い
使い込む	次々に	作り笑い	慎み	詰まる
使い手	突き付ける	(実績を)作る	慎む	詰み
使い果たす	突き詰める	(船を)造る	謹む	積卸し
使い古す	継ぎ手	(文化を)創る	謹んで	積卸施設
使う	突き通す	繕い	筒抜け	積替え
(気を)遣う				

積み替える	詰める	連れ立つ	手軽だ	手伝う
積み木	積もり	連れ弾き	出来合い	手続
積み金	積もる	連れる	出来上がり	徹底（×撤底）
摘み草	艶［つや］		出来上がる	出っ張る
積み肥	艶やか	**て**	的確（な判断）	手釣り
積込み	梅雨明け		適確（な措置）	手取り
積出し	露払い	手合い	適格（者）	手取り金
積出地	梅雨晴れ	出会い頭	出来心	手直し
積立て	強い	出合う	出来事	手並み
積立金	強がる	出会う	適切だ	手習い
積み立てる	強まる	手厚い	出来高払	手縫い
罪作り	強み	（扶養）手当	出来栄え	手抜かり
積付け	強める	（傷の）手当て	できる	手始め
積荷	つらい	手編み	手切れ	出始め
積み残し	面構え	手洗い	手切れ金	手放し
罪滅ぼし	連なる	手荒い	手際	手放す
摘む	貫く	手洗い所	手配り	手控え
積む	連ねる	手合わせ	手応え	（文書の）手引
詰む	釣り	抵触	出盛り	手引き（をする）
紡ぐ	釣合い	丁寧	手探り	手引書
つむじ曲がり	釣り上げる	出入り	手提げ	手振り
詰め合わせ	釣り糸	出入口	手触り	手招き
詰め合わせる	釣鐘	手入れ	手ずから	手回し
詰め襟	釣りざお	手打ち	出過ぎ	手回り
詰め替え	釣銭	手討ち	手刷り	手回品
詰め替える	釣り棚	手打ちそば	出初め式	出回る
詰め掛ける	釣り手	手負い	手出し	手短に
爪切り	釣り道具	手後れ	手助け	手向かい
詰め込む	釣針	手押し車	手だて	出迎え
詰所	釣り舟	手落ち	手違い	手持ち
詰め将棋	釣堀	手踊り	手近だ	手持品
冷たい	釣る	手掛かり	手付き	手盛り
冷たさ	連れ	出掛け	手作り	照らし合わす
詰め腹	連れ合い	出掛ける	手付け	照らし合わせる
詰め物	連れ子	出稼ぎ	手付金	照らす
詰め寄る	連れ添う	手堅い	手伝い	寺参り

照り	頭取	説き伏せる	と畜	飛び立つ
照り返し	胴震い	時めく	嫁ぎ先	飛び地
照り焼き	胴巻き	解き物	嫁ぐ	飛び乗る
照る	胴回り	溶く	突然	飛び火
出る	遠い	(誤解を)解く	とても(副詞)	飛び回る
照れる	遠く	説く	届く	土俵入り
手分け	遠ざかる	研ぐ	届け	土瓶蒸し
手渡し	遠ざける	毒消し	(欠席)届	飛ぶ
田楽刺し	通し	特徴	届け先	跳ぶ
天引き	通し切符	特長	届け書	乏しい
でん粉	通し狂言	毒づく	届け済み	乏しさ
てん末	通す	特に(副詞)	届出	富ます
	遠のく	解け合う	届け出る	戸惑い
と	遠乗り	溶ける	届ける	止まり
	遠巻き	(誤解が)解ける	滞り	泊まり
度合い	遠回し	遂げる	滞る	留まり
問い	遠回り	どこ	整う	泊まり掛け
問合せ	(次の)とおり	床上げ	調う	止まり木
問合せ事項	(一)通り	床飾り	(調子を)整える	泊まり客
問い合わせる	通り雨	(現在の)ところ	(味を)調える	止まる
問いただす	通り掛かり	所	唱える	泊まる
問屋[といや]	通り掛かる	ところが(接続	隣	留まる
問う	通り過ぎる	詞)	隣り合う	富
胴上げ	通り相場	所書き	隣村	富み栄える
倒壊	通り抜け	ところで(接続	とはいえ	富む
当該	通り抜ける	詞)	賭博	弔い
道具立て	通り道	閉ざす	飛ばす	弔う
同士討ち	通る	年越し	飛び上がる	留め置き
胴締め	ト書き	閉じ込める	跳び上がる	留置電報
同上	溶かす	戸締まり	飛び石	留め針
当世向き	解かす	年回り	飛び入り	止める
灯台守	時	年寄り	飛び交う	泊める
到底	…とき(…の場	とじる(×綴じ	飛び切り	留める
尊い	合の意)	る)	飛び込み	共稼ぎ
貴い	時折	閉じる	飛び込む	共切れ
尊ぶ	解き方	年忘れ	飛び出す	共食い
貴ぶ				

共倒れ	取替え	取次ぎ	（虫を）捕る	仲直り
友釣り	取替品	取次店	取れ高	半ば
共々（副詞）	取り替える	取り次ぐ	泥仕合	仲働き
伴う	取り掛かる	取付け	度忘れ	長引く
…（すると）と	取り囲む	取付工事	…丼［どん］	眺め
もに	取決め	取り付ける	丼［どんぶり］	眺める
共に（副詞）	取り決める	捕り縄	問屋［とんや］	長らえる
供回り	取崩し	取り残し		流れ
度盛り	取り崩す	取り残す	**な**	流れ込む
土用干し	取り口	取り除く	…（が）ない	流れ造り
土用休み	取組	取り運び	…（し）ない	流れ星
捉え方	取り組む	取り運ぶ	無い	流れる
（機会を）捉える	取消し	取り払い	萎える	長患い
捕らえる	取消し記事	取り払う	なお	泣き
虎の巻	取消処分	取引	直し	鳴き
捕らわれる	取り消す	取引所	直す	泣き顔
取り合う	取り込み	取り分	治す	泣き暮らす
取りあえず	取り込む	取り巻き	直る	泣き声
取上げ	取壊し	取り巻く	治る	鳴き声
取り上げる	取り壊す	取りまとめ	名折れ	泣き言
取扱い	取下げ	取りまとめる	中	泣き叫ぶ
取扱高	取り下げる	取り乱す	長い	泣き沈む
取扱注意	鳥刺し	取り持ち	永い	泣き上戸
取扱人	取り沙汰	取り持つ	長生き	泣き寝入り
取扱品	取締り	取戻し	仲買	亡き人
取扱法	（麻薬）取締法	取戻請求権	仲買人	鳴きまね
取り扱う	取締役	取り戻す	流し	泣き虫
取り合わせ	取り締まる	捕り物	流し込む	泣き別れ
取り入る	取調べ	取りやめ	泣かす	泣き笑い
取り入れ	取り調べる	取りやめる	鳴かす	泣く
取入口	取り高	取り寄せる	流す	鳴く
取り入れる	取立て	取り分け	仲立業	慰み
鳥撃ち	取立金	（連絡を）取る	仲立人	慰む
取り柄	取立訴訟	（決を）採る	中継ぎ	慰め
取り押さえる	取り立てる	（事務を）執る	長続き	慰める
取卸し	取り違える	（写真を）撮る	中積み	亡くす

無くす	懐く	悩ましい	似合い	憎しみ
亡くなる	名付け	悩ます	荷揚げ	肉付き
無くなる	名付け親	悩み	荷扱場	憎まれ口
殴り合い	懐ける	悩む	荷受け	憎み
殴り込み	名付ける	習い	荷受人	憎む
殴る	夏負け	習う	煮え	憎らしい
投げ足	夏向け	倣う	煮え返る	逃げ
投げ入れ	夏休み	鳴らす	煮え立つ	逃げ足
投げ入れる	…など(×等)	慣らす	煮え湯	逃げ腰
投売り	名取り	並び	煮える	逃げ支度
投売品	七つ	並び立つ	(花の)匂い	逃げ出す
投げ掛ける	七曲がり	並びに	(ごみの)臭い	逃げ回る
嘆かわしい	斜め	並ぶ	匂い袋	逃げ道
嘆き	斜めに	並べる	(花が)匂う	逃げる
嘆く	何	習わし	(ごみが)臭う	濁す
投げ込む	何とぞ(×何卒)	鳴り	苦い	濁らす
投げ捨て	何分	成り上がり	二階建て	濁り
投げ捨てる	名のる	成り上がる	二階造り	濁り酒
投げ出す	生揚げ	成金	逃がす	濁り水
投げ付ける	名前	成り下がる	苦々しい	濁る
投げ飛ばす	怠け者	成り立ち	苦み	荷さばき
投げやり	怠ける	成り立つ	似通う	西陣織
投げる	生々しい	鳴り物入り	苦り切る	にじむ
和む	生煮え	成り行き	苦笑い	西向き
和やかだ	生焼け	成る	握り	似せる
名残	生酔い	鳴る	握り拳	煮出し汁
情け	並	鳴子	握り飯	二段抜き
名指し	並足	慣れ	握る	似つかわしい
無し(有り・無し)	波打ち際	なれ合い	にぎやか	荷造り
成し遂げる	並木	慣れる	…にくい	荷造機
成す	涙ぐましい	縄編み	憎い	荷造費
なぜ	涙ぐむ	縄跳び	肉入り	煮付け
なぞ(×謎)	波立つ	縄張	肉入れ	荷積み
雪崩[なだれ]	並々	何[なん]	肉切り	二頭立て
懐かしい	並の品		憎げ	担う
懐かしむ	滑らかだ	に	憎さ	二の替わり

二の次	抜き襟	塗り方	寝過ごす	根分け
二の舞	抜き書き	塗り薬	ねずみ取り	念入り
鈍い	抜き差し	塗りげた	妬ましい	懇ろだ
鈍さ	脱ぎ捨てる	塗り立てる	妬み	念頭において
鈍らす	抜き出す	塗り机	妬む	
鈍る	抜き手	塗り付ける	根絶やし	**の**
煮干し	抜取り	塗り潰す	寝付き	
二本立て	抜き取る	塗り物	値積もり	野遊び
(業を)煮やす	抜き身	塗る	寝泊まり	野荒らし
似寄り	抜き読み	ぬれる(×濡れ	粘り	能書き
似る	抜く	る)	粘り強い	納付済期間
煮る	脱ぐ		粘り強さ	逃す
にわか雨	拭い取る	**ね**	粘る	逃れる
にわか仕込み	拭う		寝冷え	軒並み
庭伝い	ぬくもり	値上がり	値引き	残し
人気取り	抜け穴	値上げ	値踏み	残す
	抜け駆け	寝入る	根掘り葉掘り	残り
ぬ	抜け殻	値打ち	寝巻き	残り物
	抜け替わる	寝起き	眠い	残る
縫い	抜け毛	願い	眠がる	乗せる
縫い上げ	抜け出す	(休暇)願	眠気	載せる
縫い上げる	抜け道	願い上げる	眠らす	のぞき込む
縫い糸	抜け目	願い事	眠り	除く
縫い返し	抜ける	願い下げ	眠り薬	野育ち
縫い返す	脱げる	願い下げる	眠る	望ましい
縫い方	盗み	願い出	狙い	望み
縫い込み	盗み足	願い出る	狙い撃ち	望み薄だ
縫い取り	盗み聞き	願う	狙う	(平和を)望む
縫い目	盗み食い	寝返り	練り	(湖に)臨む
縫い物	盗み取る	寝かす	練り糸	後添い
縫う	盗み読み	願わくは	練り直し	罵り合う
抜かす	盗む	願わしい	練り直す	罵り合い
ぬか喜び	塗り	寝込み	練歯磨	罵る
抜かり	…塗(工芸品)	値下がり	寝る	伸ばす
抜かる	塗り上げる	値下げ	練る	延ばす
抜き足	塗り替え	根ざす	練れる	野放し
抜き打ち		ねじ回し		伸び

345

			は	量り売り	運び
延び	飲み水		場合	（合理化を）図る	運ぶ
伸び上がる	飲物		把握	（距離を）測る	挟まる
伸び縮み	飲み屋		場当たり	（将来を）計る	挟み打ち
伸びる	飲む		排せつ（×排泄）	（目方を）量る	挟む
延びる	乗り合い		配当付き	（悪事を）謀る	恥
延べ	乗合船		はい取り	（会議に）諮る	恥じ入る
延べ金	乗合旅客		はい取り紙	剥がれる	箸置き
延べ人員	乗り合わせる		配布	破棄	恥さらし
延べ坪	乗り入れ		配付（「〜配付	吐き気	箸立て
延べ日数	乗り入れる		金」以外は配布）	吐き出し	端近だ
延べる	乗り移る		灰吹き	掃き立て	橋詰め
伸べる	乗り降り		倍増し	掃きだめ	始まり
述べる	乗換え		倍増し料金	履物	始まる
上す	乗換駅		入る	歯切れ	始め
上せる	乗換券		歯入れ	吐く	…（を）始め（「…
上らす	乗り換える		栄えある	掃く	をはじめ」は許容）
上り	乗り掛かる		生え抜き	履く	初め
登り	乗り気		生える	剥ぐ	初めて
上り下り	乗り切る		映える	育む	始める
登り口	乗組み		栄える	漠然	恥じらい
上り坂	乗組員		羽織	ばくだい（×莫	恥じらう
上り列車	乗り組む		羽交い締め	大）	走り
（坂を）上る	乗り越える		はがき	剥奪	走り書き
（山に）登る	乗り越し		剥がす	激しい	走り使い
（日が）昇る	乗り越す		化かす	激しさ	走る
飲みかけ	乗り込む		博多織	励まし	恥じる
飲み食い	乗り出す		はかどる（×捗	励ます	恥ずかしい
飲み薬	乗りづめ		る）	励み	辱め
のみ込み（が早	乗り手		はかない	励む	辱める
い）	のり巻き		墓参り	化け物	外す
飲み込む	乗り回す		計らい	化ける	弾み
飲み倒す	乗り物		計らう	剥げる	弾む
飲み手	乗る		測り	箱入り	外れる
のみ取り粉	載る		計り	箱入り娘	肌合い
飲み逃げ	呪い		量り	箱書き	機織り
飲み干す	呪う				

畑違い	花盛り	葉巻	払戻金	腫れ
肌寒い	話	浜伝い	払戻証書	晴れ着
肌触り	話合い	浜焼き	払い戻す	晴れ間
果たし合い	話し相手	歯磨き	払い物	晴れやかだ
果たし状	話し合う	歯磨粉	払渡し	晴れる
果たして	放し飼い	はや	払渡金	腫れる
果たす	話し方	早い	払渡済み	刃渡り
二十歳	話好き	速い	払い渡す	番組
肌脱ぎ	話し手	早打ち	払う	番狂わせ
旗持ち	放す	早撃ち	腹帯	煩雑
働かす	話す	早起き	腹掛け	繁雑
働き	離す	早帰り	腹下し	万全を期するよ
働き盛り	花立て	早合点	腹黒い	う
働き手	花便り	早変わり	晴らす	番付
働き蜂	放つ	速さ	腫らす	判取り帳
働く	花尽くし	早咲き	腹立ち	汎用
破綻	花作り	早死に	腹違い	氾濫
罰当たり	花摘み	生やす	張り	
鉢合わせ	甚だしい	早まる	張り合い	**ひ**
鉢植え	華々しい	速まる	張り替え	干上がる
鉢巻き	花祭り	早める	張り切る	火遊び
二十日	花結び	速める	張り子	日当たり
発行済株式	華やかだ	はやり廃り	張り込み	秀でる
初氷	華やぐ	腹当て	張り込む	火入れ
初刷り	歯並び	払い	張り裂ける	火入れ式
初便り	離れ	払込み	針刺し	火打ち石
抜てき	離れ島	払込期日	張り出し	冷え
初詣	離れ家	払込金	張出小結	冷え性
はつらつ	放れる	払い込む	張り出す	冷える
果て	離れる	払下げ	貼付け	控え
派手	離れ業	払下品	貼り付ける	控室
果てしない	羽飾り	払い下げる	張る	控え目
果てる	跳ね回る	払出し	貼る	日帰り
歯止め	跳ねる	払出金	はるか	控える
花合わせ	阻む	払い出す	春めく	日掛け
花曇り	省く	払戻し	晴れ	引かされる

引かす	引き潮	引き水	浸す	人通り
光らす	引き締まる	引き戻す	左利き	一飛び
光	引締め	引き物	左巻き	人泣かせ
光り輝く	引き据える	引き寄せる	浸る	人並み
光る	引き出し	引き分け	日付	一握り
引き	引き出す	引渡し	引っ越し	一寝入り
引き合い	引き立て	引渡人	引っ越す	一眠り
引上げ	引き立てる	引き渡す	引っ込み	人払い
引揚げ	引継ぎ	引く	引っ込み思案	人減らし
引揚者	引継事業	弾く	引っ込む	人任せ
引き上げる	引継調書	低い	羊飼い	一回り
引き揚げる	引き継ぐ	低さ	引っ張りだこ	人見知り
引当金	引き続き	低まる	引っ張る	一群れ
引き合わせ	引き続く	低める	日照り	一巡り
引き合わせる	引き綱	日暮れ	人集め	一休み
率いる	引き連れる	引け	一打ち	人寄せ
引き入れる	引き手	火消し	ひとえに	一人
引受け	弾き手	引け時	一思い	独り
引受時刻	引き出物	秘けつ	一抱え	日取り
引受人	引き戸	引け目	一重ね	１人当たり
引き受ける	引き止め策	引ける	一方ならぬ	独り言
引起し	引き止める	日ごと	人聞き	独り占め
引き起こす	引取り	日頃	一切れ	独り立ち
引換え	引取経費	膝	人混み	一人一人
(代金)引換	引取税	膝掛け	人騒がせ	独り者
引換券	引取人	日ざし	等しい	ひな祭り
引き返す	引き抜き	久しい	ひとしお	火の気
引き換える	引き抜く	久しぶり	人助け	日延べ
引き金	引き伸ばし	肘	人頼み	響かす
引込み	引き延ばし	肘掛け	人違い	響き
引込線	引き伸ばす	備前焼	一つ	響く
引き込む	引き延ばす	砒素	人使い	ひび割れ
引き下がる	引き払う	ひそかに	一突き	秘める
引下げ	引き幕	潜まる	人付き合い	冷や
引き下げる	引き回し	潜む	一続き	冷や汗
引き算	引き回す	潜める	一通り	冷やかし

冷やかす	広める	吹き通し	不確かだ	踏切番
冷や酒	日割り	吹き流し	附帯	踏み切る
冷やす	日割計算	吹き抜き	再び	踏み込む
日雇	瓶詰	吹き降り	二つ	踏み台
冷や水	貧乏揺すり	吹き寄せる	札付き	踏み倒す
冷や麦	**ふ**	吹く	二人［ふたり］	踏み出す
冷や飯		拭く	ふだん（×普段）	踏み段
冷ややかだ	歩合	噴く	縁取り	踏み付け
日和	不意打ち	福引	二日［ふつか］	踏み外す
平謝り	不意討ち	福引券	払拭	踏む
平泳ぎ	不入り	含まる	不釣合い	不向き
開き	風変わり	含み	筆入れ	殖やす
開き戸	封かん	含む	筆立て	増やす
開き直る	封切り	含める	ふと（副詞）	冬枯れ
開き封	封切館	膨らみ	太い	不行き届き
開く	封じ目	膨らむ	埠頭	付与する
開ける	夫婦連れ	膨れる	ぶどう狩り	降らす
平たい	殖える	袋縫い	太織り	振り
平に	増える	老け役	不届き	降り
平家（平屋）建て	深い	老ける	歩留り	振り合い
干る	深入り	更ける	太る	振り落とす
翻す	不可欠である	塞がる	船遊び	振替
翻る	更かす	塞ぐ	船着き	振り返る
昼下がり	深情け	ふさわしい	船着場	振り仮名
昼過ぎ	深まる	伏し拝む	船積み	振り切る
昼休み	深み	節付け	船積貨物	振り子
広い	深める	節回し	船乗り	振込金
拾い主	吹き上げる	伏し目	船酔い	振り込む
拾い物	吹き替え	不十分	不慣れ	振り捨てる
拾い読み	吹き込み	付す	不似合い	振り袖
拾う	吹き込む	伏す	不払	振出し
広がり	吹きさらし	防ぎ	賦払	振出局
広がる	吹き出す	防ぐ	踏まえる	振出人
広げる	噴き出す	伏せ字	踏み石	振り出す
広々と	吹きだまり	伏せる	踏み板	振り付け
広まる	吹き出物	付箋	踏切	降り積もる

349

振り回す	ページ(×頁)	…(て)ほしい	掘り返す	前貸し
振り向く	塀越し	欲しい	掘り出し物	前貸金
振り分け	閉塞	干し柿	掘り出す	前借り
振り分ける	へき地	欲しがる	掘抜井戸	前払
振る	べた組み	星回り	彫り物	前触れ
降る	隔たり	干し物	掘り割り	前向き
…ぶる	隔たる	干す	彫る	前渡し
古い	隔て	細い	掘る	間貸し
震い	隔てる	捕捉	滅びる	負かす
奮い立つ	別刷り	細引き	滅ぶ	任す
(勇気を)奮う	部屋住み	細る	滅ぼす	任せる
(声を)震う	減らす	蛍狩り	ほろ酔い	賄い
(腕を)振るう	減り(目減り)	欲する	盆踊り	賄う
(砂を)ふるう	へり(川べり)	掘っ建て小屋	本決まり	曲がり
震え	減る	補填	盆暮れ	間借り
震え声	経る	施し	本省詰	曲がり角
震える	べんたつ	施す	本店詰	間借り人
(使い)古す		(身の)程		曲がる
古びる	**ほ**	(後)ほど	**ま**	巻
振る舞い		(それ)ほど		巻上機
振る舞う	崩壊	程遠い	真新しい	巻き上げる
古めかしい	砲丸投げ	穂並み	舞	巻き貝
震わす	棒立ち	哺乳類	舞い上がる	巻紙
触れ	棒引き	骨惜しみ	舞扇	巻き舌
触れ合う	放る	骨折り	舞子	巻尺
触れ太鼓	葬る	骨組み	迷子	巻き添え
触れ回る	棒読み	骨接ぎ	舞い込む	巻付け
振れる	頰張る	骨抜き	舞姫	巻取り
触れる	ほか(×他)	ほぼ(副詞)	舞い戻る	巻き戻し
風呂敷包み	帆掛け船	褒め言葉	参る	巻物
不渡り	朗らかだ	褒め者	舞う	紛らす
不渡手形	僕	褒める	前祝い	紛らわしい
雰囲気	誇らしい	彫り	前受金	紛らわす
分割払	誇り	…彫(工芸品)	前売り	紛れ
分別盛り	誇る	堀	前置き	紛れ込む
	綻び	彫り上げる	前書き	紛れる
へ	綻びる		前掛け	

巻く	混ぜ物	惑う	回す	見掛け倒し
幕切れ	混ぜる	窓掛け	回り	身構え
まぐれ当たり	交ぜる	的外れ	周り	身代わり
負け	また(接続詞)	間取り	回り合わせ	見聞き
負け戦	又(の機会)	惑わす	回り舞台	見切り
負け惜しみ	瞬く	学び	回り道	見切り品
負け癖	又は(接続詞)	学ぶ	回り持ち	見極める
負けじ魂	待合室	免れる	回る	見比べる
負けず嫌い	待ち合わせ	まね	真ん中	見苦しい
曲げ物	待ち合わせ時間	招き		見込み
負ける	待ち合わせる	招き猫	**み**	見込額
曲げる	間違い	招く	見合い	見込数量
誠に(副詞)	間違う	目の当たり	見合い結婚	見込み違い
孫引き	間違える	間延び	見飽きる	見込納付
正に	間近だ	真向かい	見当たる	見定める
勝り劣り	待ち遠しい	豆絞り	見合せ	短い
混ざり物	待ち遠しさ	間もなく	見いだす(×見	短夜
勝る(×優る)	町並み	守り	出す)	惨めだ
混ざる	町外れ	守り袋	実入り	見知り越し
交ざる	待ち人	守り札	身動き	水遊び
増し	待ち伏せ	守る	見失う	水浴び
まして(副詞)	待つ	迷い	身売り	水洗い
交える	真っ赤	迷い子	見え	水入れ
真面目	松飾り	迷う	見える	見据える
交じらい	真っ青	迷わす	見送り	水掛け論
混じり物	真っ盛り	丸洗い	見送人	見透かす
混じる	真っ先	円い	見納め	自ら
交じる	抹消	丸い	見落とし	水煙
交わり	真っ白	円さ	見劣り	水差し
交わる	全く	丸さ	見覚え	水攻め
増す	全うする	円み	見返し	水責め
まず(副詞)	祭り	丸み	見返り	水張検査
貧しい	祭り上げる	丸める	見返物資	水引
貧しさ	祭る	丸焼け	磨き粉	水浸し
ますます	…まで	まれ	磨く	水増し
交ぜ織り	惑い	回し者	見掛け	水盛り

魅する	三つ指	見舞い	報い	群すずめ
見せ掛け	見通し	見舞品	報いる	無理強い
店先渡し	見届ける	見舞う	向け	蒸れ
見せ物	認め	耳打ち	向ける	群れ
見せる	認め印	耳飾り	婿入り	蒸れる
見損なう	認める	耳鳴り	向こう	群れる
見出し	見取図	耳寄り	向こう見ず	室咲き
満たす	皆[みな]	身持ち	婿取り	無論
乱す	見直す	身元引受人	貪る	
見立て	身投げ	都落ち	蒸し暑い	**め**
淫ら	みなす	都育ち	蒸し返し	
乱れ	見習	宮仕え	蒸し菓子	目新しい
乱れ髪	見習工	身寄り	虫食い	目当て
乱れる	見慣れる	冥利	蒸し風呂	名義書換
見違える	見にくい	…(と)みられる	虫干し	明瞭
身近だ	醜い	…(て)みる	蒸し焼き	メートル
満ち潮	醜さ	見る	むしろ(副詞)	目移り
道連れ	峰越し	診る	蒸す	目隠し
導き	峰続き	見渡し	難しい	目掛ける
導く	見逃す		難しさ	目利き
道行き	身の回り	**む**	結び	恵み
満ちる	実り		結び目	恵む
三つ[みつ]	実る	向かい	結ぶ	芽ぐむ
三つ折り	見栄え	向かい合う	むせび泣き	巡らす
三つ重ね	見計らい	向かい合わせ	無駄遣い	巡り歩く
三日[みっか]	見始め	向かい合わせる	無駄話	巡る
貢ぎ物	未払	向かい風	六つ[むつ]	目刺し
貢ぐ	未払勘定	向かう	六つ切り	目指す
三つ組み	未払年金	迎え	六つ[むっつ]	目覚まし
身繕い	見晴らし	迎え火	胸騒ぎ	目覚め
見付ける	見晴らし台	迎える	旨	召し上がる
三つ[みっつ]	見晴らす	昔語り	棟上げ	飯炊き
蜜蜂	見張り	昔話	棟上げ式	召し物
見積り	見張り番	向き	棟割り長屋	目印
見積書	身振り	向き合う	群がる	めじろ押し
見積もる	身震い	麦打ち	蒸らす	召す
		向く		珍しい

352

珍しがる	申し渡す	持ち物	物語	門構え
珍しさ	申す	持ち寄る	物指し、物差し	紋切り型
目立つ	(初)詣	もちろん(副詞)	物知り	門前払い
目つき	詣でる	持つ	物好き	紋付き
めど(×目処)	燃え	もって	(正しい)もの	
目通り	燃え上がる	最も(副詞)	と	**や**
目抜き	燃え殻	専ら(副詞)	物取り	館[やかた]
芽生える	燃え盛る	もつ焼き	物干し	やがて(副詞)
目張り	燃え尽きる	弄ぶ	物干場	焼き
目減り	燃え残り	持て余す	物持ち	…焼(工芸品)
目盛り	燃える	(火の)元	物別れ	焼き芋
も	潜り込む	本(を正す)	物忘れ	焼き印
	潜る	基[もと、もと	物笑い	焼きごて
設け	もし(副詞)	い]	紅葉狩り	焼き魚
設ける	若しくは	元請	桃割れ	焼き立て
申し上げる	燃す	元受高	燃やす	焼付け
申合せ	持ち上げる	元売業者	催し	焼き直し
申合せ事項	持ち合わせ	戻入れ	催物	焼き場
申し合わせる	持ち合わせる	元締(職分)	催す	焼き戻し
申入れ	持ち合わせ品	戻す	最寄り	焼き物
申し入れる	持家	基づく	もらい泣き	焼く
申し受ける	用いる	元どおり	漏らす	厄落とし
申し送り	持ち株	求め	漏り	役替え
申し送る	持ち越し	求める	盛り	役所勤め
申込み	持ち駒	元結	盛り上がり	役立つ
申込書	持込み	もとより	盛り上げる	役付き
申し込む	持込禁止	戻り道	盛り返す	厄払い
申立て	持ち出し	戻る	盛り菓子	役回り
申立人	持ち出し禁止	物言い	盛り切り	役割
申し立てる	餅つき	物忌み	盛り砂	焼け
申しつける	持ち逃げ	物憂い	盛土	焼け跡
申出	持ち主	物売り	盛り花	焼け石
申し開き	持ち場	物置	漏る	焼け焦げ
申し分	持分	物惜しみ	盛る	焼け野
申し訳	持ち前	物覚え	漏れ	焼ける
申し渡し	持ち回り	物思い	漏れる	家捜し

353

易しい（問題）	宿り木	柔らかい	雪解け	指ぬき
優しい（心）	宿る	軟らかい	行き届く	弓取り
易しさ	家並み	柔らかだ	行き止まり	弓張り月
優しさ	家鳴り	軟らかだ	行き悩み	揺らぐ
屋敷	屋根伝い	柔らかみ	行き場	揺り返し
養い親	やぶ入り	和らぐ	行き道	揺り籠
養い子	破る	和らげる	行き戻り	揺る
養う	破れ		行き渡る	緩い

ゆ

安上がり	破れ傘		行く	揺るぎない
安い	敗れる	湯上がり	逝く	揺るぐ
安請け合い	破れる	結い立て	行方	許し
安売り	病[やまい]	結う	行く先	許し難い
休まる	山狩り	憂鬱	行く末	許す
休み	山崩れ	夕暮れ	行く手	緩み
休み所	山越え	湧出	行く行く	緩む
休む	山出し	夕涼み	揺さぶる	緩める
休める	山伝い	有する	湯冷まし	緩やかだ
安らかだ	山続き	夕立	揺すぶる	揺れ
痩せ型	山登り	夕映え	譲り	揺れる
痩せ我慢	山開き	夕べ	譲り合う	結わえる
痩せる	山伏	夕焼け	譲受け	湯沸かし
矢立て	山盛り	夕焼け雲	譲受人	湯沸器
八つ[やつ]	山焼き	ゆえに（接続詞）	譲り受ける	

よ

八つ当たり	山分け	行き	譲り状	
矢継ぎ早	病み上がり	行き当たり	譲渡し	夜明かし
八つ裂き	闇討ち	行き当たる	譲り渡す	夜明け
八つ[やっつ]	病み付き	雪折れ	揺する	夜遊び
雇い	病む	雪下ろし	譲る	夜歩き
雇入れ	やむを得ず	行き帰り	豊かだ	…（て）よい
雇入契約	やめる	行き掛かり	委ねる	良い
雇止手当	辞める	行き掛け	癒着	善い
雇人	やり込める	行き方	湯漬け	酔い
雇主	やり取り	行き先	湯通し	酔い心地
雇う	やり直し	行き過ぎ	湯飲み	宵越し
宿す	やり投げ	行き違い	指切り	酔い覚め
宿り	柔肌	行き詰まり	指さす	酔い倒れ

354

酔う	四つ［よつ］	読み誤り	弱い	れんが造り
（募集）要項	四つ角	読み合わせ	世渡り	
要綱	世継ぎ	読み終わる	弱まる	**ろ**
…（な）ようだ	四つ［よっつ］	読替え	弱み	漏えい
用立てる	よって（接続詞）	読替規定	弱める	ろう引き
夜討ち	…（に）よって	読み書き	弱々しい	露天掘り
用向き	酔っ払い	読み掛け	弱る	炉開き
欲張り	四つ目垣	読み方		
横合い	夜釣り	読み切り	**ら**	**わ**
横書き	夜通し	読み手	（僕）ら（×等）	わいせつ
横切る	夜泣き	読み札	らく印	賄賂
汚す	呼ばわる	読み物	落書き	若い
横たえる	呼び合う	読む	楽焼き	若返る
横倒し	呼び起こす	詠む	拉致	我が国
横倒れ	呼び返す	嫁入り		若死に
横たわる	呼び掛け	より	**り**	沸かし湯
横付け	呼び掛ける	寄り	利上げ	沸かす
横取り	呼び子	寄り合い	力む	分かち合う
横流し	呼び声	寄り合い世帯	陸揚げ	分かち書き
横流れ	呼び捨て	寄り合う	陸揚地	分かつ
横降り	呼出し	寄り集まり	利食い	若作り
横向き	呼出電話	寄り集まる	理屈	（気持ちが）分
汚れ	呼出符号	寄り掛かる	利付き	かる
汚れ物	呼び出す	より好み	利付債券	別れ
汚れる	呼び付ける	よりどころ	理詰め	別れ道
よしず張り	呼び戻す	より取り	利回り	別れ目
世捨て人	呼び物	より抜き	留意	分かれる
寄せ集め	呼び寄せる	寄り道	りゅうちょう	別れる
寄せ集める	呼び鈴	よる（×因る）	両替	若々しい
寄せ書き	呼ぶ	寄る	両切り	沸き
寄せ木細工	夜更かし	寄る辺	両建て	湧き
寄せ算	夜更け	喜ばしい	両刀使い	沸き上がる
寄せ鍋	よほど	喜ばす	**れ**	湧き上がる
寄せる	夜回り	喜び	戻入	沸き返る
装い	読み	喜ぶ	れんが（×れん瓦）	湧き出す
装う	読み上げる	よろしく		沸き立つ

355

湧き水	患う	渡り初め	割り切る	割戻し
輪切り	煩わしい	渡り鳥	割り込む	割戻金
(湯が)沸く	煩わす	渡り廊下	割り算	割り戻す
(温泉が)湧く	忘れ形見	渡る	割高	割安
枠組み	忘れ物	輪投げ	割り出す	割る
枠作り	忘れる	わびる	割り付け	悪い
枠付け	綿入れ	笑い	割に	悪さ
わけ(にはいか	綿打ち	笑い声	割り判	我[われ]
ない)	私[わたくし]	笑い話	割引	割れ
分け前	私ども	笑う	割り引く	割れ目
分け目	渡し	わら包み	割り符	割れ物
分ける	渡し場	割	割り振り	割れる
災い	渡し船	割合	割り前	我々
わざわざ(副詞)	渡す	割当て	割増し	
僅か	わたり(×亘り)	割当額	割増金	
煩い	渡り	割り当てる	割増金付	
煩う	渡り合う	割り勘	割り麦	

6　山形県歴史公文書の選定方針

第1　趣旨

　　この方針は、山形県公文書等の管理に関する条例施行規則（令和2年3月県規則第21号。以下「規則」という。）第7条で定める歴史公文書の基準の細目等を定めるものとする。

第2　歴史公文書の定義

　　山形県公文書等の管理に関する条例（平成31年3月県条例第14号）において、歴史公文書とは、公文書及び法人文書のうち、歴史資料として重要な文書として、規則第7条で定める基準に適合するものをいう。

規則第7条（歴史公文書の基準）

　条例第2条第5項の規則で定める基準は、次の各号に掲げる基準のいずれかに該当することとする。

(1)　県の機関及び地方独立行政法人の組織及び機能並びに政策の検討過程、決定、実施及び実績に関する重要な情報が記録されていること。

(2)　県民の権利及び義務に関する重要な情報が記録されていること。

(3)　県民を取り巻く社会環境、自然環境等に関する重要な情報が記録されていること。

(4)　県の歴史、文化、学術、事件等に関する重要な情報が記録されていること。

(5)　前各号に掲げるもののほか、歴史資料として重要な情報が記録されていること。

第3　選定の基本的な考え方

(1)　次に掲げる公文書は、その内容にかかわらず全て選定する。

　　イ　昭和27年度以前に作成、取得した公文書

　　ロ　県の機関の活動に係る歴史の編さんの資料となった公文書

(2)　次に掲げる公文書は、選定する。選定にあたっては、別表「歴史公文書の基準細目」に基づいて選定することとする。

　　イ　県の機関の設置、統合、廃止、改編の経緯並びに各組織の構造や権限及び機能の根拠に関する公文書

ロ　政策に係る計画の検討過程、決定、実施及び実績に関する公文書

ハ　次に掲げる施策・事業の検討過程、決定、実施及び実績に関する公文書

　　(イ)　多額の事業費を要した施策・事業

　　(ロ)　公共性の高い施策・事業

　　(ハ)　県行政や県民生活に大きな影響を与えた施策・事業

　　(ニ)　独自性、先進性又は話題性に富んだ施策・事業

ニ　県の予算、決算及び財政状況に関する公文書

ホ　県民の権利及び義務の法令上の根拠並びに個人及び法人の権利及び義務の得喪に関する基準や指針等の設定に関する公文書

ヘ　個別の許認可等のうち公益等の観点から重要と認められるものに関する公文書

ト　不服申立てや訴訟等に関するもののうち、県行政に大きな影響を与えた事件に関する公文書

チ　県行政や県民生活に大きな影響を与えた社会環境、自然環境等に関する公文書

リ　政策が県民に与えた影響や効果、社会状況を示す重要な調査に関する公文書

ヌ　県内の自然環境等に関する観測結果等、その動態に関する公文書

ル　県行政や県民生活に大きな影響を与えた災害、事件、事故等の重大な出来事に関する公文書

ヲ　学術の成果やその顕彰等及び文化、芸術、技術等の功績等のうち重要なものに関する公文書

ワ　県の文化財、伝統その他文化遺産に関する公文書

カ　県行政の管理運営上重要な公文書

ヨ　その他県民生活の様子や社会状況等を反映している公文書

(3)　次に掲げる公文書は、原則として選定しない。

　　イ　定例的で軽易なもの

> 例・　会計・経理に関するもの（支出伺、支出票、調定収入票、予
> 　　　算配当替書　等）
> 　・　庁舎等の日常的な維持管理に関するもの（保守契約関係書類、
> 　　　清掃業務委託関係書類　等）
> 　・　給与・手当に関するもの（給与簿、昇給発令書、手当認定簿
> 　　　等）
> 　・　庶務・服務に関するもの（共済関係書類、出勤簿、休暇申請
> 　　　書　等）
> 　・　旅行命令及び旅費に関するもの（旅行命令簿、旅費請求書
> 　　　等）
> 　・　定例的な窓口業務に関するもの（諸証明発行書類、施設使用
> 　　　許可関係業務　等）

ロ　複数の課等に存在する同一内容のものであって、主務課等以外で作
　成・取得したもの（主務課等のものを選定対象とする。）

> 例・　主務課等からの依頼・照会・調査に対する各課等の回答・報
> 　　　告に関するもの
> 　・　他の課等が主催する会議等に関するもの（開催通知、会議資
> 　　　料　等）
> 　・　各課等の予算・決算に関するもの（予算見積書、予算査定書
> 　　　等）

第4　留意事項

　重要な情報については、事業や事務処理の結果に係るものだけでなく、
その経緯に関するもの（意思決定過程が分かるもの）についても選定す
る。

参考：経緯に関する公文書の例
- 立案の契機となった事項に関する公文書（国通知、要望書、事案発生に関する公文書　等）
- 立案に活用した調査等に関する公文書
- 立案の検討に関する審議会、委員会等に関する公文書
- 関係機関や団体等への協議、意見照会及びその結果に関する公文書
- パブリックコメントに関する公文書
- 管理職以上への事前説明及びその結果に関する公文書

別表　歴史公文書の基準細目

※　「昭和27年度以前に作成、取得した公文書」及び「県の機関の活動に係る歴史の編さんの資料となった公文書」は、その内容にかかわらず全て選定する。

基準細目		説明	対象となる公文書例
1　県の施策及び事業に関する公文書	(1)　県の主要な計画等の策定（改定）及びその重要な経緯、実施、実績、評価等に関するもの	※　「主要な計画等」とは、計画、方針、構想、戦略、指針等の期間が5年以上のもの（当該計画等に付随する短期計画等を含む。）又は法令若しくは条例に基づき策定したものとする。 （例：総合発展計画（短期アクションプランを含む。）、環境基本計画、やまがた子育て応援	・　計画内容の検討に関する公文書 ・　審議会等に関する公文書 ・　関係機関、団体等への協議に関する公文書 ・　パブリックコメントに関する公文書 ・　計画決定に関する決裁文書 ・　計画書（冊子、概要版、ＰＲ版） ・　計画進捗状況、

	プラン、保健医療計画、教育振興計画、企業局経営戦略、病院事業中期経営計画　等） ※　当該計画等の主務課のものを選定する。	実績報告書、白書、評価書
(2)　県の重要な施策、事業の決定及びその重要な経緯、実施、実績、評価等に関するもの	※　「重要な施策、事業」の判断に当たっては、予算規模、県民生活への影響の程度、公共性、先進性、独自性、話題性等を総合的に勘案して判断する。 （例：重要なインフラ等整備事業、大規模誘致関係事業、少人数学級編成推進事業　等）	・　事業内容の企画・検討に関する公文書 ・　関係機関、団体等への協議に関する公文書 ・　事業決定に関する決裁文書 ・　事業実施状況、実績報告書、評価書 ・　普及啓発・PR用の冊子、ポスター、映像等
(3)　国、他の地方公共団体、民間企業等との協定、協約、覚書、申合せ等の決定及びその重要な経緯に関するもの		・　協定内容の検討に関する公文書 ・　協定締結決定に関する決裁文書 ・　協定書、覚書 ・　他の実施機関との申合せに関する公文書

2 例規等に関する公文書	(1) 条例、規則及び訓令（例規扱いとなる通達等を含む。）の制定又は改廃並びにそれらの重要な経緯に関するもの	※ 当該条例等の主務課のものを選定する。ただし、知事の署名がなされた条例の原本は、総務部学事文書課のものを選定する。	・ 条例内容の検討に関する公文書 ・ 関係機関、団体等への協議に関する公文書 ・ 法令審査会資料 ・ パブリックコメントに関する公文書 ・ 条例案（議案）の決定に関する決裁文書 ・ 公布、条例周知に関する公文書
	(2) 条例、規則及び訓令の解釈及び運用の基準の制定又は改廃並びにそれらの重要な経緯に関するもの	※ 当該条例等の主務課のものを選定する。	・ 逐条解説、ガイドライン ・ 運用マニュアル、運用の手引、運用通知
	(3) 法規的性質をもつ告示の制定又は改廃及びそれらの重要な経緯に関するもの	※ 当該告示の主務課のものを選定する。	・ 告示内容の検討に関する公文書 ・ 告示制定の決定に関する決裁文書
	(4) 重要な要綱、要領等の制定	※ 「重要な要綱、要領等」とは、社会	・ 要綱内容の検討に関する公文

	又は改廃及びそれらの重要な経緯に関するもの	情勢を反映して制定されたもの又は県行政や県民生活に大きな影響を与えたものとする。（例：療育手帳制度実施要綱、ドクターヘリ運航要領等）	書 ・　要綱制定の決定に関する決裁文書
	(5)　県の通知等で重要なもの		
	(6)　国の行政機関からの通知等で例規となる特に重要なもの		
3　制度に関する公文書	重要な制度の新設又は改廃及びそれらの重要な経緯、運用、実績等に関するもの	※　「重要な制度」とは、地方自治、情報公開、税財政、学校教育、警察、消防等の、県行政や県民生活に大きな影響を与えた制度とする。（例：ふるさと納税制度、自治体消防制度　等）	・　国からの通知等に関する公文書 ・　制度運用の検討に関する公文書 ・　運用実績に関する公文書
4　行政組織及び人事に関する公文書	(1)　行政組織及び職員定数の決定又は改廃並びにその重要な経緯に関するもの	※　原則として人事主管課のものを選定する。	・　組織新設の検討に関する公文書 ・　組織新設の決定に関する決裁文書

		※ 原則として人事主管課のものを選定する。	・ 制度内容の検討に関する公文書 ・ 制度の決定に関する決裁文書 ・ 制度実施要綱
	(2) 職員の任免、服務、分限、懲戒、給与、勤務時間その他の勤務条件の制度の新設又は改廃及びそれらの重要な経緯に関するもの		
	(3) 副知事、地方公営企業管理者、教育長及び行政委員会の委員の任命に関するもの		・ 任命伺
5 財政に関する公文書	(1) 予算に関するもので重要なもの	※ 原則として財政主管課のものを選定する。 ※ 歳入、歳出、継続費、繰越明拠費及び債務負担行為の見積りに関するもの並びにその成立に至る過程が記録されたものは、選定する。	・ 予算編成方針の検討に関する公文書 ・ 予算編成方針の決定に関する決裁文書 ・ 予算（要求）の概要 ・ 予算見積書、予算査定書
	(2) 決算に関するもので重要なもの	※ 原則として決算主管課のものを選定する。 ※ 知事が監査委員に提出した計算書	・ 決算書、事項別明細書 ・ 決算審査に関する公文書 ・ 財務諸表

		及び証拠書類、監査委員の審査を受けた結果に関するもの、決算の提出に至る過程が記録されたものは、選定する。 ※　監査委員が作成又は取得した決算審査に関するものは、選定する。	
	(3)　起債に関するもので重要なもの	※　原則として財政主管課のものを選定する。	・　起債計画書、起債協議、起債同意、起債台帳
	(4)　県及び県内市町村の財政状況に関するもので重要なもの	※　法令又は条例に基づき公表した財政状況その他重要なものを選定する。	・　歳入歳出予算の執行状況並びに財産、地方債及び一時借入金の現在高その他財政に関する事項の公表に関する公文書 ・　健全化判断比率等の状況
6　補助金、助成金等に関する公文書	(1)　補助金、助成金、貸付金、出資等の主要な制度の新設又は改廃及びそれらの重要な経緯に関するもの	※　「主要な制度」の判断に当たっては、事業規模、県民生活への影響、公共性、先進性、独自性、話題性等を総合的に勘案して判断する。 （例：旧優生保護	・　制度内容の検討に関する公文書 ・　関係機関、団体等への意見照会に関する公文書 ・　制度の決定に関する決裁文書

		法一時金支給関係等）	・ 実施要綱、交付要綱
	(2) 補助金、助成金、貸付金、出資等（債権等の権利の放棄を含む。）に関するもので重要なもの	※ 県行政や県民生活に大きな影響を与えた案件を選定する。	・ 申請書、契約書、借用書、請求書 ・ 実施決定に関する決裁文書 ・ 貸付金償還金等台帳
7 公共事業に関する公文書	(1) 大規模又は重要な公共事業の決定並びにその重要な経緯、実施及び評価に関するもの	※ 「大規模又は重要な公共事業」とは、総事業費が10億円以上のもののほか、予算規模、県民生活への影響、公共性、先進性、独自性、話題性等を勘案して、重要と認められるものとする。 （例：学校、病院、公園、文化会館、図書館、県庁舎、ダム等の整備事業（大規模改修を含む。）、主要な道路改良事業、主要な河川改修事業、主要な砂防事業、主要な土地改良事業　等）	・ 事業内容の検討に関する公文書 ・ 公共事業評価委員会に関する公文書 ・ 事業実施の決定に関する決裁文書 ・ 事業計画書 ・ 環境影響評価に関する公文書、各種許認可書類 ・ 住民説明会等に関する公文書 ・ 設計図書、契約書 ・ 検査書、事業完了報告書 ・ 評価に関する公文書
	(2) その他公共事業に関する		・ 設計図書 ・ 工事に関する

	もので重要なもの		命令書 ・　検査書
8　監査及び検査に関する公文書	(1)　住民監査及び包括外部監査に関するもので重要なもの	※　住民監査請求による監査及び包括外部監査の資料並びに結果に関するものを選定する。	・　監査請求書 ・　監査人に提出した資料 ・　監査結果に関する公文書
	(2)　会計検査院が実施する会計検査に関するもので重要なもの	※　国庫補助等に関する会計検査において、特に重大な指摘等があったものを選定する。	・　会計検査結果に関する公文書 ・　検査結果への対応に関する公文書
9　県議会に関する公文書	(1)　県議会への提出議案及び説明資料並びに議決結果に関するもの	※　原則として、総務部財政課のものを選定する。	・　議案書及び同説明資料 ・　議決結果 ・　予算内示会資料
	(2)　その他県議会に関するもので特に重要なもの		
10　行政委員会、審議会及び重要な会議に関する公文書	(1)　行政委員会の審議経過及びその結果に関するもの		・　委員会資料、議事録
	(2)　主要な審議会等の審議経過及びその結果並びに委員の任命に関するもの	※　「主要な審議会等」とは、法令又は条例に基づき設置する県の附属機関で、県の重要な政策等の事項を審議するものとする。 （例：県総合政策	・　委員任命伺 ・　審議会資料、議事録 ・　諮問書、答申書

		審議会、県環境審議会、県農業・農村政策審議会 等） ※ 当該審議会等の主務課のものを選定する。	
	(3) 主要な会議の審議経過及びその結果に関するもの	※ 「主要な会議」とは、主に実施機関の長が出席する全国知事会議等の重要な会議のほか、県の主要な施策等の決定に大きく関与した会議、社会的関心が高い議題に係る会議又は緊急的・突発的な議題に係る会議とする。 （例：北海道東北知事会議、県総合教育会議、麻しん患者発生対策連絡会議 等） ※ 当該会議の主務課のものを選定とする。	・ 会議資料 ・ 議事録、会議報告書
	(4) 主要な調査会、研究会等に関するもので重要なもの	※ 事件、事故等に係る外部有識者等による調査会は、選定する。	・ 調査報告書、研究報告書
11 選挙に関する公文書	(1) 知事選挙、県議会議員選挙及び海区漁		・ 選挙執行に関する公文書 ・ 選挙結果に関

	業調整委員会委員選挙に関するもので重要なもの		する公文書
	(2)　県内で行われた国政選挙及び市町村の首長・議会議員の選挙に関するもので重要なもの		・　選挙執行に関する公文書 ・　選挙結果に関する公文書
	(3)　県議会の解散並びに議員及び知事の解職請求に関するもので重要なもの		
12　県広報に関する公文書	(1)　知事記者会見、記者発表等に関するもので重要なもの	※　知事記者会見については、主務課のものを選定する。	・　知事記者会見録 ・　知事記者会見配布資料
	(2)　県広報に関するもので重要なもの	※　原則として、成果物のみを選定する。	・　県広報誌「県民のあゆみ」 ・　各総合支庁ニュース（広報誌）
13　請願、陳情、要望等に関する公文書	(1)　県民や団体からの請願、陳情、要望等に関するもので重要なもの	※　原則として、広聴事案として対応するもの（個人からの要望のほか、隣組や町内会など個人と同等の団体	・　請願書、陳情要望書 ・　回答書、状況説明書

		からの要望）は選定の対象外とする。ただし、当該要望が県の主要な事業、施策の決定に大きな影響を与えた場合は、選定する。	
	(2) 他の地方自治体等からの要望、提案等に関するもので重要なもの		・ 重要事業要望書 ・ 回答書、状況説明書
	(3) 県から国等への要望、提案等の実施及びそれらの重要な経緯に関するもの		・ 要望内容の検討に関する公文書 ・ 要望決定に関する決裁文書 ・ 要望書、提案書 ・ 要望への回答に関する公文書
14 栄典及び表彰に関する公文書	(1) 叙位、叙勲及び褒章の内申、決定等に関するもので重要なもの	※ 内申の決定及びその重要な経緯その他重要なものを選定する。	・ 候補者の選考に関する公文書 ・ 推薦者の決定に関する決裁文書 ・ 受章者の決定に関する公文書
	(2) 主要な各省庁大臣表彰の内申、決定等に関するもの	※ 「主要な各省庁大臣表彰」とは、表彰理由が、県民生活や県の経済活動	・ 候補者の選考に関する公文書 ・ 推薦者の決定に関する決裁文

	で重要なもの	等に顕著な功績又は効果をもたらしたと認められたものとする。 （例：防災功労者表彰、保健事業推進功労者表彰、民生委員・児童委員特別表彰、食品衛生事業功労者表彰等） ※　内申の決定及びその重要な経緯その他重要なものを選定する。	書 ・　受賞者の決定に関する公文書
	(3)　名誉県民及び県民栄誉賞の授与及びその重要な経緯に関するもの		・　候補者の選考に関する公文書 ・　受賞者の決定に関する決裁文書
	(4)　知事表彰の授与に関するもので重要なもの		・　受賞者の決定に関する決裁文書
	(5)　県の表彰制度の新設又は改廃及びその重要な経緯に関するもの	※　知事感謝状に関するものは選定の対象外とする。	・　表彰基準等の検討に関する公文書 ・　表彰制度の決定に関する決裁文書 ・　表彰制度実施要綱
15　統計、	(1)　国の基幹統	※　国勢統計に係る	・　国勢調査調査

調査及び試験研究に関する公文書	計等に係る県の調査に関するもので重要なもの	統計調査については、調査結果のほか、調査過程のうち重要なものを選定する。ただし、個人情報等が記載された個別の調査票等は、選定の対象外とする。 ※ その他国の基幹統計に係る統計調査及び国から依頼のあった重要な調査については、調査結果を選定する。	区設定に関する公文書 ・ 国勢調査第2次（第3次）調査に関する公文書 ・ 国勢調査山形県結果報告書 ・ 県民経済計算報告書 ・ 調査結果報告書
	(2) 県が行った主要な調査又はアンケートに関するもので重要なもの	※ 「主要な調査又はアンケート」とは、県基幹統計調査として指定されているもの、世論・県民意識等に関するもの又は県行政や県民生活に大きな影響を与えたものとする。 （例：社会的移動人口調査、県政アンケート調査、地震被害想定調査等) ※ 県基幹統計調査は、調査結果を選定する。 ※ その他調査は、	・ 調査内容の検討に関する公文書 ・ 調査実施の決定に関する決裁文書 ・ 調査実施要領 ・ 調査結果報告書

		定例的に実施しているものを除き、調査等の実施の経緯、目的、調査方法及び調査結果に関するものを選定する。	
	(3)　試験・研究の経過及び結果（成果）に関するもので重要なもの	※　県の試験研究機関で実施した試験・研究を選定する。ただし、軽微なものは除く。	・　試験研究結果報告書 ・　研究成果等の活用に関する公文書
16　公有財産等に関する公文書	(1)　重要な県有財産の取得、管理及び処分並びにその重要な経緯に関するもの	※　「重要な県有財産」とは、県が所有する公有財産のうち、下記①又は②に該当するものとする。 ①　当該財産の取得等が「議会の議決に付すべき契約並びに財産の取得、管理及び処分に関する条例（昭和39年3月県条例第6号）」において、議会の議決案件となっているもの ②　県民生活への影響、公共性、先進性、独自性、話題性等を	・　財産取得計画書、財産取得調書 ・　取得費用の算定に関する公文書 ・　財産取得の決定に関する決裁文書 ・　県有財産評価委員会に関する公文書 ・　権利者等との交渉記録 ・　用地買収、土地の収用に関する公文書 ・　土地工作物の収用使用に関する公文書

		勘案して重要な ものと認められ るもの ※ 権利者等と行っ た交渉経過に関す るものは、選定す る。 ※ 定例的な行政財 産の使用許可に係 るもの等軽微なも のは、選定の対象 外とする。	
	(2) 県が管理す る国有財産に 関するもので 重要なもの	※ 上記(1)に準じて 選定する。	・ 国有財産管理 受託に関する公 文書 ・ 国有財産処分 に関する公文書
	(3) 公有財産台 帳	※ 上記(1)又は(2)に 該当するか否かに かかわらず、公有 財産に係る台帳は 全て選定する。	・ 公有財産台帳
17 個人、 法人等の 権利義務 の得喪に 関する公 文書	(1) 重要な行政 処分（許可、 認可、承認、 認定、指定 等）の審査基 準、処分基 準、行政指導 指針、標準処 理期間の設定 及びその重要 な経緯並びに 台帳に関する もの	※ 「重要な行政処 分」とは、下記① から③までのいず れかに該当するも のとする。 ① 地域の環境、 土地、住民生活 に大きな影響を 与える可能性の あるもの ② 法人等の設立 又は廃止に関す もの	・ 基準内容の検 討に関する公文 書 ・ 関係機関、団 体等への協議に 関する公文書 ・ 基準の決定に 関する決裁文書 ・ 要綱、要領、 許可の手引、マ ニュアル、運用 指針 ・ 許認可等台帳

	③　永続的又は長期的権利の得喪・指定に関するもの （例：開発許可、道路・河川占有許可、都市公園内行為許可、農地転用許可、一般廃棄物処理施設設置許可、火薬類の製造販売許可、病院等開設許可、社会福祉法人の定款認可、旅館業営業許可、指定管理者の指定、各種免許に係る処分　等）	
(2)　重要な行政処分（許可、認可、承認、認定、指定等）の決定及びその重要な経緯に関するもの	※　上記(1)の「重要な行政処分」に該当するもののうち、定型的、定例的、又は軽易な許認可等に係るものは、選定の対象外とする。	・　許可申請書 ・　申請内容の審査、処分の検討に関する公文書 ・　処分決定に関する決裁文書
(3)　行政代執行の実施及びその重要な経緯に関するもの		・　戒告書、代執行令書 ・　代執行の準備、実行に関する公文書 ・　費用徴収に関する公文書

375

18 争訟等 に関する 公文書	(1) 訴訟に関す るもの	※ 県が当事者と なった訴訟に関す るもののほか、県 行政に影響を与え た民事訴訟に関す るものは、選定す る。	・ 訴状、答弁書、 準備書面、判決 書、和解調書 ・ 応訴（出訴） の方針決定に関 する公文書
	(2) 不服申立て に関するもの で重要なもの	※ 県行政に影響を 与えた不服申立て に関するものを選 定する。 ※ 後に訴訟に至っ たものは、当該不 服申立てに関する ものも選定する。	・ 審査請求書 ・ 諮問書、審理 員意見書、答申 書、裁決書
	(3) 調停、あっ せん、和解、 仲裁その他紛 争等の解決に 関するもので 重要なもの	※ 県行政に影響を 与えた調停等に関 するものを選定す る。	・ 調停申請書、 あっせん申請書 ・ 実施に関する 公文書
19 市町村 の行政区 画、地方 制度等に 関する公 文書	(1) 県及び市町 村の廃置分 合、改称、境 界変更等の決 定及び報告並 びにそれらの 重要な経緯に 関するもの		・ 市町村合併に 関する公文書 ・ 中核市移行に 関する公文書
	(2) 国から県へ の権限移譲、 県から市町村 への権限移譲、		・ 権限移譲推進 プログラム、実 施状況 ・ 中核市移行に

	広域化に伴う共同処理等の決定及び引継ぎ並びにそれらの重要な経緯に関するもの		伴う権限移譲に関する公文書 ・　一部事務組合、広域連合の設置に関する公文書
20　防災及び危機管理に関する公文書	(1)　警戒区域等の指定に関するもの	※　津波災害警戒区域、土砂災害警戒区域等の指定に関するものを選定する。	・　警戒区域の指定基準 ・　指定の決定に関する決裁文書
	(2)　防災及び危機管理に関するもので重要なもの		・　防災会議に関する公文書 ・　津波浸水想定コンピューターグラフィックス動画
21　式典、行事等及び災害、事件等に関する公文書	(1)　皇室及び要人の来県に関するもの		・　行幸啓、お成りに関する公文書 ・　報告書、写真、映像記録
	(2)　県内で開催された主要な式典、行事、大会等に関するもので重要なもの	※　「主要な行事、イベント、大会等」とは、下記①又は②に該当するものとする。 ①　国際的又は全国的な行事等 ②　知事等特別職の参加の有無、参加者数、独自性、話題性等を	・　実行委員会資料、議事録 ・　大会実施要綱 ・　広報・PR用のポスター、チラシ等 ・　報告書、写真、映像記録

		勘案して、重要と認められる行事等 ※ 毎年定例的に開催する行事等については、原則として、イベントの新規実施、大幅な内容変更、廃止の経過等が分かるものを選定する。 （例：国民体育大会、国民文化祭、全国高校総体、技能五輪全国大会、全国植樹祭、「山の日」全国大会、IWC「SAKE部門」、さくらんぼ祭り、やまがた雪フェスティバル等）	
	(3) 災害に関するもので重要なもの	※ 県災害対策本部その他の対策本部を設置したもの又は県民生活に大きな影響を与えた災害への対応に関するものは、選定する。	・ 被害状況に関する公文書 ・ 災害対策本部員会議資料、議事録 ・ 救援等に関する公文書 ・ 災害年報
	(4) 重大な出来事、事件、事故等に関するもので重要な	※ 県内で発生したものだけでなく、県外で発生したものについても、県	・ 事件記録に関する公文書 ・ 事件への対応に関する公文書

378

	もの	行政や県民生活に大きな影響を与えた場合は、選定する。 （例：鳥インフルエンザ関係、放射性廃棄物関係、公害関係、無登録農薬販売関係　等）	
22　県の歴史、伝統等の文化遺産に関する公文書	文化財、伝統その他文化遺産に関するもので重要なもの	※　国指定文化財、国登録文化財、県指定文化財（有形、無形、民俗、記念物、文化的景観、伝統的構造物群）の指定等及びその重要な経緯に関するものは、選定する。 ※　埋蔵文化財に関するもので重要なものは、選定する。 ※　日本遺産に関するもので重要なものは、選定する。	・　指定の検討に関する公文書 ・　指定の決定に関する決裁文書 ・　指定文化財の内容、写真等 ・　日本遺産の認定に関する公文書
23　事務引継に関する公文書	知事及び副知事の事務引継に関するもの	※　地方自治法施行令第124条（同令第127条において準用する場合を含む。）に規定する知事及び副知事の事務の引継ぎに関するものを選定する。	・　事務引継書

24　その他の公文書	その他歴史資料として重要な価値を有すると認められるもの		

文 書 事 務 の 手 引　改訂版

令和 2 年11月第 1 刷発行　　定価（本体2,900円＋税）
令和 6 年 7 月第 2 刷発行

編　集　山形県総務部学事文書課
発　行　株式会社ぎょうせい

　〒136-8575　東京都江東区新木場 1 -18-11
　URL：https://gyosei.jp

　フリーコール　0120-953-431

　ぎょうせい　お問い合わせ　検索　https://gyosei.jp/inquiry/

〈検印省略〉

印刷　ぎょうせいデジタル株式会社　　　©2020　Printed in Japan
※乱丁・落丁本はお取り替えいたします。

ISBN978-4-324-10933-5
（5108655-00-000）
〔略号：山形文書(改訂)〕